Nippa/Scharfenberg (Hrsg.) · Implementierungsmanagement

Michael Nippa / Heinz Scharfenberg (Hrsg.)

Implementierungsmanagement

Über die Kunst,
Reengineeringkonzepte
erfolgreich umzusetzen

SPRINGER FACHMEDIEN WIESBADEN GMBH

Die Deutsche Bibliothek – CIP-Einheitsaufnahme

Implementierungsmanagement:
Über die Kunst, Reengineeringkonzepte
erfolgreich umzusetzen /
Michael Nippa, Heinz Scharfenberg (Hrsg.). –
Wiesbaden : Gabler, 1997
   ISBN 978-3-663-05855-7   ISBN 978-3-663-05854-0 (eBook)
   DOI 10.1007/978-3-663-05854-0
NE: Nippa, Michael Hrsg.

Der Gabler Verlag ist ein Unternehmen der Bertelsmann Fachinformation.

© Springer Fachmedien Wiesbaden 1997
Ursprünglich erschienen bei Betriebswirtschaftlicher Verlag Dr. Th. Gabler GmbH,
Wiesbaden 1997
Softcover reprint of the hardcover 1st edition 1997
Lektorat: Ulrike M. Vetter

Das Werk einschließlich aller seiner Teile ist urheberrechtlich geschützt. Jede Verwertung außerhalb der engen Grenzen des Urheberrechtsgesetzes ist ohne Zustimmung des Verlags unzulässig und strafbar. Das gilt insbesondere für Vervielfältigungen, Übersetzungen, Mikroverfilmungen und die Einspeicherung und Verarbeitung in elektronischen Systemen.

Höchste inhaltliche und technische Qualität unserer Produkte ist unser Ziel. Bei der Produktion und Verbreitung unserer Bücher wollen wir die Umwelt schonen: Dieses Buch ist auf säurefreiem und chlorfrei gebleichtem Papier gedruckt. Die Einschweißfolie besteht aus Polyäthylen und damit aus organischen Grundstoffen, die weder bei der Herstellung noch bei der Verbrennung Schadstoffe freisetzen.

Die Wiedergabe von Gebrauchsnamen, Handelsnamen, Warenbezeichnungen usw. in diesem Werk berechtigt auch ohne besondere Kennzeichnung nicht zu der Annahme, daß solche Namen im Sinne der Warenzeichen- und Markenschutz-Gesetzgebung als frei zu betrachten wären und daher von jedermann benutzt werden dürften.

Umschlaggestaltung: Schrimpf und Partner, Wiesbaden
Satz: FROMM MediaDesign GmbH, Selters/Ts.

ISBN 978-3-663-05855-7

Vorwort

Manche Menschen, manche Unternehmen, manche Politiker freuen sich, wenn alles Bestand hat, alles beim Alten bleibt, alles an seinem Ort ist – so bleiben auch sie stehen, wo sie sind. Fortschritt macht Wandel notwendig. Wandel ist Erneuerung. In der Natur sichert der Wandel das Überleben von Arten, in der Wirtschaftswelt Erfolg gegenüber Mitkonkurrenten.

Unternehmerischer Wandel beziehungsweise organisatorische Veränderungsprozesse sind aber nicht einfach, manchmal schmerzlich, denn sie sind mit der Abkehr von ehemals überlegenen oder zumindest adäquaten Strukturen und Verhaltensweisen verbunden. Sie setzen einen Lernprozeß voraus. Sie basieren auf der eigenen und der Überzeugung anderer. Sie durchlaufen Stadien des Experimentierens und schrittweisen Umsetzens.

Die Initiierung und Durchführung von organisatorischen Veränderungsprozessen ist zudem immer mit Risiken verbunden. Dem Risiko, daß die neuen Strukturen und Verhaltensweisen sich als nicht erfolgreicher erweisen als die bekannten, erlernten und verinnerlichten. Dem Risiko, daß sie zwar eine Verbesserung bringen, aber immer noch nicht ausreichend sind und daher ebenfalls überwunden werden müssen. Dem Risiko, daß die Beharrungskräfte des Unternehmens, der Organisation, des Wirtschaftssystems dominieren und es zu keiner Veränderung kommt. Dem Risiko, daß sich die Befürworter der Veränderung gegenüber den Bewahrern des Status quo exponieren, ausgegrenzt werden und mit Sanktionen zu rechnen haben.

Die Vielzahl der Risiken und Unsicherheiten führt unter anderem dazu, daß es für wirklich tiefgreifende und umfassende Veränderungen und Reorganisationen Krisen bedarf. Krisen sind unerwartete oder unbeabsichtigte nachhaltige und schwerwiegende Störungen von Systemen, die Existenzbedrohung annehmen können und in der Regel durch Veränderungen ehemals stabiler externer Faktoren ausgelöst werden. Krisenhafte Situationen, ob real existent, herbeigeredet oder nur empfunden, führen dazu, daß das individuelle oder kollektive Kalkül zwischen den Chancen und Risiken von Veränderungen und den Konsequenzen eines Unterlassens zunehmend Anpassungshandlungen favorisiert. So nannte in einer aktuellen Expertenbefragung in deutschen Unternehmen auf die Frage nach den Motoren organisatorischer Veränderungsprozesse nahezu jeder Zweite die Verschärfung der Wettbewerbssituation, das heißt einen hohen externen Handlungsdruck in Form ökonomischer Notwendigkeiten.

Als Reaktion auf Krisen, in einigen Fällen sogar vorbeugend, sehen sich immer mehr Unternehmen gezwungen, permanent umfassende organisatorische Veränderungen vorzunehmen. Trotz vieler Hilfestellungen von außen in Form von neuen Managementkonzepten, Vorgehensweisen und Ratgebern ist der Weg, der Fortschritt, nicht leicht. Viele Reorganisationen stoßen auf Widerstände, verzögern sich, bringen nicht die erwarteten Ergebnisse, und nicht wenige scheitern schließlich ganz. Das Management organisatorischer Veränderungsprozesse gehört zu den wichtigsten Aufgaben heutiger und zukünftiger Führungskräfte. Gefangen in einer steigenden Komplexität und zunehmenden Komprimierung ihres Zeitbudgets, suchen viele nach einfachen Lösungsansätzen, nach bewährten Erfolgsrezepten, nach Checklisten und „How-to-do"-Anleitungen. Diese Erwartungen möchten wir gleich an dieser Stelle enttäuschen.

Erfolgreiches Implementierungsmanagement funktioniert nicht von selbst. Es setzt die kritische Auseinandersetzung mit unterschiedlichen Erfahrungen, Konzepten und Menschen voraus. Es macht die eigene Bewertung des Erfahrenen, die Einschätzung der konkreten Situation und die Auswahl geeigneter Mitstreiter und Methoden erforderlich. Implementierungsmanagement hat die Einführung von Innovationen zum Ziel und zur Aufgabe, es muß daher selbst innovativ sein.

Aus diesem Grund haben wir versucht, möglichst viele Erfahrungen, möglichst viele Standpunkte und möglichst viele Sichtweisen in diesem Buch zusammenzufassen. Wir wollen Ihnen damit die Möglichkeit bieten, Erfahrungen aus Wissenschaft und Praxis für eigene Fragestellungen nutzbar zu machen.

Unser Buch lebt von seinen engagierten Autoren und vielfältigen Sichtweisen. Wir sind daher stolz und froh, daß wir eine Vielzahl von ausgewiesenen Fachleuten und Erfahrungsträgern gewinnen konnten, hier mitzuwirken. Ihnen allen sind wir zu Dank verpflichtet.

An unsere Leser richten wir den Wunsch, uns Ergänzungen, Anregungen und Kritik zukommen zu lassen. So fördern sie die inhaltliche Auseinandersetzung auf einem Gebiet, das nie an Aktualität verlieren wird und auch nie abschließend beschrieben und erklärt sein wird.

Baden-Baden und München,   HEINZ SCHARFENBERG
im Herbst 1996   MICHAEL NIPPA

Inhalt

Vorwort _____ 5

Implementierungsmanagement – effektiv und effizient
Heinz Scharfenberg _____ 11

**Empfehlungen für ein erfolgreiches
Implementierungsmanagement** _____ 19

Erfolgsfaktoren organisatorischer Veränderungsprozesse
in Unternehmen – Ergebnisse einer Expertenbefragung
Michael Nippa _____ 21

Von planmäßiger zu eigendynamischer
organisatorischer Veränderung
Richard Tabor Greene _____ 59

**Kernbereiche des aktuellen
Implementierungsmanagements** _____ 79

Implementierungsmanagement im Zeichen von Moden
und Mythen des Organisierens
Alfred Kieser _____ 81

Merkmale und Problemfelder
aktueller Organisationskonzepte
Ludwig Theuvsen _____ 103

Unternehmenskultur und Implementierungsstrategien
Hans-Jörg Bullinger/Klaus-Peter Stiefel _____ 133

Ideenrealisierung in Innovationsprozessen –
organisatorische und personalwirtschaftliche
Aspekte der Implementierung
Norbert Thom/Nicole Bayard _____ 155

Kompetenzprofile für die Einführung
telekooperativer Technik
Edda Pulst _____ 167

Erfahrungen und Beispiele aus Reengineeringprojekten _____ 187

Neue Beratungsanforderungen bei der Implementierung
von Reengineeringprojekten
Jens-Marten Lohse _____ 189

Business Process Reengineering
bei der Süddeutschen Klassenlotterie
Michael Hild/Markus Schwarzgruber/Gerhard Rombach _____ 201

Anwendung von Wertkettenkonzept und Conjoint-Analyse
beim Reengineering öffentlicher Unternehmen
Stephan Oldenburg/Heinrich Seidlmeier _____ 221

Die Konzeptphase als kritischer Erfolgsfaktor organisatorischer
Veränderungen in der öffentlichen Verwaltung
Manfred Erdtmann/Ralf Tost/Jürgen T. Knauf _____ 243

Wie Sie Projekte zum Scheitern bringen
Walter Straub/Lorenz Forchhammer _____ 261

Die Autoren _____ 275

Implementierungsmanagement – effektiv und effizient

Heinz Scharfenberg

Die Lösung von Implementierungsproblemen setzt mehr voraus als solides handwerkliches Können, bei aller Wertschätzung dieses Könnens, das man auch im Implementierungsprozeß benötigt. Es kommt aber vor allem anderen auf das kreative Talent an, ein gedankliches Konzept, eine Vorstellung vom Wandel zu entwickeln, durch den neue Realitäten geschaffen werden, denn die Implementierung folgt der Invention (Marr/Kötting 1992).

Der Entwurf der richtigen Strategie, die Veränderung des menschlichen Verhaltens, die Aufdeckung offenen oder versteckten Widerstandes, die Lösung von Konflikten gehören ebenso wie die Akzeptanzsicherung zu den unverzichtbaren, weil Effektivität und Effizienz des Implementierungsmanagements sichernden Voraussetzungen.

Wer so etwas leistet, der verdient, Künstler und auch Magier genannt zu werden, denn ohne Charisma ist es nicht möglich, Menschen so zu leiten, daß sie schlußendlich etwas mit Überzeugung tun, was sie ursprünglich nicht tun wollten.

Es gibt kein Patentrezept

Man könnte nun meinen, das Implementierungsmanagement sei eher eine Aufgabe für Psychologen oder Sozialwissenschaftler als für Organisatoren. Eine Zeitlang dachte man auch so, vor allem in den dreißiger Jahren, als sich in den USA die Human- und Public-Relations-Bewegungen ausgebreitet hatten.

Ausgehend von den damaligen Vorstellungen und Erkenntnissen begannen in den fünfziger Jahren auch in Europa Versuche, Änderungsprozesse in sozialen Systemen sozialwissenschaftlich zu analysieren und zu gestalten. Sie wurden vor allem unter den Begriffen „Organisationsentwicklung" oder „geplanter organisatorischer Wandel" weithin bekannt.

Die deutsche Gesellschaft für Organisationsentwicklung beispielsweise sieht im Implementierungsprozeß eine langfristig angelegte, umfassende Entwicklung und Veränderung von Organisationen und den in ihr tätigen Menschen, vor allem durch Lernen und praktische Erfahrungen, mit dem Ziel, gleichzeitig die Leistungsfähigkeit der Organisation und die Qualität des Arbeitslebens zu verbessern.

Dem entgegen steht die Ansicht, dies dauere zu lange und sei zu teuer. Wer diese Ansicht vertritt, gehört zu jener Gruppe von Managern und Organisatoren, die bei Implementierungen eine harte Vorgehensweise, die des sogenannten Bombenwurfs, befürworten. Nach Reiß haben allerdings inzwischen die Befürworter der weichen Vorgehensweise der Organisationsentwicklung, also der partizipativen Bottom-up-Implementierung und die Befürworter der autoritären Top-down-Implementierung „dem Votum für eine zweigleisige Down-up-Vorgehensweise weichen müssen" (Reiß 1995).

Neueren Datums, so Reiß, sei eine Polarisierung auf dem Gebiet der Leitbilder für Implementierungsarbeit innerhalb eines organisierten Wandels: „Hier konkurriert der radikale Umbruch mit dem inkrementalen Veränderungsmuster!" Diese Kontroverse präge vor allem die aktuelle Diskussion um eine prozeßorientierte Unternehmensgestaltung, bei der sich der radikale Reengineering-Ansatz der Prozeßinnovation und der inkrementale Ansatz der kontinuierlichen Prozeßverbesserung gegenüberstehen.

Die Diskussion über die richtige Vorgehensweise bei Implementierungen wird weitergehen, weil vor allem größere Restrukturierungsprojekte teuer und riskant sind und weil die Vielfalt der angebotenen Lösungen verwirrend ist. Ein Patentrezept jedenfalls gibt es nicht, da keine Ausgangslage der anderen gleicht. Es gilt vielmehr, nach Marr/Kötting, unter Berücksichtigung der organisatorischen Gegebenheiten kreativ einen zielorientierten Weg für die Implementierung zu finden und zu gehen (Marr/Kötting 1992).

Wieviel Zeit steht zur Verfügung?

Besonders aktuell ist gegenwärtig die Frage nach der Zeitspanne, die für die Implementierung zur Verfügung steht. Der Wettbewerb zwingt viele Unternehmen, Veränderungen möglichst schnell durchzuführen, aber, so meint Zeyer, Zeiteffizienz kann nur erreicht werden, wenn Manager hohe Implementierungskompetenz besitzen, und das ist selten der Fall (Zeyer 1995).

Sind aber die Aktoren unsicher oder ungeübt in der Durchführung der Implementierungsmaßnahmen, als da sind: informieren, qualifizieren, motivieren und organisieren, wird das Implementierungsprojekt scheitern mit allen nachteiligen Folgen. So weist Zeyer auch auf das Scheitern der zahlreichen Implementierungsinitiativen des „Business Process Reengineering", hin, das darauf zurückzuführen ist, daß zwar geeignete organisatorische und technische Maßnahmen ergriffen, personelle Implementierungsbedarfe aber übersehen wurden.

Fuchs betont zu Recht in seinem Buch „Wege zum vitalen Unternehmen": „Das Vermögen eines Unternehmens ist das, was seine Mitarbeiter vermögen!" (Fuchs 1995). Folglich sollte man sich nicht darauf verlassen, daß eines der zahlreichen neuen Management- und Lösungskonzepte sich von selbst implementieren wird, sondern man muß sich Zeit nehmen, die Mitarbeiter und Mitarbeiterinnen auf den Wandel vorzubereiten. „Die einseitige Orientierung auf die Prozeßsicht ohne die Berücksichtigung der Mitarbeiterbelange und -Potentiale führt in eine gestalterische Sackgasse. Die Herausforderung heißt, den Wandel bewußt zu gestalten, auf der Prozeß-, auf der Mitarbeiter-, auf der Unternehmens- und Strategieebene", schreiben Bullinger und Friedrich in ihrem Beitrag „Management of Change" (Bullinger/Friedrich 1995).

Lehren aus der Akzeptanzforschung

Ende der siebziger und Anfang der achtziger Jahre setzten Picot, Reichwald u. a. mit der Veröffentlichung der Ergebnisse eines vom BMFT geförderten umfangreichen Forschungsprojekts über Bürokommunikation Meilensteine auf dem Weg zu einem effektiven und effizienten Implementierungsmanagement (Picot/Reichwald 1984).

Reichwald hatte 1978 in einem Arbeitsbericht der Hochschule der Bundeswehr die Notwendigkeit der Aktzeptanzforschung bei der Entwicklung neuer Systeme der Bürotechnik betont, ausgehend von der Tatsache, daß die Einführung dieser Systeme Schwierigkeiten bereitete und zahlreiche Implementierungsprojekte scheiterten (Reichwald 1978).

Reichwald sieht die Hauptaufgabe der Akzeptanzforschung in der Vermeidung technischer Fehlentwicklungen und ihrer negativen Folgen auf Arbeitskräfte, Anwenderorganisation und Gesellschaft. Nicht erst nachträglich, sondern schon vor der Implementierung sollen die organisatorischen Ziele und die Bedürfnisse der betroffenen Mitarbeiter evaluiert werden. Dazu schreibt er: „Wenn als Ergebnis empirischer Untersuchungen negative Technikeigenschaften (zum Beispiel negativ für die Belastung) festgestellt werden, so soll Einflußnahme auf die Technikentwicklung genommen werden. Werden durch bestimmte Anwendungskonzepte negative Strukturveränderungen, Veränderungen des Kosten-Leistungs-Verhältnisses oder der Qualität der Arbeitsbedingungen festgestellt, so müssen andere Konzepte der Technikanwendung gefunden werden. Für diesen Zweck ist der Zusammenhang zwischen Technikanwendung und organisatorischer Zielerreichung transparent und der Organisationspraxis zugänglich zu machen" (Reichwald 1982).

In der Organisationspraxis sei noch ein großes Informationsdefizit abzubauen, denn die Zusammenhänge zwischen den Bedingungen am Arbeitsplatz, der Mitarbeitermotivation, den sozialen und organisatorischen Randbedingungen und der Leistungsfähigkeit von Organisationen seien weitgehend noch unbekannt.

Daraus ergibt sich, daß die Akzeptanzforschung einen wesentlichen Beitrag zum Implementierungsmanagement leisten kann.

Welche Bedeutung hat die Unternehmenskultur?

In einigen Beiträgen dieses Buches, vor allem in dem Beitrag „Unternehmenskultur und Implementierungsstrategien", Seite 133, sowie in dem Beitrag „Neue Beratungsanforderungen bei der Implementierung von Reengineeringkonzepten", Seite 189, kommt die starke Bedeutung der Unternehmens- oder Organisationskultur für den Implementierungserfolg zum Ausdruck.

Ohne Zweifel bestimmt das kulturelle Niveau einer Organisation Dauer und Strategie der Implementierung. So stellen Bullinger und Stiefel fest, und sie belegen es auch mit Beispielen aus der Beratungspraxis, daß sich die Implementierungsarbeit desto schwieriger und langwieriger gestalten wird, je autoritärer die Führung zu Beginn der Reorganisation ausgeübt wird, und daß umgekehrt die Implementierungsarbeit von den betroffenen Mitarbeitern selbst vorangetrieben wird, je kooperativer der Führungsstil bei Projektbeginn ist. So sind also gegebenenfalls kulturelle Veränderungen notwendig, wenn man nicht riskieren will, daß umfangreiche Projekte scheitern.

Das Topmanagement als Stimulanz

Einig sind sich die Autoren dieses Buches, wenn es um die Beurteilung der herausragenden Rolle des Managements bei der Implementierung geht. Sie weisen der Unternehmens- oder Behördenleitung eine Schlüsselrolle zu. So schreiben Thom und Bayard, daß die nachhaltige Unterstützung durch das Topmanagement eine wesentliche Grundlage für die Akzeptanz von neuen Ideen ist und daß Lippenbekenntnisse von den Betroffenen der unteren Hierarchiestufen durchschaut werden.

Bullinger und Stiefel meinen, daß Kulturwandel grundsätzlich möglich ist, wenn er vom Management nicht nur proklamiert, sondern insbesondere auch praktiziert wird. Im Business Reengineering, so betont Theuvsen, wird der Vorgesetzte in einer neuen Rolle gesehen: Er soll nicht seinen Mitarbeitern Weisungen erteilen und ihre Arbeit kontrollieren, sondern als Coach und Moderator fungieren.

Es ist die Aufgabe des Topmanagements, das Projekt zu tragen, die Ressourcen bereitzustellen und in jeder Phase voll hinter den Aktivitäten zu stehen, schreibt Lohse, der auch einen grundlegenden Wandel der Beratertätigkeit für notwendig hält.

Sarkastisch warnt Kieser die Topmanager allerdings davor, den vielfältig angepriesenen Organisationsmethoden blindlings zu folgen und rät zur Gelassenheit gegenüber diesen Methoden, zum Widerstand gegen Mythenbildung und zum Versuch einer klaren Vorstellung darüber, welche Elemente eines oder mehrerer modischer Organisationskonzepte auf die eigene Unternehmung in sinnvoller Weise übertragbar sind.

Die geschilderten Fallbeispiele und die Expertenbefragung sprechen für sich!

Ausblick

In einem bemerkenswerten Beitrag mit dem Titel „Es liegt beim Firmenchef, ob der Wandel gelingt" (Harvard Business Manager 2/96) beschreiben die Autoren Hout und Carter die künftigen Aufgaben der Unternehmensführung unter anderem so:

„Tatkräftig müssen die Unternehmensleiter vor allem aus drei wichtigen Gründen sein:
1. Nur sie können zu Ende bringen, was mit Reengineering beginnt, indem sie die Konflikt meistern, die durch Verfahrensverbesserungen unweigerlich entstehen, und indem sie die dem Wandel entgegenstehenden Widerstände ausräumen.
2. Sie können ihre Autorität benutzen, um zum Kern des Problems und seiner Lösung vorzustoßen, was allemal weiterführt als das, was ein Team aus Mittelmanagern schafft, selbst wenn es freie Hand hätte.
3. Nur sie können Durchbrüche im Wandel erzielen, indem sie verbesserte Verfahren mit der Geschäftsstrategie verbinden. Exzellente Verfahren allein führen selten zu einem nachhaltigen

Wettbewerbsvorteil. Doch die Strategie eines Unternehmens (was es vorhat) muß mit seinem Leistungsvermögen (was es tun könnte) verknüpft werden – eine Chefsache."

Schlußbemerkung

Eine Idee ist nichts wert, wenn sie nicht realisiert wird. Das gilt auch für alle organisatorischen oder innovativen Konzepte und Projekte. Bevor sie umgesetzt werden, bringen sie keinen Nutzen. Im Gegenteil, sie stellen eine Vergeudung dar. Ihr Schaden kann erheblich sein. Darum muß der Umsetzungs-, also der Implementierungsphase in organisatorischen Prozessen hohe Aufmerksamkeit zuteil werden.

Literatur

BULLINGER/FRIEDRICH (1995): Management of Change, in: Office Management, 11/1995.
FUCHS [Hrsg.] (1995): Wege zum vitalen Unternehmen, Wiesbaden.
MARR/KÖTTING (1992): Implementierung, organisatorische, in: Handwörterbuch der Organisation, Hrsg. E. Frese, Stuttgart.
PICOT/REICHWALD (1984): Bürokommunikation, München.
REICHWALD (1978): Zur Notwendigkeit der Akzeptanzforschung, Neubiberg.
REICHWALD [Hrsg.] (1982): Neue Systeme der Bürotechnik, Berlin.
REISS (1995): Implementierungsarbeit im Spannungsfeld zwischen Effektivität und Effizienz, in: zfo 5/1995.
ZEYER (1995): Zeitaspekte der Implementierung aktueller Managementkonzepte, in: zfo 5/1995.

Empfehlungen für ein erfolgreiches Implementierungsmanagement

Erfolgsfaktoren organisatorischer Veränderungsprozesse in Unternehmen

Ergebnisse einer Expertenbefragung

Michael Nippa

Im Zuge der Beschäftigung mit prozeßorientierter Unternehmensgestaltung, Reengineering und anderen Managementkonzepten zur nachhaltigen Sicherung der Wettbewerbsfähigkeit stößt man immer wieder auf ein Kernproblem. Die Managementliteratur ist voller Erfolgsrezepte und brillanter Konzepte, doch die Praxis scheint nicht in der Lage, diese erfolgreich umzusetzen.

Warum scheitern beispielsweise drei von vier Reengineering-Projekten? Warum steht beispielsweise die Gemeinkostenwertanalyse häufig im Ruf, außer hohen Beraterhonoraren und „verbrannter Erde" bei den Betroffenen, wenig Produktives zu hinterlassen? Warum verschwinden so viele – teilweise auch ausgesprochen zukunftsweisende – Analysen und Konzepte in der Schublade und setzen Staub an? Und warum wird oft nur ein Bruchteil der erwarteten Ergebnisse eingefahren?

Dafür kann es insbesondere zwei Gründe geben. Zum einen könnte es sein, daß die gängigen Konzepte nicht für die Praxis gemacht sind, daß sie Potemkinsche Dörfer darstellen und dem Kaiser, sprich Topmanager, vorgaukeln, er trüge neue Kleider (vgl. dazu auch den Beitrag von Alfred Kieser in diesem Buch, Seite 81). Zum anderen könnte es den Verantwortlichen in den Unternehmen und öffentlichen Verwaltungen aber auch an geeigneten Vorgehensweisen zur Umsetzung der fortschrittlichen Konzepte mangeln.

Entgegen landläufiger Meinung gibt es ein durchaus reichhaltiges Angebot an wissenschaftlichen und pragmatischen Erörterungen und Handreichungen zur Erklärung und Gestaltung des geplanten organisatorischen Wandels, zum Management organisatorischer Veränderungsprozesse oder, um es im Beraterdeutsch zu sagen, zum Change Management.

Doch die erwähnten Fragen bleiben.

Wenngleich sich im Rahmen der eigenen Auseinandersetzung mit dem Reengineering-Konzept Ansätze zur Beschreibung allgemeingültiger Erfolgs- und Mißerfolgsfaktoren ergaben (vgl. Nippa 1996a, S. 72 ff.), blieben doch Fragen offen oder ergaben sich neue. In einer 1994 durchgeführten Kurzumfrage zur prozeßorientierten Unternehmensgestaltung wurden Gestaltungsbarrieren bei entsprechenden Gestaltungsprojekten – unter anderem aufgrund einer anderen Zielsetzung – nur sehr rudimentär behandelt (vgl. Nippa/Picot 1994). Interpretiert man die von Böhme und Picot dargestellten Ergebnisse aus einem anderen Blickwinkel, so zeigt sich, daß drei Viertel aller befragten Unternehmen keine Barrieren sehen (vgl. Böhme/Picot 1996, S. 243 ff.). Die meisten Untersuchungen zu Umsetzungserfolgen umfangreicher Reorganisationen kommen aber zu gerade gegenteiligen Ergebnissen.

Offene und vernachlässigte Fragen sowie Pauschalantworten auf essentielle Fragen der Unternehmensgestaltung und -entwicklung waren der Anlaß für eine vertiefende Umfrage zum Management organisatorischer Veränderungsprozesse:

1. Ergänzung von Implementierungsfragen bei der Bewertung von Managementkonzepten (vgl. Nippa/Picot 1994; Böhme/Picot 1996),

2. Überprüfung einiger „eingängiger" Thesen zum organisatorischen Wandel und zu möglichen Barrieren beziehungsweise Katalysatoren,

3. Versuch einer zumindest ansatzweisen empirischen Evaluation der derzeit aktuellen Managementberater-Konzepte sowie

4. Aufnahme konkreter Erfahrungen aus der Unternehmenspraxis.

Konzeption und empirische Basis

Diese Ziele bilden den Ausgangspunkt und Fokus der schriftlichen Umfrage zum „Management organisatorischer Veränderungsprozesse", die im Zeitraum zwischen Mitte November 1995 und Ende Februar 1996 durchgeführt wurde. Sie hatten auch zur Folge, daß ausgewählte wissenschaftliche und praxisbezogene Thesen und Empfehlungen einer intensiven Prüfung unterzogen wurden. Eine genaue und soweit wie möglich objektive Prüfung geht allerdings in der Regel zu Lasten simpler und simplifizierender Fragestellungen, einer Minimierung des Beantwortungsaufwandes und damit einer hohen Rücklaufquote.

Unter bewußter Inkaufnahme einer möglicherweise niedrigeren Rücklaufquote wurden detaillierte und zum Teil handschriftlich zu ergänzende Fragen zur Definition, den Erfolgsmaßstäben, den Unterscheidungsmerkmalen und Erfolgsfaktoren von organisatorischen Veränderungsprozessen sowie zur „Erfolgsquote" von gängigen Re-Organisations- und Managementkonzepten gestellt (vgl. Nippa 1996b). Ausgewählte Detailergebnisse werden in diesem Beitrag vorgestellt.

In vielen Umfragen wird der Eindruck erweckt, die Meinung des Unternehmens oder zumindest der Unternehmensleitung als Repräsentant des Unternehmens wiederzugeben. Darin begründet sich schon ein Gutteil der Unfähigkeit, Veränderungsprozesse verstehen, erklären und mitgestalten zu können. Diese werden von Menschen, von Akteuren, von Machthabern, von Einflußgruppen und Meinungsführern getragen, beeinflußt und auch verhindert, nicht von rational handelnden Wirtschaftssystemen. Im Mittelpunkt der hier auszugsweise vorgestellten Umfrage stehen dementsprechend nicht Unternehmen, sondern Menschen, die aufgrund ihrer Erfahrungen und täglichen Anschauung Aussagen über organisatorische Veränderungsprozesse in ihrem beruflichen Umfeld geben können. Der Fragebogen richtete sich daher an erfahrene und engagierte Praktiker, Führungskräfte und sogenannte „Change Agents".

Es wurden 425 Großunternehmen mit Sitz in Deutschland angeschrieben. Wie die Auswertung der zurückgesandten Fragebögen zeigt, kommt die Mehrzahl der Teilnehmer aus Unternehmen oder

Unternehmensbereichen, die über 1 000 Mitarbeiter und einen Jahresumsatz von mehr als einer Milliarde DM aufweisen.

Wichtiger als diese – insbesondere aufgrund von Konzernstrukturen – schwer nachvollziehbaren und wenig aussagekräftigen Strukturdaten, die jedoch bei Umfragen dieser Art immer wieder gerne verwendet werden, sind Aussagen zur betrieblichen Einordnung und zum Erfahrungshorizont des antwortenden Personenkreises, da dies sicherlich einen größeren Einfluß auf die Beantwortung der Fragen hat, als beispielsweise der Konzernumsatz.

Alle zurückerhaltenen 58 Fragebögen konnten in die Auswertung einbezogen werden. Erwähnenswert ist, daß trotz der Möglichkeit einer anonymen Teilnahme mehr als 50 der Fragebögen namentlich gekennzeichnet waren. Die Tatsache, daß sich Unternehmen heutzutage einer kaum mehr bewältigbaren Fülle unterschiedlicher Umfragen gegenübersehen, hat auch dazu geführt, solche Anfragen grundsätzlich abzulehnen. Daher danke ich auch an dieser Stelle allen Teilnehmern der Befragung für ihr persönliches Engagement und die vielfältigen Anregungen.

Die Unternehmen, in denen die Umfrageteilnehmer arbeiten, haben ihren Stammsitz in den alten Bundesländern einschließlich Berlin. Sie decken die wichtigsten Branchen ab (Abbildung 1) und verteilen sich über alle Größenklassen von Großunternehmen, das heißt von weniger als 1 000 bis mehr als 50 000 Mitarbeiter, von unter einer Milliarde DM bis mehr als 50 Milliarden DM Jahresumsatz beziehungsweise Bilanzsumme.

Wie erwähnt scheint es im Hinblick auf eine Interpretation und Wertung der Ergebnisse aufschlußreicher, einen Blick auf die Position und Funktion der Teilnehmer sowie ihre Berufs- und Projekterfahrung zu richten. Bezogen auf die hierarchische Positionierung ist festzustellen, daß sich 15 Prozent der Teilnehmer, die auf diese Frage antworteten (n = 34) in der ersten Führungsebene, 47 Prozent in der zweiten Führungsebene und 29 Prozent in der dritten Führungsebene einordnen. Weitere 9 Prozent fallen unter Sonstiges, das heißt sehen sich der vierten Führungsebene oder – zum Beispiel als Projektleiter – keiner hierarchischen Ebene zugehörig.

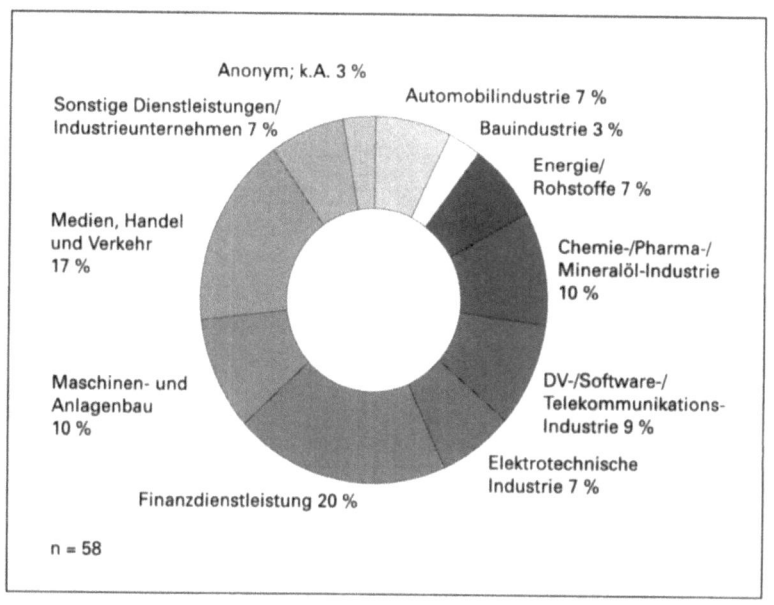

Abbildung 1: Verteilung der Umfrageteilnehmer nach Branchen

Da ein Großteil der Fragebögen an die Unternehmensfunktionen Organisation/Unternehmensentwicklung gerichtet wurde, ist nicht überraschend, daß die Teilnehmer überwiegend den Stabsfunktionen Unternehmensplanung (12), Controlling/Rechnungswesen (8) und Organisation (17) zuzuordnen sind. Insgesamt beantworteten 50 Teilnehmer die Frage zu ihrer Funktion im Unternehmen, wobei Mehrfachnennungen aufgrund von begrifflichen Überschneidungen zulässig waren.

In den meisten Unternehmensumfragen erfährt man über diejenigen, die die Fragen beantwortet haben, recht wenig. Dabei ist es meines Erachtens nicht uninteressant zu wissen, daß der durchschnittliche Teilnehmer beziehungsweise die durchschnittliche Teilnehmerin ca. 41 Jahre alt ist und seit etwa elf Jahren im jetzigen Unternehmen arbeitet. Für die Interpretation der Ergebnisse ist es noch interessanter, zu erkennen, daß alle Altersgruppen ausgewogen beteiligt sind (Tätigkeit im jetzigen Unternehmen: von weniger als zwei Jahren bis mehr als 30 Jahren). Um es aber vorwegzunehmen, Alter und

Berufserfahrung haben offensichtlich nur einen geringen Einfluß auf die Einschätzung der Erfolgsfaktoren organisatorischer Veränderungsprozesse; es konnten weder „junge Wilde" noch „alte Hasen" eindeutig identifiziert werden.

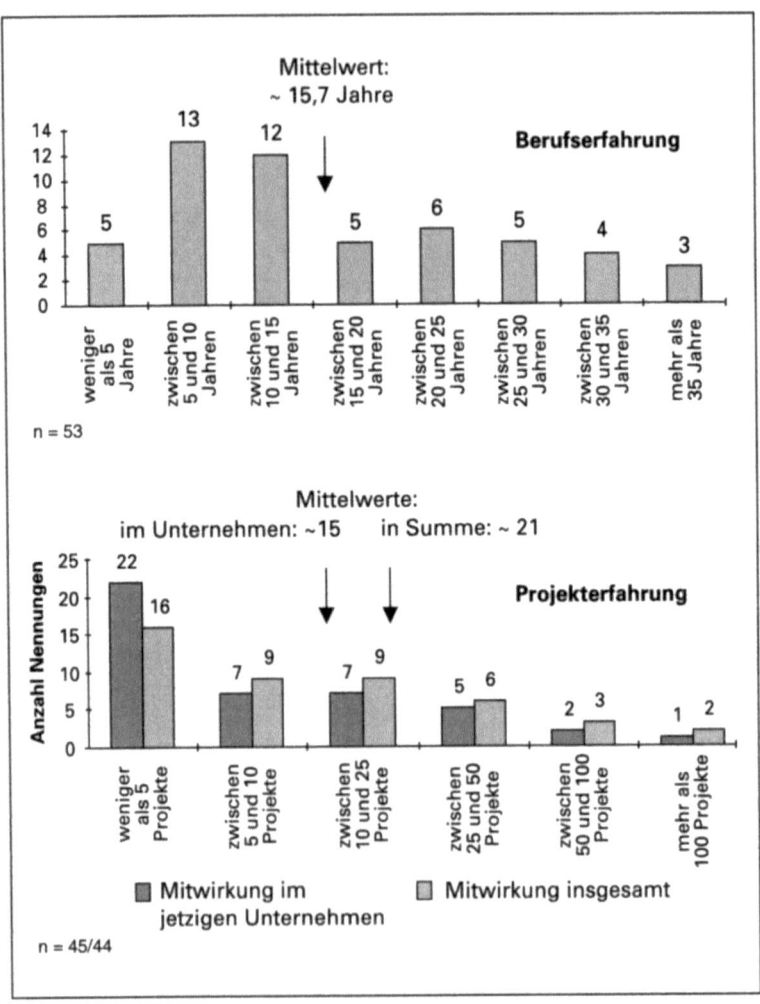

Abbildung 2: Berufs- und Projekterfahrung der Umfrageteilnehmer

Einen deutlicheren Einfluß haben die Projekterfahrungen der Teilnehmer (Abbildung 2). Dabei ist allerdings zu berücksichtigen, daß im konkreten Fall die Angabe von fünf Projekten, die möglicherweise tief in die Strukturen und Prozesse eines gewachsenen Unternehmensbereichs hineinreichen und einen Umsetzungszeitraum von mehreren Jahren hatten, gegebenenfalls umfangreichere persönliche Erfahrungen generieren kann als die Begleitung von 25 bis 50 Organisationsprojekten jeglicher Couleur. Dies zu hinterfragen hieße eine weitere Detaillierungstiefe zu eröffnen, die sich im Rahmen von schriftlichen Befragungen meines Erachtens nicht erreichen läßt. In Summe liegen den nachfolgend dargestellten Ergebnissen etwa 900 Jahre Berufserfahrung und die Expertise aus etwa 1 000 Reorganisationsprojekten zugrunde. Die Qualität der Aussagen wird darüber hinaus durch das breite Branchenspektrum sowie die hierarchische und fachliche Vielfalt der Teilnehmer gestützt.

Gesamtergebnisse

Definition und Erfolgsmaßstäbe organisatorischer Veränderungsprozesse in der Praxis

Um – soweit wie möglich – ein einheitliches Verständnis zu gewährleisten, wurden die wesentlichen Merkmale organisatorischer Veränderungsprozesse in einer Definition den Fragen vorangestellt. Diese Definition konnte von den Befragten ergänzt oder verändert werden.

Organisatorische Veränderungsprozesse sind bewußt gesteuerte, längerfristig orientierte Vorgänge der umfassenden Anpassung von Unternehmensstrukturen, Geschäftsprozessen, Arbeitsweisen, Regeln und Normen, Denk- und Verhaltensweisen, Methoden und Verfahren sowie Technologien innerhalb von Organisationen zum Zweck der Verbesserung der unternehmerischen und individuellen Leistungserfüllung und Zielerreichung auf der Basis eines vorhandenen Sollkonzeptes.

Die Definition wurde in dieser Form mit sehr wenigen Ausnahmen als Verständnisgrundlage akzeptiert. Dabei spielen insbesondere die Merkmale „bewußt gesteuert", „umfassend", „zielgerichtet" sowie „konzeptbasiert" eine Rolle, beispielsweise bei der Abgrenzung zu ungeplantem, nicht intendierten Wandel, der selbstverständlich in Unternehmen ebenfalls zu finden ist (vgl. zum Beispiel Staehle 1991, S. 829 ff.).

Den strukturierten Fragen zu den Erfolgsmaßstäben organisatorischer Veränderungsprozesse wurde auch eine freie Antwortmöglichkeit vorangestellt, die – wie auch weitere freie Ergänzungsfelder – in hohem Maße genutzt wurde und eine Vielzahl an qualitativen Aussagen ermöglicht.

Auf die Frage nach den Kriterien, an denen der Erfolg eines organisatorischen Veränderungsprozesses abgelesen werden kann, wurden von 49 Teilnehmern in freier Antwort unterschiedliche Begriffe genannt. Diese lassen sich zu den folgenden Gruppen verdichten:

▶ **Klassische unternehmerische Erfolgsmaßstäbe**

Unter diese Kategorie sind Erfolgsmaßstäbe einzuordnen wie: Steigerung der Effizienz, des Ergebnisses, der Produktivität oder Zeitreduzierung, Schnelligkeit, Reaktionsfähigkeit. Weitere Kriterien lassen sich um Kunden, Mitarbeiter, Kosten und die Wettbewerbssituation gruppieren.

▶ **Inhaltliche Reorganisationsziele**

Genannt wurden Kriterien, die zum Beispiel organisatorischen Strukturveränderungen zuzuordnen sind, wie: Abbau Hierarchieebenen, Verringerung Schnittstellen, Teamorganisation, Delegation, sowie Ablauf-/Prozeßoptimierungsziele, verbesserte Kommunikation, Identifikation mit dem Unternehmen sowie konsequente Führung.

▶ **Erfolgsmaßstäbe des Implementierungsprozesses**

Unter dieser Rubrik lassen sich Erfolgsmaßstäbe zusammenfassen, die zum Beispiel die Akzeptanz der Beteiligten, die Einführungsgeschwindigkeit, die Einhaltung von Meilensteinterminen, eine effiziente Projektorganisation oder die Minimierung der Ängste auf unteren Ebenen benennen.

So wie die einzelnen Teilnehmer nicht nur Kriterien aus einer Gruppe genannt haben, so schließen sich die genannten Erfolgsmaßstäbe untereinander nicht aus. Im Gegenteil, sie ergänzen sich und bilden ein System wechselseitiger Beeinflussung (Abbildung 3).

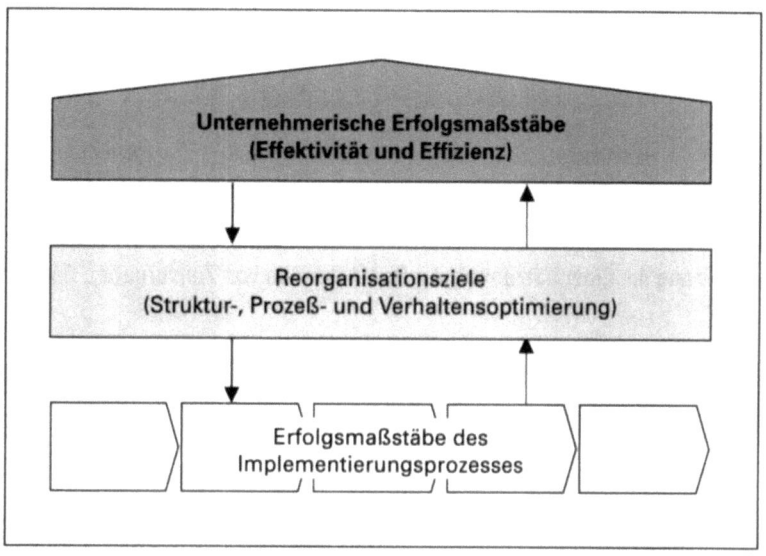

Abbildung 3: Erfolgsmaßstäbe organisatorischer Veränderungsprozesse

Die strukturierten Fragen zu den Zielvorgaben und Erfolgsmaßstäben organisatorischer Veränderungsprozesse zielten darauf ab, zu erkennen, ob die als Ergebnis von Analyseprojekten übernommenen beziehungsweise im Rahmen von Umsetzungsprojekten üblichen Zielvorgaben als realistisch oder übertrieben angesehen werden sowie ob die Praxis auf diesem Gebiet Handlungsbedarf sieht.

In der Gesamtauswertung aller Fragebögen zeigen sich aufgrund von Aggregationen gegenläufiger Aussagen nur geringe Differenzierungen. Demnach ist davon auszugehen, daß sich in der Praxis nicht ausreichend ehrgeizige und viel zu ehrgeizige Zielvorgaben ausgleichen, aber nach Meinung vieler Befragter in der Regel realistisch erreichbare Potentiale fordern (Abbildung 4). Differenziert man die

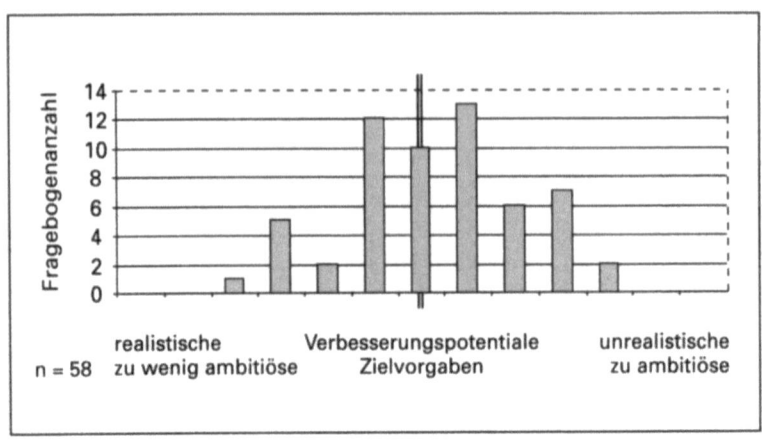

Abbildung 4: Einschätzungen zur Realitätsnähe von Zielvorgaben

Fragen nach dem Ausmaß realistischer beziehungsweise unrealistischer Zielvorgaben und -erwartungen, so zeigen sich interessante Einsichten (vgl. dazu Abbildung 5).

Die Gruppe derjenigen, die die Zielvorgaben für unrealistisch hält (n = 15), weist gegenüber der Kontrastgruppe (n = 8) deutlich geringere Erwartungen hinsichtlich des allgemeinen Zielerreichungsgrades geplanter organisatorischer Veränderungsprozesse (ø Zielerreichungsgrad ~50 Prozent versus ~75 Prozent), wie auch der Performance ausgewählter Managementkonzepte auf.

Hinsichtlich der Erfolgsmaßstäbe vermißt die Gruppe „Unrealistische Ziele" – im Vergleich zur Grundgesamtheit und insbesondere im Vergleich zu der Gruppe „Realistische Ziele" – konkretere Zielvorgaben und eine adäquatere Planung des Umsetzungsprozesses (Weg) und der Ergebnisse (Ziel). Bezüglich des Umsetzungsprozesses wird dabei insbesondere Handlungsbedarf bei der Konkretisierung der verfügbaren Ressourcen, möglicher Barrieren und Meilensteinen sowie gleichermaßen bei quantifizierbaren wie qualitativen Erfolgsmaßstäben gesehen.

Die Einhaltung *vorgegebener* sowie *vereinbarter* Meilensteine und Termine wird dementsprechend auch von der Gruppe „Realistische Ziele" in höherem Maße als relevant erachtet. Die Verwendung des

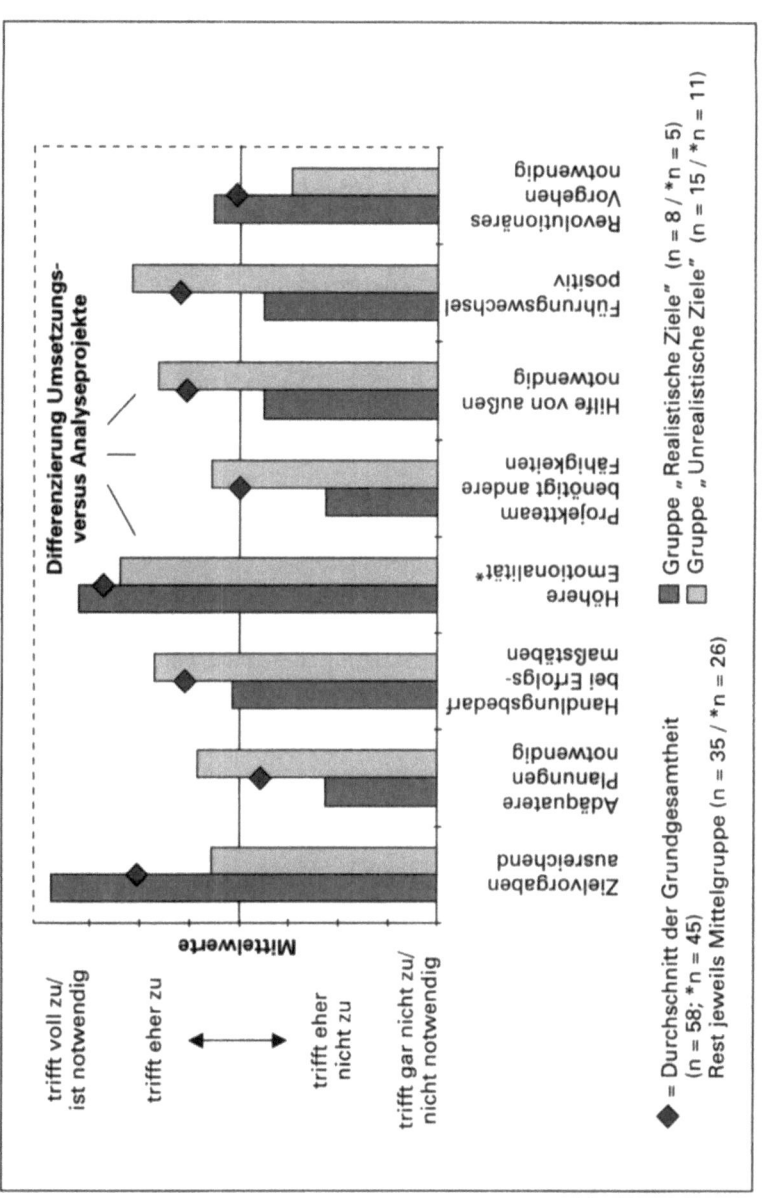

Abbildung 5: Einschätzung der Realitätsnähe der Zielvorgaben organisatorischer Veränderungsprozesse als Differenzierungskriterium

Erfolgsmaßstabs „Erreichung der vorgegebenen, als realistisch betrachteten Verbesserungspotentiale" wird im Vergleich als weniger wichtig angesehen.

In deutlicher Weise differenziert sich die Gruppe „Realistische Ziele" von der Kontrastgruppe und der Grundgesamtheit in puncto ihrer Einschätzung der Unterschiede zwischen Analyse- und Umsetzungsprojekten. Bis auf einen höheren Grad an Emotionalität in Umsetzungsprojekten werden mehr Übereinstimmungen mit Analyseprojekten gesehen. Schließlich scheinen sie ein revolutionäres Vorgehen eher für geeignet anzusehen und glauben, daß ein Führungswechsel an der Spitze der vom organisatorischen Veränderungsprozeß betroffenen Einheit einen eher negativen Einfluß auf den Umsetzungserfolg hat. In diesen Punkten unterscheiden sie sich deutlich von der Vergleichsgruppe (Abbildung 5).

Auf die Frage nach der Praxisrelevanz ausgewählter Erfolgsmaßstäbe wurden nahezu alle angegebenen Kriterien von den Befragten als wichtig erachtet. Zu den am relevantesten angesehenen gehören die „unternehmensinterne Akzeptanz", die „Erfüllung der Managementerwartungen", die „aktive Mitwirkung der Mitarbeiter" sowie die „Einhaltung der vereinbarten Meilensteine und Termine".

Einzige nennenswerte Ausnahme stellte der Erfolgsmaßstab „Umsetzung ausschließlich mit unternehmensinternen Mitarbeitern" dar, der als durchschnittlich relevant zu kennzeichnen ist. Dies ist insofern interessant, weil in der Praxis auf die Frage, warum man Umsetzungsprojekte im Gegensatz zu Konzeptionsprojekten selten mit externer Unterstützung durchführe, zur Antwort gegeben wird, es wäre wichtig, wenigstens diesen Part der organisatorischen Veränderung hausintern zu bewältigen. Dieser Befund wird durch die korrespondierende Frage nach der Häufigkeit der derzeitigen Anwendung der Erfolgsmaßstäbe beziehungsweise Zielkriterien zusätzlich bestätigt, denn hier wird die rein interne Umsetzung bereits an vierter Stelle der insgesamt 14 Kriterien genannt.

Die Überprüfung von Befragtengruppen mit unterschiedlich hoher Diskrepanz zwischen der Relevanz der Kriterien und der Anwendung in der betrieblichen Praxis ergab nur geringe signifikante Unterschiede bei speziellen Antworten. Das liegt unter anderem sicherlich an der

Zusammenfassung aller Kriterien, aber auch an den unterschiedlichen Bewertungsdimensionen (Grad der Relevanz versus Häufigkeit der Verwendung). Auffallend war jedoch, daß die Gruppe, die eine vergleichsweise höhere Diskrepanz zwischen den als relevant gekennzeichneten Erfolgsmaßstäben und deren Anwendung in der Unternehmenspraxis ausweist, im Vergleich zur Kontrastgruppe eine deutlich niedrigere allgemeine Potentialerwartung zeigt (ø Zielerreichungsgrad ~50 Prozent versus ~68 Prozent).

Unterschiede zwischen Konzeptions- und Implementierungsprojekten

Um die möglichen Unterschiede zwischen Analyse- und Konzeptionsprojekten von Umsetzungs- beziehungsweise Implementierungsprojekten auch von qualitativer Seite besser beurteilen und interpretieren zu können, ist es notwendig, sich mit den Faktoren zu beschäftigen, die in der Praxis in Verbindung mit als schwierig empfundenen organisatorischen Veränderungsprozessen genannt werden. In den freien Antworten spiegelt sich die Vielfalt der Erfahrungen mit schwierigen Umsetzungsprojekten wider. Dennoch lassen sich bezüglich häufig genannter Charakteristika Gruppen bilden.

So werden organisatorische Veränderungsprozesse als schwierig bezeichnet, die

- unzureichende mentale Rahmenbedingungen aufweisen,

- tiefgreifende und umfassende – meist als negativ empfundene – Auswirkungen auf die eigene Arbeit sowie den Verantwortungsbereich haben,

- ohne ausreichende Zielvorgaben – quasi kopf- und führungslos – sind,

- sich zu viel vornehmen, das heißt einen viel zu großen Veränderungsumfang haben,

- als Projekte nicht ausreichend geplant, gesteuert und kontrolliert werden und eine ungeeignete Projektorganisation, -zusammensetzung und -vorgehensweise aufweisen.

Darüber hinaus wurden weitere Faktoren genannt, die den Umsetzungsverantwortlichen und den Beteiligten das Leben schwer machen, wie unzureichende Kommunikation, eine große Distanz zwischen Management und Mitarbeitern, permanente Kompromiß-Erfordernisse oder unzureichende Unterstützung möglicher „Verlierer".

Eine Reihe der von den Befragten wiedergegebenen Eindrücke und Praxiserfahrungen deutet bereits darauf hin, daß das Management organisatorischer Veränderungsprozesse nicht gänzlich unterschiedlich zum Management von Analyse- und Konzeptionsprozessen sein kann:

> Umsetzungsprojekte können und sollten nicht ohne konkrete Zielbestimmung und -festlegung, nicht ohne funktions- beziehungsweise bereichsübergreifende Koordination und nicht ohne adäquates Projektmanagement und -controlling durchgeführt werden.

Diese Aussagen werden durch die strukturierten Antworten zusätzlich unterstrichen (Abbildung 6). Auch wenn sich Umsetzungsprojekte durch einen höheren Grad an Emotionalität aufgrund persönlicher Betroffenheit der beteiligten Organisationsmitglieder und der moderierenden, nicht direkt betroffenen Teammitglieder auszeichnen und es daher auch in einem höheren Maße notwendig machen, funktionsübergreifende und interdisziplinäre Erfahrungen einzubeziehen, Beziehungsnetzwerke zu pflegen und Menschen adäquat zu führen, so können diese Projekte hinsichtlich Ressourceneinsatz und Arbeitspaketen doch konkret geplant, gesteuert und kontrolliert werden.

Differenziert man die Antworten hinsichtlich des Merkmals „Grad des Unterschieds zwischen Konzeptions- und Umsetzungsprojekten" und bildet drei Gruppen, von denen eine Extremgruppe diejenigen umfaßt, die stärkere Unterschiede sehen (n = 16), und die andere Extremgruppe diejenigen, die keine wesentlichen Unterschiede sehen (n = 9; Durchschnittsgruppe: n = 33), so zeigen sich interessante Verschiebungen einiger Aussagen. Diejenigen, die keine wesentlichen Unterschiede sehen, differenzieren sich von den *beiden* anderen Gruppen deutlich in folgenden Aspekten:

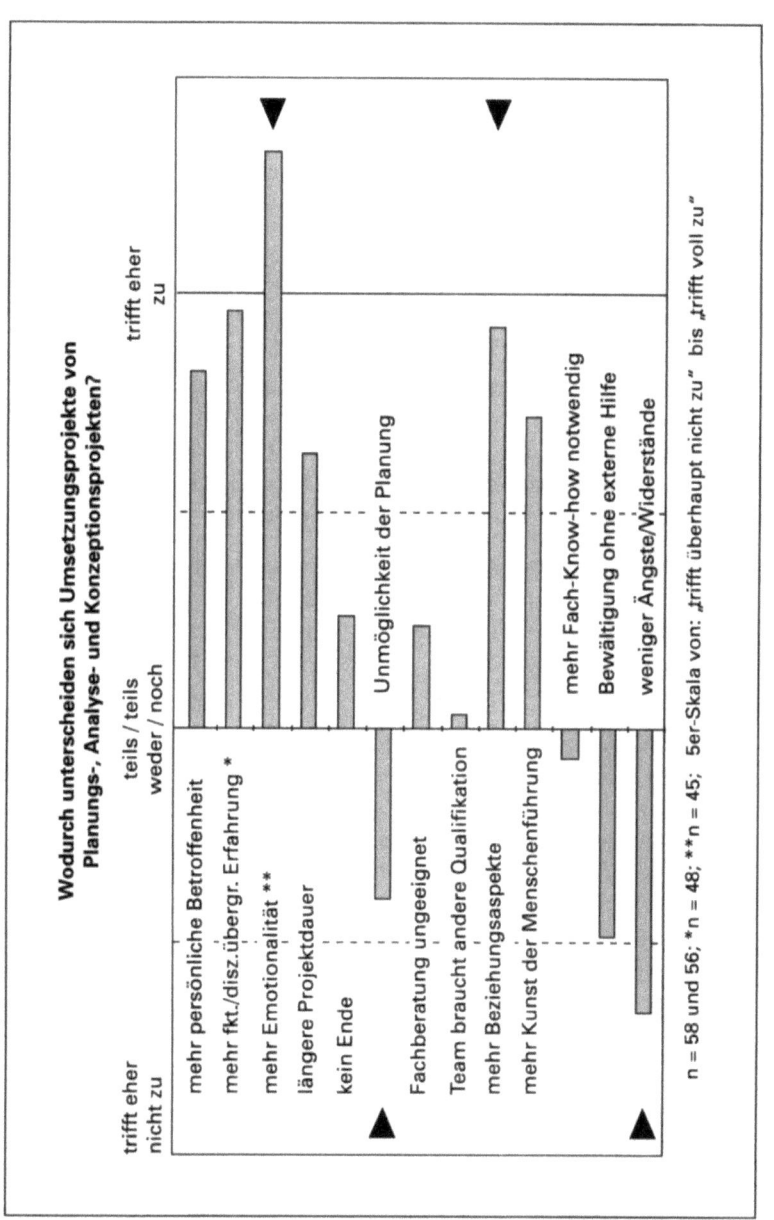

Abbildung 6: Besonderheiten von Umsetzungsprojekten

Erfolgsfaktoren organisatorischer Veränderungsprozesse

▶ Sie zeigen ähnliche, wenn auch etwas schwächere Einschätzungen zu den Erfolgsmaßstäben wie die bereits angesprochene Gruppe derjenigen, die ihre Zielvorgaben als realistisch einschätzt. Das heißt, sie empfinden beispielsweise die Planung von Umsetzungsprozessen und die derzeit verwendeten Erfolgsmaßstäbe als durchaus adäquat und ausreichend.

▶ Die „projektbegleitende Berücksichtigung vitaler Unternehmens- und/oder Mitarbeiterinteressen, die im Konzept übersehen wurden" als Erfolgsmaßstab organisatorischer Veränderungsprozesse hat für sie eine ähnlich geringere Relevanz wie der „Umfang in dem sich das Management bereit erklärt, aufgrund neuer Erkenntnisse Teilentscheidungen bezüglich des Konzeptes zu revidieren". Es ist zu vermuten, daß unerwartete Ereignisse aufgrund der klaren Projektplanung als unwahrscheinlich betrachtet werden und daher vernachlässigt werden können.

▶ In überdurchschnittlichem Maße wird angegeben, Managementerwartungen und vorgebene Projektziele zu erreichen sowie Mitarbeitererwartungen zu erfüllen, diese aktiv einzubeziehen und für eine „positive Presse zu sorgen". Das Projekt erscheint durchgeplant.

▶ Die Durchschnittwerte der Erfolgsfaktoren liegen – im Vergleich zu den beiden anderen Gruppen – signifikant höher bei: externem Problemdruck, klar definierten und kommunizierten Projekterwartungen sowie der Konzentration auf Effizienzkriterien. Unterdurchschnittlich wird der positive Einfluß „weicher Erfolgsfaktoren", wie Humanisierungsziele, umfassende Partizipation, Veränderung von Denkmustern sowie wertorientierte Veränderungsstrategien und ähnliche bewertet.

▶ Hinsichtlich des übergeordneten Zielerreichungsgrads organisatorischer Veränderungsprozesse schneidet die Gruppe, die keine wesentlichen Unterschiede sieht, geringfügig besser ab (ca. 66 Prozent) als die beiden Vergleichsgruppen (beide ca. 57 Prozent). Bemerkenswert ist jedoch, daß sie mit sehr wenigen Ausnahmen die Potentialversprechen und den Zielerreichungsgrad der Managementkonzepte eher skeptisch, das heißt deutlich unterdurchschnittlich, beurteilen, aber die Termintreue wesentlich besser bewerten. Kann dies als Ergebnis des Projektmanagements und -controlling interpretiert werden?

Barrieren und Motoren organisatorischer Veränderungsprozesse in der Praxis

Die freie Antwortmöglichkeit der Frage nach den Bremsen und Barrieren sowie Motoren des geplanten organisatorischen Wandels beziehungsweise des Implementierungsmanagements wurde von nahezu allen Experten genutzt (n = 53 respektive 52). Auf der einen Seite ergibt sich daraus ein reichhaltiger Fundus an praxisrelevanter Expertise, auf der anderen Seite das Problem der Auswertung und geeigneten Zusammenfassung der individuellen Aussagen.

Hinsichtlich der genannten Bremsen und Barrieren, die einen reibungslosen – sofern dies erstrebenswert ist – organisatorischen Veränderungsprozeß stören, lassen sich die Antworten unter den folgenden Kategorien subsumieren (die Angaben in Klammern geben jeweils die Anzahl der Einzelnennungen an):

Barriere I: Gewohnheiten/Besitzstände/Ängste

Häufig wurde die grundsätzliche, generelle Angst vor Änderungen (11) als Bremse beziehungsweise Barriere genannt und speziell die Angst vor dem Verlust von Besitzständen, konkret vor Macht-, Einfluß-, Image- oder Statusverlusten (10). Nicht selten wurde das Kästchen- und Burgdenken insbesondere der Führungskräfte (6) und generell – hierarchieübergreifend – die mangelnde Bereitschaft zur Änderung (4), die „Betonköpfe", so ein Teilnehmer kritisiert. Verständlicherweise führt auch die Angst vor einem Arbeitsplatzverlust (3) zu Abwehrhaltungen.

Barriere II: Die existierende Organisation

Die bestehende Organisation, ihre Strukturen, Prozesse, Verhaltensanweisungen, Organisationshandbücher, Normierungen und Vorschriften wirken aufgrund ihrer Stabilisierungs- und Standardisierungsfunktion naturgemäß als Veränderungswiderstand. Konkret genannt wurden unübersichtliche, verkrustete Strukturen und die vielstufige Organisation (9), ausgeprägte Funktionalorganisationen, Fachbereiche sowie DV-Verfahren (5) und schließlich auch die Komplexität der Abläufe, feste Arbeitsanweisungen etc. (5).

Barriere III: Soziale Faktoren/Menschen

Hierunter lassen sich Aussagen zusammenfassen, die die Persönlichkeit der Träger und Betroffenen des Veränderungsprozesses, die Unternehmenskultur, politische Verhaltensweisen, die unzureichende Vermeidung von Verlierern oder negative Erfahrung etc. (11) als wesentliche Barrieren ausmachen. Darüber hinaus verhindern auch Machtkämpfe, Interessengruppen, persönliche Konflikte und Zieldivergenzen (8) die Umsetzung fachlich und ökonomisch gebotener Konzepte. Schließlich werden auch generelles Desinteresse, „Berührt-mich-nicht"-Einstellungen sowie eine übergroße Konsensorientierung (4) als hemmend gekennzeichnet.

Barriere IV: Defizite des Implementierungsprojekts

In einer Reihe von Antworten wurden Aspekte wie beispielsweise eine unzureichende Informations- und Kommunikationspolitik, fehlendes Methoden- und Verhaltens-Know-how, Inkonsequenzen, die Dauer von Umsetzungsprojekten und andere Defizite im Projektmanagement als Barrieren genannt.

In ähnlicher Weise lassen sich Motoren des organisatorischen Wandels definieren, die Prozeß- oder Bewegungsenergie liefern, um neue Konzepte zu verwirklichen.

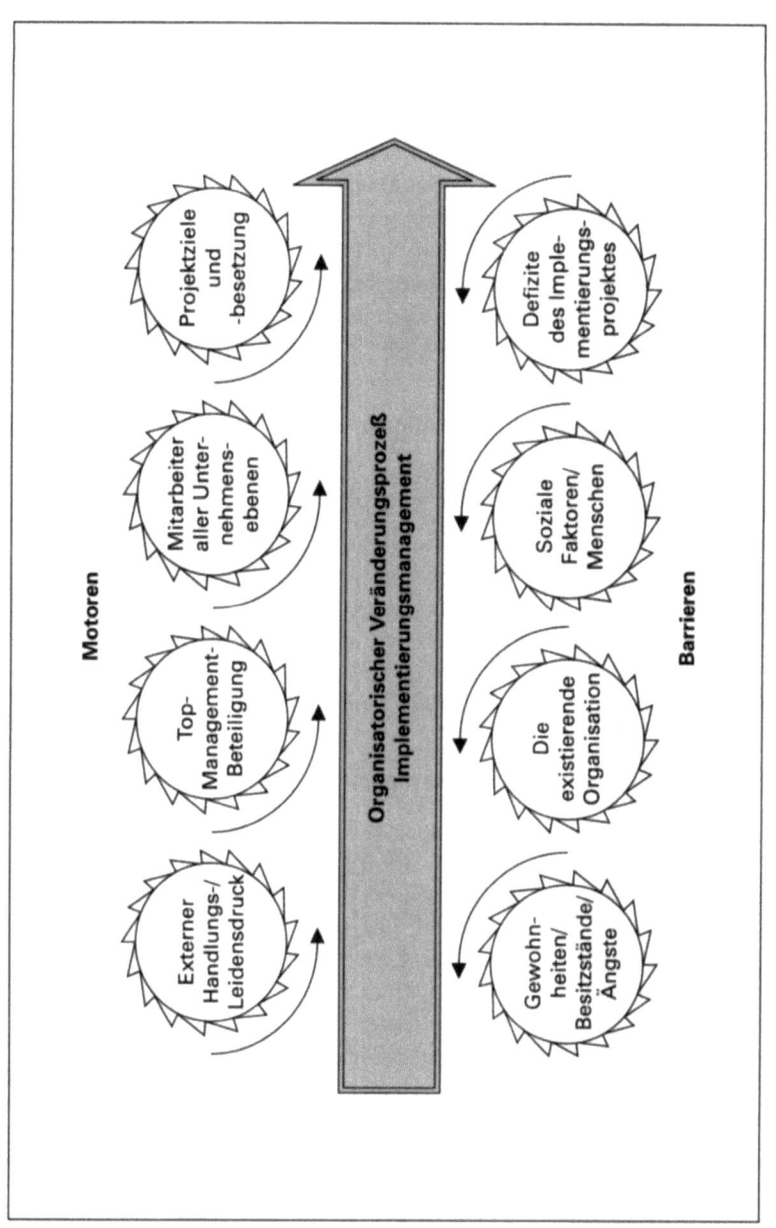

Abbildung 7: Motoren und Barrieren des Wandels

Motor I: Externer Handlungs-/Leidensdruck

Fast jeder zweite Teilnehmer führte als Auslöser und Motor des Wandels Aspekte wie wirtschaftliche Notwendigkeit, Ergebnisdruck, veränderte Kundenbedürfnisse, zunehmender Wettbewerb, Technologieveränderungen, Marktanpassungen etc. (26) an. Ohne diesen externen Druck haben Veränderungsprozesse kaum eine Chance realisiert zu werden. Mit anderen Worten: je krisenhafter die Situation, um so bereitwilliger werden althergebrachte, ehemals bewährte Strukturen, Denk- und Verhaltensweisen aufgegeben. Man ist geneigt zu ergänzen: auch wenn es dann vielleicht schon zu spät ist.

Motor II: Topmanagement-Beteiligung

Nahezu in gleichem Umfang wurde die Identifikation, das Commitment und die Einbindung der Geschäftsleitung, der Unternehmensführung, des Topmanagements, als unverzichtbarer Motor für organisatorische Veränderungsprozesse herausgestellt (18). Bevor diese aber nur reden und keine Taten folgen lassen beziehungsweise eine Vorbildfunktion einnehmen, sollten sie lieber schweigen. In dieser Hinsicht werden insbesondere motivierte, kreative, visionäre, glaubwürdige Manager (6) als „change leader" gefordert.

Motor III: Mitarbeiter aller Unternehmensebenen

In Verbindung mit der Topmanagement-Beteiligung werden speziell Offenheit, Nachvollziehbarkeit, Informations- und Kommunikationsaspekte (8) als veränderungsfördernd empfunden. Partizipation, Beteiligung, Einbeziehung aller Führungsebenen und betroffenen Mitarbeiter (6) sind weitere Motoren. Darüber hinaus zeigen die Erfahrungen der Teilnehmer, daß die Identifikation von „Reorganisations-Gewinnern", persönliches und ausdauerndes Engagement etc. (5) sowie interessierte, kreative, motivierte, jüngere Mitarbeiter (4) das Umsetzungsprojekt beflügeln.

Motor IV: Projektziele und -besetzung

Korrespondierend zur vierten Barriere wirkt die Zielfestlegung und Organisation des Umsetzungsprojektes als Motor. Aber nur, wenn klare Ziele gesetzt werden, interne und externe benchmarks einbezogen werden, ein gutes Konzept verwirklicht sowie neues Denken gefördert wird (10).

Hinsichtlich der Teamzusammensetzung sind starke, akzeptierte Projektleiter und -mitarbeiter und die Verfügbarkeit des notwendigen Methoden-Know-hows (8) unverzichtbare Antriebskräfte.

Die strukturiert abgefragten Erfolgs- beziehungsweise Mißerfolgsfaktoren organisatorischer Veränderungsprozesse bestätigen einige der auf der qualitativen Ebene zusammengefaßten Ergebnisse. Daneben dienten sie auch der Prüfung immer wiederkehrender Behauptungen. Dazu zählt beispielsweise zum einen die These, das mittlere Management sei die unternehmerische Lehm- und Lähmschicht, die Veränderungen wirksam behindert, und zum anderen die Meinung, daß es erforderlich sei, Umsetzungsprojekte unter intensiver Beteiligung von Organisations- und Personalentwicklungsexperten durchzuführen. Abbildung 8 faßt die Faktoren zusammen, die in der Befragung als Erfolgsfaktoren genannt wurden, und Abbildung 9 die Mißerfolgsfaktoren.

Die These von der veränderungshemmenden Lehmschicht des mittleren Managements ist den Ergebnissen der Untersuchung zufolge zu revidieren beziehungsweise zumindest stark in Zweifel zu ziehen.

Wenngleich eingefahrene Denkmuster und Beharrungsvermögen insbesondere auf der zweiten Führungsebene (Hauptabteilungsleiter oder ähnliche) als Mißerfolgsfaktor organisatorischer Veränderungsprozesse gesehen werden (ø-Wert: 1,42), sind nur geringfügige Unterschiede zur Ebene des Topmanagements (Vorstand, GF oder ähnliche [ø-Wert: 1,47]) oder zur Ebene 3 (Abteilungsleiter oder ähnliche [ø-Wert: 1,60]) zu erkennen (Abbildung 9). Spiegelbildlich wirkt sich die Einsicht in die Notwendigkeit einer Veränderung und deren aktive Unterstützung um so fördernder aus, je höher die Hierarchieebene ist (Abbildung 8). Eine differenziertere Betrachtung in Abhängigkeit sowohl der Berufs- als auch der Projekterfahrung führt zu folgenden Aussagen. Je größer die Berufs- *und* Projekterfahrung, um so stärker wird die These vom mittleren Management als Lehmschicht in Frage gestellt und durch einen quasi stetigen Anstieg

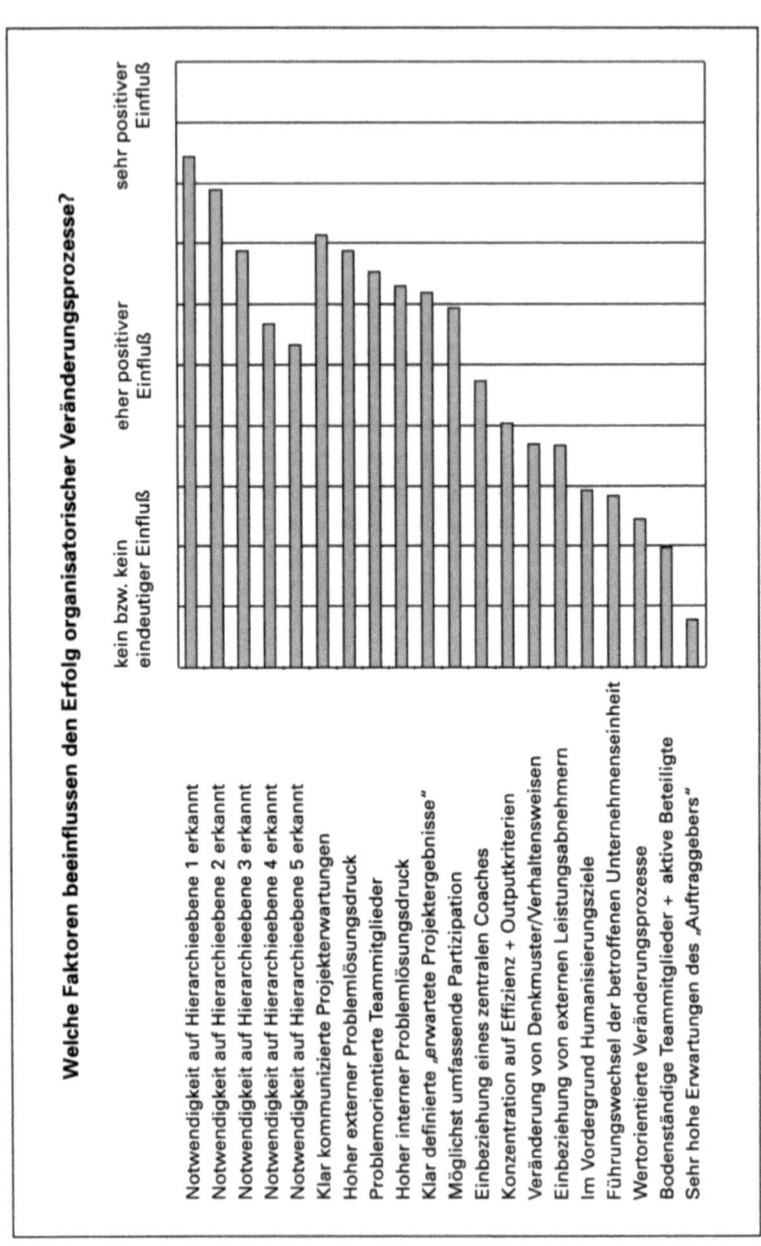

Abbildung 8: Erfolgsfaktoren organisatorischer Veränderungsprozesse

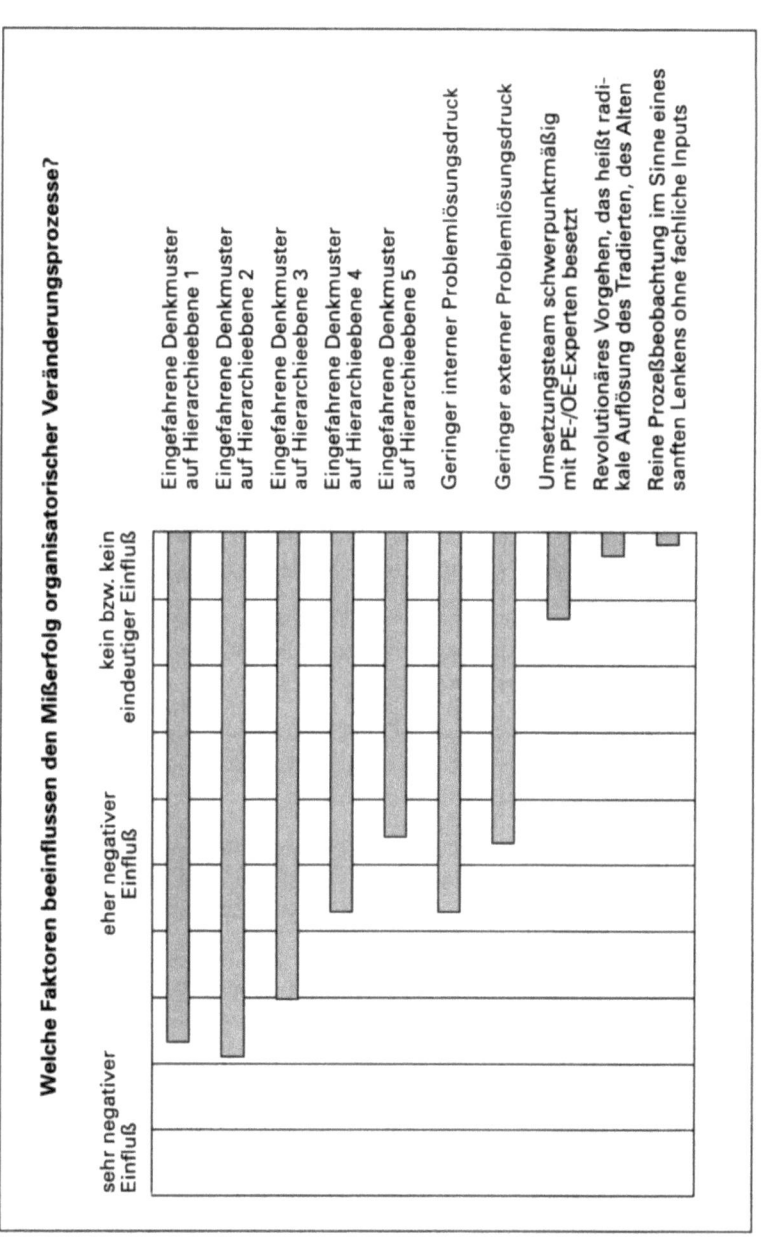

Abbildung 9: Mißerfolgsfaktoren organisatorischer Veränderungsprozesse

der positiven wie negativen Beeinflussung organisatorischer Veränderungsprozesse mit zunehmender Hierarchieebene ersetzt. Auf der Grundlage dieser Expertenbefragung scheint es daher eher sinnvoll, die These wie folgt zu formulieren:

> Veränderungshemmende Lehmschichten in Form eingefahrener Denkmuster, Beharrungsvermögen und Uneinsichtigkeiten in Anpassungsnotwendigkeiten wirken sich um so gravierender aus, je höher sie in der Hierarchie liegen. Veränderungsprozesse gelingen nur mit überzeugten und überzeugenden Führern.

In nicht ganz so deutlicher Weise ist auch die häufig gegebene Empfehlung, Umsetzungsprojekte unter intensiver Beteiligung von Organisations- und Personalentwicklungsexperten durchzuführen, in Frage zu stellen. Die schwerpunktmäßige Besetzung des Umsetzungsteams mit PE-/OE-Experten wird in Summe über alle Fragebögen als eher negativ gesehen, wenngleich auch nur schwach (Abbildung 9).

Eine Analyse, die zwischen PE-/OE-Befürwortern (positive Auswirkung) und PE-/OE-Skeptikern (negative Auswirkung) differenziert, zeigt, daß die Befürworter unter anderem:

▶ die Umsetzung ausschließlich mit unternehmensinternen Mitarbeitern und eine positive Presse über das Projekt als überdurchschnittlich erfolgsbestimmend erachten,

▶ in höherem Maße davon ausgehen, daß sich Umsetzungs- von Analyseprojekten unterscheiden und zwar vor allem in einer längeren Dauer, einem fehlenden Projektabschluß sowie in der Unmöglichkeit der Planung und

▶ die „Notwendigkeit Denkmuster und Verhaltensweisen zu ändern", „werteorientierte Veränderungsstrategien anzuwenden" und „sehr hohe Erwartungen seitens der Auftraggeber" als Erfolgsfaktoren höher einschätzen als die Kontrastgruppe der sogenannten „Skeptiker".

Bezüglich des generellen Zielerreichungsgrades zeigen sich keine nennenswerten Unterschiede zwischen den Gruppen. Signifikant ist hinsichtlich der Management-Beratungskonzepte die ausgesprochen negative Einstellung der OE-/PE-Befürworter gegenüber der Gemeinkostenwertanalyse.

Es bleibt festzustellen, daß die Befragungsergebnisse keine Bestätigung dafür ergeben, daß der Einsatz von OE-/PE-Experten einen besonderen Einfluß auf die Umsetzungsergebnisse hat.

Einschätzungen zum Erfolg von Umsetzungsprojekten und Managementkonzepten

Nach der Erörterung einer Vielzahl von Erfolgsmaßstäben, fördernder und hemmender Faktoren, Erfolgs- und Mißerfolgskriterien stellt sich nunmehr die Frage, wie die Befragten aufgrund ihrer Erfahrungen den Erfolg von Umsetzungsprojekten beurteilen.

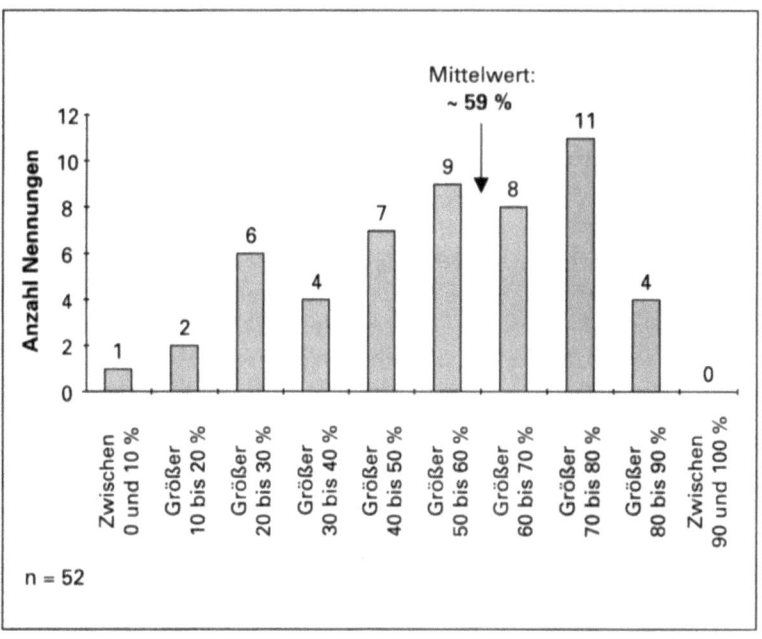

Abbildung 10: Einschätzungsspektrum zum generellen Zielerreichungsgrad organisatorischer Veränderungsprozesse

Auf die Frage: „Wie schätzen Sie pauschal den Zielerreichungsgrad geplanter organisatorischer Veränderungsprozesse im Vergleich zu den Erwartungen bei Umsetzungsbeginn ein?" antworteten 52 Teilnehmer. Das Spektrum der Antworten reicht von zehn Prozent bis 90 Prozent. Bezogen auf die im Konzept ursprünglich ausgewiesenen Effizienzsteigerungspotentiale werden im Durchschnitt am Ende der Implementierung lediglich ca. 59 Prozent erreicht (Abbildung 10).

In den Fällen, in denen geringe Zielerreichungsgrade (≤ 40 Prozent) kommentiert wurden, wurden insbesondere die bereits erörterten Barrieren wie Akzeptanzprobleme, schwierige Verhaltensänderungen, nachlassendes Engagement im Verlauf des Umsetzungsprojektes beziehungsweise unrealistische oder geänderte Ziele als Gründe aufgeführt. Die Kommentare bei überdurchschnittlich hohen Zielerreichungsgraden (≥ 70 Prozent) reichten unter anderem von der positiven Auswirkung eines Geschäftsführerwechsels über die 80-20-Regel bis hin zu kontinuierlichen Verbesserungen.

Ein Ziel der Expertenbefragung war es, etwas mehr Licht in die Effizienz gängiger Managementkonzepte, das heißt ihren Wirkungsgrad in der Praxis zu bringen. Ausschlaggebend hierfür sind eklatante Schwächen beim Controlling von Reorganisationsprojekten in Unternehmen und öffentlichen Verwaltungen. So ist man in der Vielzahl der Fälle auf die Sammlung und Bestätigung von – mehr oder weniger vorgefaßten – Meinungen (vgl. zum Beispiel Bauer et al. 1992), situationsgebundenen Einzelbeurteilungen oder gar die „öffentliche" Meinung angewiesen. Demnach ist beispielsweise die Gemeinkostenanalyse schlecht, erfüllt Reengineering nicht die Erwartungen und ist TQM mühsam und zeitigt nur inkrementelle Verbesserungen.

Mit der Umfrage wurde der Versuch unternommen, auf breiterer Basis die in den Konzepten abgegebenen Versprechen zum Beispiel hinsichtlich „dramatischer Quantensprünge in der Verbesserung der Wettbewerbsposition", die tatsächlich errreichten, das heißt ausgeschöpften Potentiale sowie die Termintreue im Sinne der Differenz zwischen angegebener und tatsächlicher Umsetzungsdauer zu quantifizieren. Zurückgegriffen wurde dabei auf das Wissen und die Erfahrungen der Befragten, die in unterschiedlichen Branchen und Umfeldern mit den ausgewählten Methoden und Konzepten in Berührung gekommen sind.

Die Ergebnisse lassen sich – fast – in einem Satz zusammenfassen. Es wird deutlich daß sich die Konzepte in ihren Versprechen und Ergebnissen nur marginal unterscheiden (Abbildung 11). Der Zielerreichungsgrad aller betrachteter Managementkonzepte liegt im Bereich zwischen 48 Prozent und 64 Prozent. Da auch wenige Unterschiede hinsichtlich der ursprünglich „versprochenen" Potentiale bestehen (ca. 38 Prozent bis ca. 64 Prozent), ergeben sich ähnlichen Potentialausschöpfungen. Hinsichtlich der exponierten Stellung der Total-Cycle-Time-Methode ist zu erwähnen, daß hier ein deutlich geringerer Bekanntheitsgrad in der Praxis zu konstatieren ist (n = 8), was die Verallgemeinerung der Ergebnisse sicherlich beeinflußt.

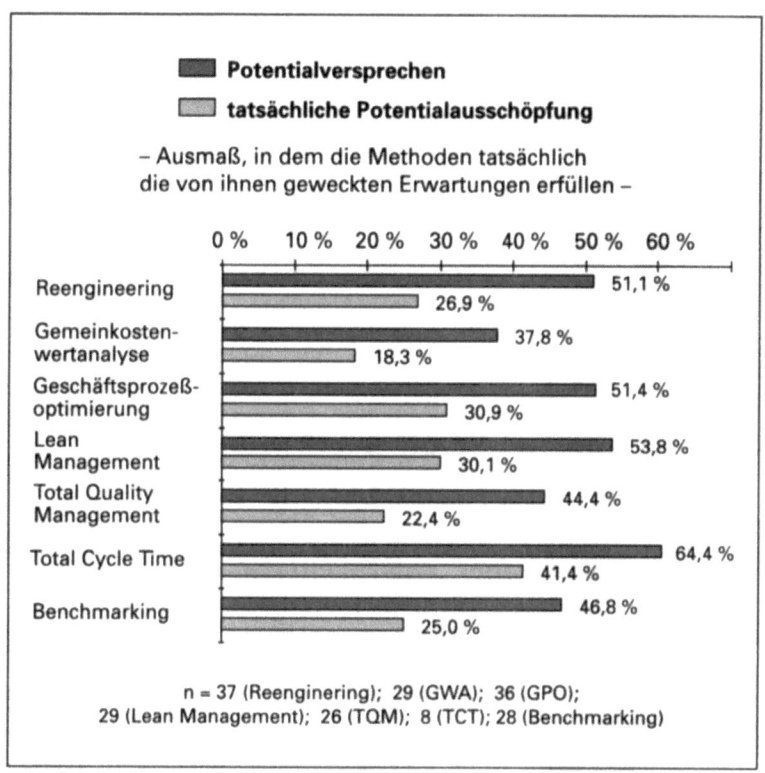

Abbildung 11: Zielerreichungsgrad ausgewählter Management-Beratungskonzepte in der Praxis

Auch hinsichtlich der in der Praxis zu beobachtenden Termintreue der untersuchten Managementkonzepte zeigen sich weitgehend übereinstimmende Beurteilungen. Es werden Überschreitungen der ursprünglich geplanten Realisierungszeiten um etwa ein Drittel angegeben. Diese reichen von ca. 34 Prozent (Total Quality Management) bis 25,5 Prozent (Gemeinkostenwertanalyse). Auffallende Ausnahme ist Benchmarking. Offensichtlich gelingt es mit dieser Methode in der Praxis schneller beziehungsweise termintreuer Veränderungs-, das heißt Lernprozesse, zu verwirklichen.

Die Untersuchung scheint daher die Befunde einer amerikanischen Untersuchung zur Erfolgswirksamkeit von Reengineering auch bezüglich anderer Managementkonzepte zu bestätigen:

„Unfortunately, consultants tell us, the companies most likely to succeed with reengineering are those most likely to succeed without it." (Bashein et al. 1994, S. 9)

> Der Einsatz eines speziellen Managementkonzeptes beziehungsweise einer bestimmten Reorganisationsmethode hat keinen signifikanten Einfluß auf den Erfolg des organisatorischen Veränderungsprozesses. Entscheidend ist ein exzellentes Implementierungsmanagement.

Ausgewählte Merkmale eines erfolgreichen Implementierungsmanagements

„System change" oder „culture change"?

Der verhaltenswissenschaftlich geprägte Zweig der Organisationstheorie nimmt in der betriebswirtschaftlichen Literatur und Diskussion einen breiten Raum ein. Das Konzept der Organisationsentwicklung (OE) versucht Erklärungs- und Gestaltungsmodelle für organisatorische Veränderungen in Unternehmen und öffentlichen Verwaltungen bereitzustellen. Zu den Definitionsmerkmalen gehören daher ein geplanter, umfassender und langfristiger Wandel, die Konzentration auf Gruppenaspekte, die Einbeziehung eines Change Agent sowie Intervention durch erfahrungsgeleitetes Lernen und Aktionsforschung (vgl. Staehle 1994, S. 848 ff.). Insbesondere in Großunternehmen wurden OE-Ansätze aufgenommen und teilweise institutionalisiert. OE stellt hier eine sinnvolle Ergänzung zur eher instrumentell orientierten Organisationsgestaltung dar.

„system change"	„culture change"
■ problemorientiert ■ leichter steuerbar ■ inkrementelle Veränderungen	■ wertorientiert ■ weitgehend nicht zu steuern ■ Veränderung grundlegender Annahmen
■ effizienz- und outputorientiert	■ Lebensqualität in der Organisation
■ Analyse von Störungen in der Organisation ■ Führungswechsel ist nicht unbedingt notwendig	■ Analyse der negativen Folgen des Wertesystems ■ Führungswechsel ist zwingend geboten

Zitiert nach Staehle 1991, S. 853

Abbildung 12: Differenzierungsmerkmale zwischen „system change" und „culture change" als Konzepte des Wandels

Neuere Ansätze zur Gestaltung organisatorischer Veränderungen nehmen bezug auf das Konzept der Organisationskultur. Dementsprechend versucht auch die OE, diese konzeptionell und instrumentell einzubinden. Um die neue Ausrichtung deutlich zu machen, wird zwischen einem mehr strukturellen Wandel = „system change" und einem kulturellen Wandel = „culture change" unterschieden. Unter Verwendung der in Abbildung 12 aufgeführten Differenzierungsmerkmale wurde der Versuch unternommen, die Praxisrelevanz dieser Ansätze und – soweit möglich – den Erfolgsbeitrag zu beurteilen. Die Beantwortung von Fragen nach „wertorientierten Veränderungsstrategien", „revolutionärem Vorgehen", „Führungswechsel", „Konzentration auf Effizienzkriterien" sowie „Unmöglichkeit der Projektplanung" wurde als Differenzierungskriterium verwendet. Unterschieden wurden die vier Gruppen „starke System-Change-Merkmale",

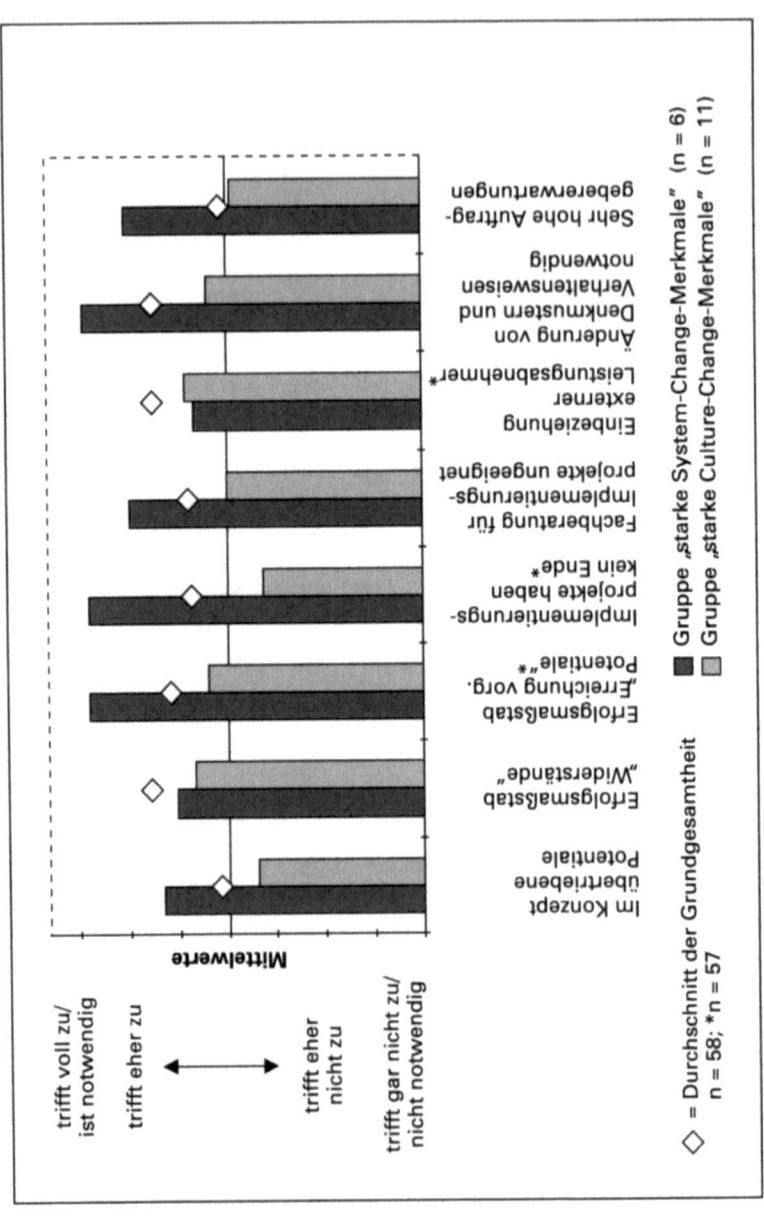

Abbildung 13: Ausgewählte Merkmalsausprägungen im Vergleich zwischen „system change" und „culture change"

Empfehlungen für ein erfolgreiches Implementierungsmanagement

„moderate System-Change-Merkmale", „moderate Culture-Change-Merkmale" und „starke Culture-Change-Merkmale". Vergleicht man die Extreme, so zeigen sich signifikante Unterschiede – aber auch Übereinstimmungen – bei den verwendeten Erfolgsmaßstäben, der Vorgehensweise sowie den als wichtig erachteten Erfolgsfaktoren (Abbildung 13).

Stellt man die Gruppen bezüglich des Bewertungskriteriums „Zielerreichungsgrad der Implementierungsprojekte" einander gegenüber, so ergeben sich für die „starke Culture-Change"-Gruppe geringfügig bessere Umsetzungserfolge. Beide Gruppen scheinen jeweils ein Managementkonzept zu favorisieren. Die „starke Culture-Change"-Gruppe das Lean Management, die „starke System-Change"-Gruppe das Benchmarking.

Erfolgsgeheimnisse der Praxis?

Aus verschiedenen Gründen können an dieser Stelle nicht alle Facetten des Implementierungsmanagements im Lichte der Expertenbefragung durchleuchtet werden. Abschließend soll daher der Frage nachgegangen werden, in welchen Aspekten sich die erfolgreichen von den weniger erfolgreichen Change agents und Managern organisatorischer Veränderungsprozesse unterscheiden.

Zu diesem Zweck wurden die Fragebögen beziehungsweise die Antworten anhand der – bereits wiedergegebenen – Frage nach dem generellen Zielerreichungsgrad organisatorischer Veränderungsprozesse sortiert und systematisiert. Um klarere Aussagen treffen zu können, wurden vier Cluster mit zwei Extremgruppen gebildet. Da die Frage nicht von allen befragten Experten beantwortet wurde, konnten sechs Fragebögen nicht einbezogen werden. Die verbliebenen 52 Fragebögen wurden wie folgt zusammengefaßt:

1. Negative Erfolgseinschätzung; Zielerreichungsgrad zwischen 10 Prozent und 30 Prozent (n = 9).
2. Eher negative Erfolgseinschätzung; Zielerreichungsgrad zwischen mehr als 30 Prozent und 60 Prozent (n = 20).

3. Eher positive Erfolgseinschätzung; Zielerreichungsgrad zwischen mehr als 60 Prozent und 80 Prozent (n = 19).

4. Positive Erfolgseinschätzung; Zielerreichungsgrad zwischen mehr als 80 Prozent und 90 Prozent (n = 4).

Vergleicht man die beiden Extremgruppen 1 und 4, so unterscheiden sich diese am nachhaltigsten bezüglich den in Abbildung 14 wiedergegebenen Einzelmerkmale.

Insgesamt läßt sich für die Gruppe der „erfolgreichen Umsetzungsansätze" feststellen, daß diese offensichtlich in weit höherem Maße eine Planung der organisatorischen Veränderungsprozesse betreibt und daher beispielsweise auch zu der Einschätzung gelangt, daß die Zielvorgaben und Potentialerwartungen realistisch und nicht übertrieben sind. Aus der gleichen Überlegung heraus ist auch erklärlich, warum weder bei quantifizierbaren, noch bei qualitativen Erfolgsmaßstäben Handlungsbedarf gesehen wird. Die verwendeten Erfolgsmaßstäbe werden – im Vergleich zu allen anderen Gruppen – als weitgehend ausreichend betrachtet.

Konsequenterweise sieht die Gruppe der „erfolgreichen Umsetzungsansätze" auch eine überdurchschnittlich hohe Relevanz meßbarer Erfolgsmaßstäbe, zum Beispiel Einhaltung vorgegebener und vereinbarter Termine und Ziele und insbesondere Einhaltung der für das Umsetzungsprojekt verfügbaren Ressourcen. Das Fehlen von Widerständen im Umsetzungsbereich oder an organisatorischer Unruhe wird nicht als relevantes Gütesiegel eines erfolgreichen Umsetzungsprojektes betrachtet. Gleiches gilt für Anerkennung und Lob durch Dritte oder Außenstehende, wie beispielsweise Kunden. Daher werden die zuerst genannten Zielgrößen auch deutlich häufiger angewendet.

Unterschiede zwischen Analyse- und Umsetzungsprojekten werden nur in geringem Umfang gesehen, zum Beispiel bezüglich der persönlichen Betroffenheit, der Emotionalität oder auch einer längeren Projektdauer. Sie entziehen sich damit aber nicht einem Projektmanagement und -controlling.

Hinsichtlich der Motoren beziehungsweise Barrieren beziehungsweise des Wandels, das heißt den Erfolgs- und Mißerfolgsfaktoren,

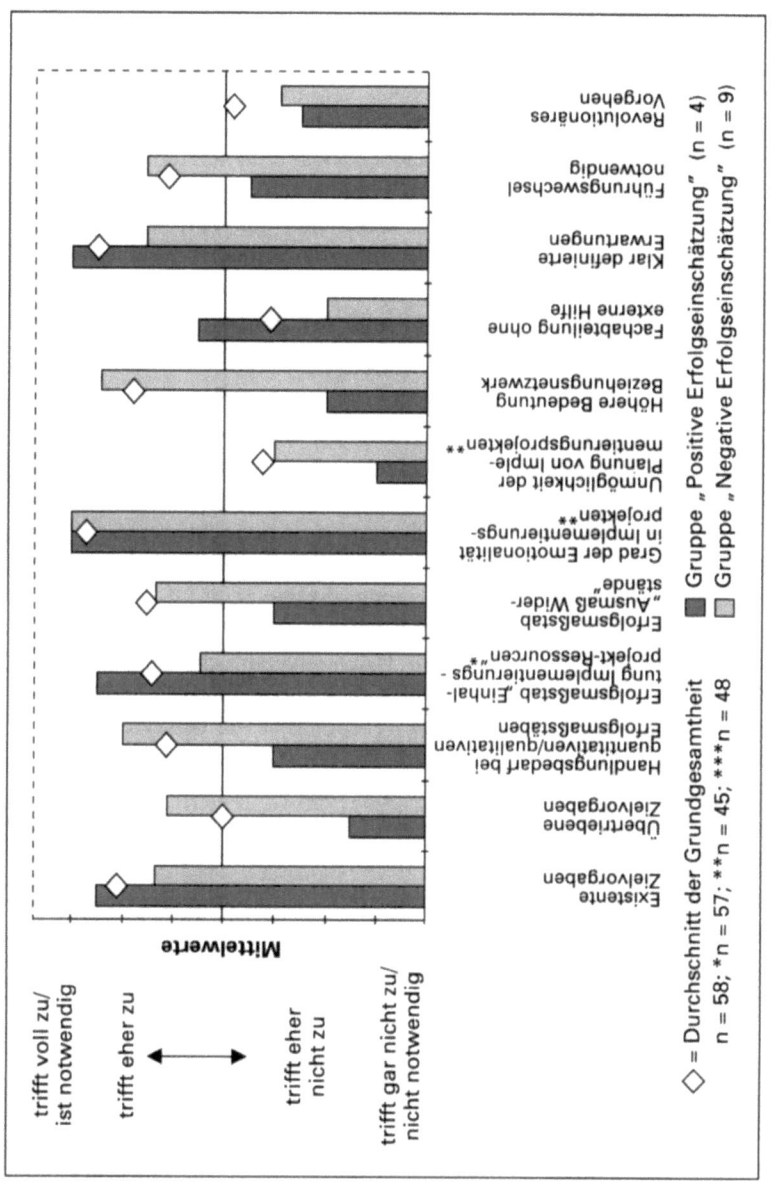

Abbildung 14: Vergleich zwischen „erfolgreichen" und „weniger erfolgreichen" Umsetzungsansätzen

fällt eine Höherbewertung des externen wie internen Problemdrucks sowie klar definierter Erwartungen auf. Das Topmanagement wird als kritische Größe organisatorischer Veränderungsprozesse gesehen, während die weniger Erfolgreichen die „Lehmschicht" auf der Ebene der Hauptabteilungsleiter ausmachen. Während letztere auch einen Führungswechsel eher positiv werten, glauben die Erfolgreichen nicht an ein Wunder durch das Auswechseln von Führungspersonen. Weitgehend einig sind sich beide Extremgruppen in der eher skeptischen Einschätzung eines revolutionären Vorgehens sowie bei den Humanzielen, der Partizipation und der Einbeziehung planungsfeldexterner Leistungsabnehmer, das heißt interner oder externer Kunden.

Vergleicht man die Erwartungen und Einschätzungen der unterschiedlichen Managementberatungskonzepte, so sind aufgrund der geringeren Anzahl von Einzelbewertungen die beiden positiven und die beiden negativen Teilgruppen zusammen zu betrachten, um verallgemeinerungsfähige Aussagen zu erzielen. Die zusammengefaßte Gruppe der eher erfolgreichen Umsetzungsansätze zeigt im Vergleich mit den eher weniger erfolgreichen Ansätzen kaum erkennbare Unterschiede in der Einschätzung der Potentialversprechen der einzelnen Konzepte, wohl aber deutlich höhere Zielerreichungsgrade. Bemerkenswert ist auch die durchwegs wesentlich besser bewertete Termintreue aller Konzepte. Die Befunde decken sich aber mit einer bereits getroffenen Aussage: Die Methoden sind austauschbar. Die Erfolgreichen sind mit allen Methoden erfolgreich, die weniger Erfolgreichen sind von den Resultaten aller Methoden eher enttäuscht.

Die folgenden Arbeitshypothesen fassen einige wichtige Ergebnisse der Expertenbefragung in bezug auf mögliche Erfolgsfaktoren des Implementierungsmanagements beziehungsweise organisatorischer Veränderungsprozesse zusammen. Mit Erfolgsgeheimnissen sollte man allerdings vorsichtig umgehen. Sie werden in den seltensten Fällen einer schriftlichen Umfrage anvertraut. Sich – im Sinne eines Benchmarking – mit anderen zu vergleichen und daraus zu lernen, um Arbeitshypothesen kritisch auf ihre Übertragbarkeit auf eigene Aufgabenstellungen hin zu hinterfragen, könnte sich – abseits von Zauberformeln – trotzdem als durchaus nützlich erweisen.

▶ Eine bereits im Vorfeld erfolgende, möglichst genaue Zielfestlegung ist von grundlegender Bedeutung für den Erfolg organisatorischer Veränderungsprozesse. Die konkreten Ziele des Umsetzungsprojektes sind mit den unternehmerischen Zielgrößen zu verzahnen.

▶ Eine weitgehende Quantifizierung *und* Messung aller relevanten Steuerungsgrößen des Umsetzungsprozesses verhindert unter anderem unrealistische oder als unrealistisch empfundene Zielvorgaben, die sonst bereits in frühen Phasen als psychologische Barrieren wirken.

▶ Auf den Umsetzungserfolg positiv wirken sich auch die kooperative Definition und Festlegung von Erfolgsmaßstäben und insbesondere deren konsequente und nicht nachlassende Anwendung und Kommunikation aus.

▶ Implementierungsprojekte entziehen sich nicht der Planung. Ein zielbewußtes, beharrliches Implementierungsmanagement und -controlling erhöht den Umsetzungserfolg.

▶ Größtenteils tief verwurzelte und erfahrungsgeprägte menschliche Denkstrukturen und Verhaltensweisen bilden die schwierigsten Umsetzungsbarrieren neuer Organisationslösungen. Ihre Veränderung erfordert adäquate individuelle *und* gruppenorientierte Lernprozesse.

▶ Wenn Krisen der wesentliche Veränderungsmotor sind, dann ist es in bestimmten Fällen sinnvoll und möglich, durch die Schaffung künstlicher Krisen eine Anschubmotivation für erste Veränderungsschritte zu generieren. Vor Übertreibungen dieses Vorgehens ist aber zu warnen, denn dies kann gegebenenfalls gegenläufige Effekte auslösen.

▶ Das Topmanagement und das nachgeordnete Management müssen eine aktive Vorbildfunktion übernehmen. Um dies überhaupt praktisch verwirklichen zu können, sollten strategische Veränderungsprojekte in ihrer Anzahl beschränkt werden (maximal zwei bis drei).

▶ Die unternehmensinterne Zuweisung des „schwarzen Peters", das heißt die pauschale Identifizierung von Blockierern und Verweigerern, ist kontraproduktiv und beseitigt weder Symptome noch Ursachen.

▶ Die Einbeziehung wichtiger Meinungsführer in einen unternehmensübergreifenden Erfahrungsaustausch (Benchmarking) sorgt dafür, daß die Vorteile neuer Organisationslösungen und Verhaltensweisen bei Externen erkannt werden, und leistet so Überzeugungsarbeit.

▶ Organisatorische Veränderungsprozesse sind im Grunde menschliche Lernprozesse. Eine „gesunde", das heißt ausgewogene Berücksichtigung psychologischer und soziologischer Erkenntnisse hilft Fallstricke auf diesem Gebiet zu vermeiden.

Exzellentes Implementierungsmanagement ist insofern eine Kunst, als es die situationsadäquate Kombination teilweise widerstreitender Denkansätze und Vorgehensweisen erfordert. Vom Implementierungsmanagement wird Fingerspitzengefühl bei der richtigen Dosierung „weicher" Faktoren und Konzepte (zum Beispiel Einfühlungsvermögen, Verständnis, psychologische Erfahrungen, systemische Lerngruppen) mit „harten" (zum Beispiel Durchsetzungsvermögen, Autorität, meß- und nachprüfbare Steuerungskriterien) verlangt. Weder das eine, noch das andere allein ist erfolgreich. Von der Suche nach dem Stein der Weisen, das heißt der standardisierten, nachlesbaren Erfolgsformel für konkrete organisatorische Veränderungsprozesse, sollte man meines Erachtens Abschied nehmen. Wissen, Erfahrungen und Persönlichkeit sind die Kernbestandteile, um andere Menschen zu überzeugen, zu gewinnen und zu motivieren, neue Konzepte auszuprobieren.

Literatur

BASHEIN, B./MARKUS, L./RILEY, P. (1994): Preconditions for BPR-Success, in: Information Systems Management (1994) 1, S. 7–13.
BAUER, R./GEREKE, U./MEMMEL, R. (1992): Gemeinkostensenkung oder „schlanke Verwaltung", unveröffentlichter Arbeitsbericht des Lehrstuhls für Allgemeine und die Industrielle Betriebswirtschaftslehre der TU München, hrsg. von R. Reichwald, München.
BÖHME, M./PICOT, A. (1996): Zum Stand der prozeßorientierten Unternehmensgestaltung in Deutschland, in: Prozeßmanagement und Reengineering, hrsg. von M. Nippa und A. Picot, 2. Aufl., Frankfurt, S. 57–77.
KIESER, A. (1997): Implementierungsmanagement im Zeichen von Moden und Mythen des Organisierens, in: diesem Band, S. 81
NIPPA, M. (1996a): Bestandsaufnahme des Reengineering-Konzeptes – Leitgedanken für das Management, in: Prozeßmanagement und Reengineering, hrsg. v. M. Nippa und A. Picot, 2. Aufl., Frankfurt, S. 57–77.
NIPPA, M. (1996b): Management organisatorischer Veränderungsprozesse, unveröffentlichte Ergebniszusammenfassung einer Expertenbefragung bei ausgewählten Großunternehmen in Deutschland, München.
NIPPA, M./PICOT, A. (1994): Prozeßorientierte Unternehmensgestaltung – Ergebnisse einer empirischen Untersuchung deutscher Großunternehmen, unveröffentlichte Management Summary, München.
STAEHLE, W. (1991): Management, 6. Aufl., München.

Von planmäßiger zu eigendynamischer organisatorischer Veränderung

Richard Tabor Greene

Die Schaffung einer „Bewegung" als Kernaufgabe des Managements

Jeder Blick in die aktuelle Managementliteratur und in die Wirtschaftsnachrichten vermitteln den Eindruck, daß das Management organisatorischer Veränderungen, das Implementierungs- beziehungsweise Change Management, einen zunehmenden Teil der gesamten Managementaufgaben ausmacht. Vielleicht ist es dafür der beschleunigte Wandel der Kundenbedürfnisse und der Marktstrukturen oder das globale Vordringen der Konkurrenz verantwortlich. Vielleicht ist es aber auch der Anstieg des Bildungsniveaus der Konsumenten in den industrialisierten Ländern. Wissenschaftler sind zum Schluß gekommen, daß Arbeit ein lebenslanger, kontinuierlicher Lernprozeß werden wird, daß das Management organisatorischer Veränderungen zum primären Arbeitsinhalt des Topmanagements wird und daß die Bereitstellung der richtigen Fähigkeiten zur richtigen Zeit zur Ausnutzung einer sich kurzzeitig zeigenden Geschäftschance die wettbewerbsentscheidende Kompetenz eines Unternehmens werden wird. Dagegen verliert die perfektionierte Routineabwicklung bereits bestehender Arbeitsaufgaben und Geschäftsprozesse in vielen Unternehmen zunehmend ihre Bedeutung als erfolgsrelevanter Gestaltungsfaktor. Einige Beispiele mögen dies verdeutlichen.

Total Quality wurde von Führungskräften implementiert und hat eine „Bewegung" innerhalb der gesamten Belegschaft entstehen lassen. In der Tat hat sich die Total-Quality-„Bewegung" ausgedehnt und umfaßt alle wichtigen Lieferanten und organisierten Kunden des Unternehmens. Damit steht Total Quality nicht allein – andere wichtige Managementinnovationen beziehungsweise -konzepte werden ebenfalls über die Schaffung einer „Bewegung" implementiert: Reengineering, Downsizing, agile Fertigungskonzepte, Client-Server-Systeme, Globalisierung, Diversifizierung und andere. Die Schaffung einer „Bewegung", um Veränderungen umzusetzen, wird vom Management nicht nur als Mittel zur Erreichung von Zielen genutzt. Im Gegenteil – das, was das Management umsetzt, die Ziele an sich, sind zunehmend „Bewegungen". Total Quality ist kein statisches Konzept, sondern eine Art permanente, sich selbst organisierende „Bewegung" innerhalb von Mitarbeiterzirkeln, funktionsübergreifenden Teams und Task-forces in der Wertschöpfungskette. In ähnlicher Weise liefert Reengineering – richtig verstanden und eingesetzt – im Ergebnis nicht eine „richtige", das heißt effiziente, dauerhafte Organisationsform, sondern eine Reihe von sich selbstorganisierenden Energiezentren, mit Hilfe derer die Mitarbeiter und Kunden des Unternehmens die schrittweise Fortentwicklung, das heißt Evolution, von Geschäftsaktivitäten, Prozessen und Systemen, in einem kontinuierlichen Prozeß selbst gestalten. Die Ziele des Managements werden „Bewegungen".

Überdies existieren branchenübergreifende Transformationsstrukturen, die die Übertragung und Multiplikation von „Bewegungen" zwischen Branchen, Gesellschaftsbereichen und innerhalb von Industrien begünstigen und fördern. In den USA sind dies die Beratungsunternehmen, in Japan die japanische Gesellschaft der Wissenschaftler und Ingenieure und angeschlossene Gruppen und in Europa wird diese Funktion von den Bankennetzwerken sowie den Eliteschulen und -universitäten wahrgenommen. Diese zwischengeschalteten, vermittelnden Strukturen orchestrieren Öffentlichkeit, Anwendungs-Demonstrationen, Methoden- und Verfahrens-Know-how, Qualifizierungsprogramme, Qualitätskontrolle und die Herausbildung von Standards. Reengineering und andere komplexe organisatorische Veränderungsprozesse wurden sichtlich und massiv durch solche Vermittlungsorganisationen gefördert.

Wenn Management zu großen Teilen die Schaffung von „Bewegung" ist, dann können Manager vieles von dem, was sie tun müssen, in einzelne „Bewegungen" herunterbrechen, die sie in Gang bringen, ausbreiten, vertiefen und zu Ende bringen müssen. Die von Jack Welch initiierte und von vielen so bewunderte Reorganisation von General Electric schloß beispielsweise vier „Bewegungen" ein:

▶ eine „Maßgrößen-Bewegung", um die Führungskräfte dazu zu bewegen, herausforderndere Erfolgsmaßstäbe zu verwenden;

▶ eine „Fokussierungs-Bewegung", um bestehende Geschäftsaktivitäten in Ordnung zu bringen, zu verkaufen oder zu liquidieren;

▶ eine Art „Arbeits-Bewegung", um die Mitarbeiter dazu zu bringen, gewissermaßen ohne Grenzen tätig zu werden, sowie

▶ eine „Walk-the-talk-Bewegung", die die Beförderung von Managern verbietet, die ihre Ziele nur unter Verletzung der neuen Arbeitsregelungen erreichen.

Erfahrungstransfer – Unterschiede und Ähnlichkeiten sozialer und organisatorischer Bewegungen

Einige Unterschiede

Ein Blick in die Literatur und zahlreiche Interviews mit Initiatoren und Aufführern bedeutender sozialer (Bürgerrechtler, Umweltschützer, Kernkraftgegner) und organisatorischer Bewegungen legen die folgenden wichtigen Unterschiede nahe:

1. Manager ordnen an, wo soziale Aktivisten etwas quasi anziehen, herausbilden und entstehen lassen, wenn auch nicht in einem Umfang wie gemeinhin angenommen.

2. Manager agieren durch und in schon strukturierten und geregelten Managementhierarchien, wohingegen Aktivisten nicht durch

fremde Beziehungen miteinander verbundene Personen „organisieren".

3. Die Manager sind ihrerseits in eine Organisation eingebunden und berichten an verschiedene Interessengruppen und Aufsichtsorgane, während Aktivisten in wesentlich geringerem Umfang „institutionell" zur Rechenschaft gezogen werden.

4. Manager werden von den Märkten, in denen sie agieren, angehalten, bestimmte Kosten-, Qualitäts- und Produktivitätsziele zu errreichen. Demgegenüber befassen sich Aktivisten nur selten mit Kosten, Qualität und Produktivität ihrer Handlungen.

5. Manager sind weniger sprachorientiert und leidenschaftlich, wenn es darum geht, traditionelle Denkstrukturen und Verhaltensweisen in Frage zu stellen und zu attackieren, wohingegen sich Aktivisten durchaus wohl fühlen, zu demonstrieren, Gerichte herauszufordern und sich am zivilen Ungehorsam gegenüber bestehenden Gesetzen zu beteiligen.

6. Manager erkennen – meist auf informellem Weg – diejenigen, die bereit sind, sich für die neue Sache, für die neuen Arbeitsformen, zu engagieren. Aktivisten etablieren im Zuge des Fortschritts ihrer „Bewegung" selbständig geführte, autonome Gruppenstrukturen unter und mit ihren Anhängern.

7. Manager haben etwas zu verlieren – eine existierende Organisation, die in der Regel Gewinn erwirtschaftet –, während Aktivisten oftmals die Kosten, die sie beim Bestreben, ihre Botschaften zu vermitteln, der Gesellschaft aufbürden, vollkommen ignorieren.

Gemeinsamkeiten

Vor vielen Jahren wählte ich bei der Xerox Corporation die Vorgehensweise der Koalitionsbildung, die als die prinzipielle Aufgabe beziehungsweise Rolle des mittleren Managements dargestellt wurde. Ich wandte die Methode an und schuf damit erfolgreich das Xerox High Performance Work Center, das einen unter Total-Quality-

Gesichtspunkten festgelegten Software-Spezifikationsprozeß nutzte, um Groupware-Systeme zu entwickeln, mit denen sich Geschäftsprozesse der Xerox-Mitarbeiter und -Kunden automatisieren lassen. Etwa zur gleichen Zeit bat man mich, die Total-Quality- und Groupware-Instrumente zur Verbesserung von Newt Gingrichs 84er und 86er Wahlkampagnen anzuwenden. Während eines sieben Jahre dauernden Aufenthalts in Japan nutzte ich partizipative Managementmethoden, um politische Willensbildungs- und -entscheidungsprozesse in Städten und Präfekturen zu verbessern. Im Rahmen dieser Aktivitäten unterstützte ich die Schaffung von Bürgeranhörungen und schuf 42 mitbestimmungsorientierte Städtekonferenzen in japanischen Städten, sozialen Clubs und Unternehmen. Kürzlich diskutierte ich Umweltprobleme mit einem Mitglied des japanischen Parlaments, woraus sich die Anwendung von Total-Quality-Methoden zur Unterstützung der Umweltschutzbewegung in Japan ergab. Zusammengefaßt lernte ich im Zuge dieser Aktivitäten, daß sowohl bei Innovationsprozessen in Unternehmen als auch bei politischen Wahlen, in der Politik und bei der Gestaltung sozialer Bewegungen die Bildung von Koalitionen eine wesentliche Kernaufgabe ist.

Ich stellte unter anderem fest, daß politische Wahlkampagnen, politische Entscheidungsprozesse und Aktivitäten sozialer Bewegungen genauso viel Verschwendung, Bestände, Ausschuß und „management by opinion" aufweisen wie schlecht organisierte Geschäftsprozesse. Meine vor vielen Jahren durchgeführten Qualitätskampagnen für die zwei japanischen Deming-Preisträger, Matsushita Electric Industrial und Sekisui Chemical Corporation, beinhalteten die Anwendung von Total-Quality-Methoden, um damit den Prozeß der Total-Quality-„Bewegung" selbst zu analysieren und zu verbessern. Sie versetzten mich erst in die Lage, Qualitätsansätze für Wahl- und politische Entscheidungsprozesse in den USA zu nutzen.

Koalitionen zur Erreichung von Innovationen in Unternehmen, in politischen Wahlkampagnen, in der Politik und bei der Förderung von sozialen Bewegungen umfassen per se alle Aktivitäten der Koalitionsbildung. In dieser Hinsicht haben sie sechs Phasen oder Entwicklungsstufen gemeinsam.

	Stufe 1 Basis legen	Stufe 2 Problemanalyse	Stufe 3 Mobilisieren Ausrichten Herausfordern Gruppieren
Innovations- koalitionen	– Selektion der benö- tigten Ressourcen – Bündelung der Ini- tiativgruppen – strategische Pro- duktpositionierung – Entdeckertypen fördern – Visionen aufbauen	– Feststellung der Kundenbedürfnisse und -wünsche – Identifizierung von „abstaubbaren", verfügbaren Ressourcen – Gründertypen fördern – Visionen aufbauen	– Ressourcen „aus- heben", verfügbar machen – normalen Entwick- lungsprozeß ablau- fen lassen – Kreative fördern – Konzentration auf Mittelbereitstellung
Politische Wahlkampagne	– Auswahl oder Wechsel des Wahl- bereichs bzw. der Repräsentations- ebene – Gegner auswählen, identifizieren und herausstellen	– Feststellung der Wählerbedürfnisse und -wünsche – erste Abstimmun- gen – informelle Partei- Veranstaltungen	– „Kaskade" von Ak- tivitäten zur Mobili- sierung der Partei – Zugang zu Geldern – Auftreten des Kandidaten – Presseintensität – Konzentration auf Mobilisierung
Realpolitik politische Aktivitäten	– Auswahl oder Wechsel des Zu- ständigkeitsbereichs bzw. des politischen Aktionsfeldes – Selektion und Beschreibung des Gegners	– Feststellung der Be- dürfnisse und Wün- sche der Interessen- gruppen – politische Analyse: Positionspapiere – Anregung von poli- tischen Alternativen und Konsequenzen	– interessierte Parteien suchen, anlocken und einbinden – Modellierung der Ansichten, Prioritäten, Interessen und poli- tischen Vorschläge – wiederholte Problem- analyse
Entwicklung einer sozialen Bewegung	– Ausgestaltung und -formulierung von Werten und Stand- punkten – Auswahl von Ver- fahrensweisen, die herausgefordert, in Frage gestellt werden	– Bestimmung des In- teresses des Durch- schnittsbürgers an diesem Thema – inhaltliche und per- sonifizierte Angriffs- punkte festlegen – Ausformulierung neuer und Gegen- argumente	– Herausforderung der bestehenden Meinung in einer erzieherischen Me- dienveranstaltung – „Anlocken" von An- hängern und Ein- ladung, sich selbst in „Ortsgruppen" zu organisieren

Abbildung 1: Merkmale und Ausprägungen der Entwicklungsstufen ausgewählter Veränderungsprozesse

	Stufe 4 Private, vertrauliche Dialoge	Stufe 5 Öffentliche, offizielle Kommunikation	Stufe 6 Institutionalisierung des Entstandenen, Entstehenden
Innovations- koalitionen	– Pilotprodukte herstellen – Auslieferung von Pilotdienstleistungen – iterativer Designprozeß mit Pilotkunden – Konzentration auf Fertigstellung	– öffentliche Vorstellung der Pilotprodukte – Demonstration dessen, was ihre Kunden und nicht was sie wünschen – Aufbau von Anwenderkoalitionen – Konzentration auf Verkauf	– Definition von Produktbesonderheiten und potentiellen Weiterentwicklungen sowie Marktbesonderheiten und -chancen – Festhalten von Kundenanregungen
Politische Wahlkampagne	– persönliche Beeinflussung mit diversen Mitteln, wie Geldzuwendungen, Versprechungen – Drohung – Anwendung von Zwang – Konzentration auf private „Einschwörung"	– Medienveranstaltungen – Presse- und Medienoffensive – Inszenierung und Manipulation von öffentlichen Auftritten – unterstützende Verlautbarungen	– Entstehung der wahlentscheidenden Fakten und ihre Priorisierung – Entstehung der qualitativen Schwerpunkte der Kampagne
Realpolitik politische Aktivitäten	– persönliche Beeinflussung – Veränderung von Sichtweisen im persönlichen Dialog zur Entwicklung einer gemeinsamen Basis – Tauschhandel mit prinzipiellen Gegnern	– Veranstaltungen – Presse- und Medienoffensive – Inszenierung und Manipulation von öffentlichen Auftritten – unterstützende Verlautbarungen – wiederholte Problemanalyse	– Entstehung einer Koalition der Politikformulierung und -gestaltung – Entstehung eines politischen Konsensus
Entwicklung einer sozialen Bewegung	– Entwicklung von wertevermengenden Praktiken – Entwicklung und Förderung des Wertewandels bezüglich was produktiv, gut, falsch oder richtig usw. ist	– Anstreben einer formalen, institutionalisierten Macht – Förderung der Übernahme und des Kopierens der Grundidee durch Machtgruppierungen mit Einfluß	– Entstehung/Entwicklung der eigenen Zielsetzung und Angelegenheit als Thema aller großen, etablierten Machtblöcke und Institutionen

Abbildung 1: Merkmale und Ausprägungen der Entwicklungsstufen ausgewählter Veränderungsprozesse (Fortsetzung)

Planmäßige und eigendynamische organisatorische Veränderung

	Stufe 1 Basis legen	Stufe 2 Problemanalyse	Stufe 3 Mobilisieren Ausrichten Herausfordern Gruppieren
Gemeinsame Kernelemente der Veränderungsprozesse	Das eigene Thema, die eigene Zielsetzung und Vorstellung sowie Ort, Zeit und Gegner auswählen, konkretisieren und bündeln	Die eigene Mannschaft, das Team, die „Kunden"-Profile und Themen zusammenstellen	Herausforderung des Bestehenden, des Etablierten; Entwicklung/ Förderung einer Lösungs- / Macherkultur sowie einer Gemeinschaft von Anhängern (der eigenen Idee)
Implikationen für Manager, die Bewegungen hervorbringen und gestalten wollen	**Sie müssen:** sich den Unterschied klarmachen zwischen führen, selber tun oder andere zum Tun bringen; selbst Bewegung(en) schaffen oder andere zum Bewegung(en) schaffen bringen. **Ihr häufigster Fehler:** Sie ziehen eine Ebene von Führern für die Startphase der Bewegung an, aber keine neuen Führer für spätere Phasen/Stufen.	**Sie müssen:** verschiedene Bewegungen dahin führen, äußerst genaue Maßstäbe oder eine verbesserte Prioritätensetzung selbst zu etablieren, anstelle dies in einer frühen, verkümmerten Phase einer riesiger Bewegung überzustülpen. **Ihr häufigster Fehler:** Sie führen die Problemanalyse selbst durch oder trauen nur der eigenen Analyse.	**Sie müssen:** das Infragestellten der zu verändernden Denkmuster und Verhaltensweisen durch das Topmanagement in späteren Phasen weiterführen anstelle einiger früher Aktivitäten. **Ihr häufigster Fehler:** Sie schaffen eine Bewegung, die die Aufgabe erledigen soll, anstelle einer Bewegung, die ihrerseits Bewegungen zur Erledigung der Aufgabe schafft.

Abbildung 2: Elemente und Managementbotschaften der Entwicklungsstufen organisatorischer Veränderungsprozesse

	Stufe 4 Private, vertrauliche Dialoge	Stufe 5 Öffentliche, offizielle Kommunikation	Stufe 6 Institutionalisierung des Entstandenen, Entstehenden
Gemeinsame Kernelemente der Veränderungsprozesse	Druck anwenden; „Kuhhandel" betreiben; neuen Handlungs- und Denkrahmen vorgeben	Demonstration, „Verkauf" und Verteidigung der eigenen Vorteile und des Nutzens für die „Wähler" (der eigenen Idee)	Reaktion und aktive Gestaltung dessen, was im Veränderungsprozeß entstanden ist oder entsteht anstelle eines Beharrens auf der ursprünglichen Ausgangsposition
Implikationen für Manager, die Bewegungen hervorbringen und gestalten wollen	Sie müssen: Widerstände gegen die von der Bewegung ausgehenden Veränderungen bei wichtigen Führungspersonen persönlich aufspüren und unterbinden, anstelle auf ein konformes Verhalten zu hoffen.	Sie müssen: erkennen, was im Rahmen der Bewegung funktioniert und in schnell aufeinanderfolgenden Veranstaltungen sofort Replika und Ausbreitungsunterstützung nachschieben.	Sie müssen: Widerstand und aufstrebende Führer erkennen und Karrieresprünge formalisieren, die den anderen Mitarbeitern zeigen, daß Wandel belohnt wird.
	Ihr häufigster Fehler: Verlust an Fairneß verursacht durch anstrengende Analysephasen und Wiedergutmachung bei denen, die besondere Opfer bringen.	Ihr häufigster Fehler: Sie verkennen diejenigen, die wichtige Beiträge geleistet haben, verpassen die wichtigsten Siege und zeigen damit, daß Manager unaufmerksam sind.	Ihr häufigster Fehler: Sie belohnen die ursprünglichen, existierenden Führer, die Veränderung gespielt haben und bestenfalls oberflächliche Ergebnisse und Gefälligkeiten produziert haben.

Abbildung 2: Elemente und Managementbotschaften der Entwicklungsstufen organisatorischer Veränderungsprozesse (Fortsetzung)

1. Basis legen,
2. Probleme analysieren,
3. Anhänger mobilisieren und ausrichten,
4. vertrauliche Gespräche führen,
5. öffentliche, offizielle Kommunikation betreiben,
6. sich herausbildende Phänomene institutionalisieren.

Zur Schaffung der notwendigen Grundlagen und Voraussetzungen für einen erfolgreichen Veränderungsprozeß gehört unter anderem die Auswahl, wer, wo, wann in die Auseinandersetzung einbezogen werden soll. Eine gute Strategie kann allein schon durch eine kluge Auswahl dieser drei Grundfragen gewinnen. Die zweite Stufe beinhaltet zum einen die Auswahl von Themen, um die Koalitionen gebildet werden sollen, sowie zum anderen die Planung von Zügen und Gegenzügen im Rahmen der Interaktion mit Widersachern. Die Mobilisierung und Ausrichtung von Anhängern einer neuen Idee erfolgt durch das offene Infragestellen derzeitiger Verhaltensweisen, die Beobachtung der jeweiligen individuellen Reaktionen und die Unterstützung von Prozessen der Selbstorganisation in Ortsgruppen. Dies umfaßt die Geldbeschaffung, Wahlbeteiligung, Unterstützungsgewinnung und ähnliches für jeden Koalitionstyp. Die vierte Stufe, das Führen vertraulicher, nicht-öffentlicher Gespräche ist sehr wichtig und wechselt sich mit der fünften Stufe, der Kommunikation in und mit der Öffentlichkeit, ab. In vertraulichen, privaten Gesprächen können manipulative Methoden wie Drohungen, persönlicher Druck und ähnliches eingesetzt werden; in der offiziellen Kommunikation herrschen Bekanntmachungen, Presseverlautbarungen und Zustimmung vor. Die Institutionalisierung des Entstandenen beziehungsweise Entstehenden bezieht sich auf die Art, wie Gewinner auf die sich herauskristallisierende Koalition reagieren, und weniger auf der Beibehaltung ursprünglicher Pläne. Abbildung 1 faßt die besonderen Merkmale der analysierten sozialen und organisatorischen Veränderungsprozesse in bezug auf diese Entwicklungsstufen zusammen. In Abbildung 2 werden die gemeinsamen Kernelemente der Entwicklungsstufen und die damit verbundenen Botschaften für Manager als Gestalter von „Bewegungen" zusammenfassend wiedergegeben.

Die überraschende Erkenntnis der Abbildung 1 ist ihre Einheitlichkeit hinsichtlich der unterschiedlichen Koalitionstypen. Alle weisen einige gemeinsame Kernelemente auf. Manager, die diese Kernaussagen ernst nehmen, können organisatorische Veränderungen weit besser umsetzen als diejenigen unter ihren Kollegen, die sich ihrer Rolle als Gestalter von „Bewegungen" im Unternehmen nicht bewußt sind. Zum Beispiel hat Jack Welch bei General Electric jedem klar gemacht, daß er aufmerksam die Ergebnisse jeder initiierten „Bewegung" beobachtet. Er nutzte jede „Bewegung", um Personen die Möglichkeit zu bieten, an Bord zu springen oder das „An-Bord-Springen" zu verweigern, und behandelte alle Führungskräfte, die nicht sprangen, mit harten Bandagen. Offensichtlich nahmen seine „Bewegungen" den Charakter sukzessiver Mitarbeiterrekrutierung und Veränderungsanreize an.

Was Manager von Veränderungsprozessen von Führern sozialer „Bewegungen" lernen können

Die nachfolgenden Aussagen fassen die Ergebnisse einer Reihe von Interviews zusammen, die ich sowohl mit bedeutenden Führern und Aktivisten unterschiedlicher „Bewegungen" als auch mit Politikern und Führungspersönlichkeiten aus der amerikanischen Industrie geführt habe. Die Empfehlungen geben Ihnen ein knappen Eindruck dessen, was das Konzept der Schaffung und Entwicklung von „Bewegungen" in Verbindung mit einem amerikanischen Managementstil Ihnen zur Verbesserung organisatorischer Veränderungsprozesse bieten kann.

Im allgemeinen sind Manager beeindruckt von der Fähigkeit von Aktivisten und Führern außerhalb der Geschäftswelt, Menschen ausschließlich mit Werten und Idealen soweit zu motivieren, daß diese sich über Jahre hinweg unter Inkaufnahme großer persönlicher Opfer engagieren. Das führt sie zur Frage, ob Unternehmen nicht in größerem Maße die positiven Werte ihres gesellschaftlichen Beitrags ernst nehmen sollten und durch die Betonung dieser Werte eine höhere Anziehungskraft bei Mitarbeitern, Kunden und Interessenvertretern erzielen würden.

Aktivisten beobachteten im allgemeinen, daß Unternehmen dazu tendieren, eine geraume Zeit zu warten, bevor sie neue Mitarbeiter rekrutieren, um an neuen gesellschaftlichen Trends teilzuhaben. Zur Überwindung dieses Konservativismus werden begrenzte soziale Experimentierfelder im Unternehmen vorgeschlagen.

Führer sozialer Bewegungen geben Managern den folgenden Rat:

1. Statt das gesamte Unternehmen zu mobilisieren, sollte man sich konzentrieren auf die Herausbildung von kleinen Gruppen in der Organisation, die gewillt sind, die Veränderung in das Unternehmen zu tragen und den Rest der Organisation zu mobilisieren.

2. Die genannten Untergruppen lassen sich durch permanentes und deutlich sichtbares Infragestellen tradierter, bestehender Verhaltensweisen, die den neuen Ansätzen im Wege stehen, identifizieren. Die Aktivitäten sind über Jahre hinweg fortzuführen und nicht nur in der Anfangsphase und solange, bis ein erstes allgemeines Interesse geweckt ist.

3. Die Untergruppen sind als Träger der „Bewegung", das heißt des organisatorischen Veränderungsprozesses, in selbstorganisierenden Gruppierungen zusammenzufassen, die eine parallele Organisationsebene zur etablierten Organisation bilden.

Kern der Empfehlungen ist sicherlich die Delegation der weiteren Mobilisierung des Unternehmens oder des zu verändernden Bereichs durch die Führungskräfte, die die Änderung ursprünglich initierten. Mobilisierung wird insbesondere dann erreicht, wenn den zu Mobilisierenden die bislang unbewußten Kosten und Nachteile des „Weiter-so-wie-bisher" im Vergleich zu den Auswirkungen einer neuen Verhaltens- und Arbeitsweise verdeutlicht wird. Die Rolle des Führers der „Bewegung" besteht darin, permanent und sichtbar für die neue Lösung einzutreten sowie permanent überzeugte Personen ausfindig zu machen und sie in selbstorganisierende Gruppen einzubinden.

Politiker lehren Manager das Folgende:

1. Einen Dialog anzuregen zwischen denjenigen, die im Rahmen des angestrebten Veränderungsprozesses unterschiedliche Interessen haben, bis alle Interessen offengelegt sind und die Vorstellung der jeweilig eigenen Interessen so weit verändert wurden, daß sich ein neues gemeinsames Grundverständnis herausbilden kann.

2. Den Kontext jedes Teilnehmers am Dialog offenzulegen und die jeweiligen Vorstellungen und Modelle einschließlich der Konsequenzen für alle anderen Teilnehmer öffentlich zu präsentieren. Die Nachteile der „gegnerischen" Politik für alle anderen immer konkreter darstellen.

3. Kunden und Lieferanten, Wettbewerber und Behörden, Marktexperten, Zukunftsforscher als Teilnehmer am „politischen Dialog" einbeziehen.

Zusammenfassend tendieren Manager dazu eine – meist ihre – Sicht als „richtig" anzusehen und die anderer als sturen Widerstand. Daher versuchen sie, alle Parteien zur Akzeptanz der „richtigen" Sicht zu bewegen. Politikern ist in der Regel klar, daß sie Koalitionen bilden und solange ausweiten müssen, bis die Befürworter in der Mehrzahl sind und die Politik umgesetzt werden kann. Dazu müssen alle Sichtweisen und Konzepte diskutiert werden, um die Konsequenzen gegeneinander abwägen zu können. Politiker wissen, daß sich dieser Prozeß beeinflussen läßt.

Da auch Topmanager „gewählt" werden – zum Beispiel von ihren Vorgesetzten (zum Beispiel Aufsichtsrat), von ihren Untergebenen (Loyalität versus Verweigerung) oder von den Kunden des Unternehmens (Kaufverhalten), können sie von *gewählten oder erfolgreich wiedergewählten Politikern* auch etwas lernen:

1. Verteile die Erfolge beziehungsweise den Nutzen jeder eigenen Initiative, Erfindung, Unternehmung so weit, daß mehr Mitarbeiter davon persönlich profitieren als persönliche Nachteile erleiden.

2. Führe den Wahlprozeß als eine offene Konsensfindung zu Prioritäten, so daß alle Interessengruppen ihre Prioritäten im Vergleich einordnen können und dadurch auch eine höhere Bereitschaft haben, ihre Prioritäten gegebenenfalls zu ändern.

3. Demonstriere allen Interessengruppen, wie sie in der Vergangenheit ihre Prioritäten aufgrund unerwarteter Ereignisse verändert haben. Nutze das entstehende Bewußtsein dazu, daß jede Partei die mögliche zukünftige Ereignisse ihres Vorschlags projektiert. Auf dieser Basis lassen sich Prioritätsveränderungen durchsetzen. Der Kerngedanke heißt Koalitionsbildung – einfach ausgedrückt:

„Ich unterstütze deine Vorstellungen und Prioritäten nur, wenn du meine Vorstellungen und Prioritäten unterstützt. Dies verlangt von uns beiden eine Anpassung unserer Prioritäten vor dem Hintergrund unserer Differenzen."

Ein Grund für das Scheitern vieler Rationalisierungsprojekte ist die ungleiche Verteilung der Vor- und Nachteile, des Nutzens und Schadens. Wenige Personen und Bereiche ernten alle Früchte, während viele andere den Preis dafür bezahlen oder nichts erhalten.

Abschließend seien noch die Empfehlungen der *Innovatoren* für die Manager zusammenfassend angeführt.

1. Sie schlagen vor, das Urheber- oder Erfinderrecht jeder Innovation im Unternehmen so zu verteilen, daß jeder die Erfindung der Idee für sich reklamieren kann.

2. Sie empfehlen, eine mechanistische Routineorganisation mit einer flexiblen, innovativen Task-force zu kombinieren,

3. systematische gedankliche Zerteilung jeder Innovation in alle werthaltigen, lohnenden Teile, um die Basis für zukünftige Unterstützungen und insbesondere Finanzierungen zu schaffen. Die Dekomposition ermöglicht auch die Vervielfältigung der Erfolge und innovativen Beiträge und trägt so zur Motivation der Beteiligten bei.

Reengineering im besonderen, Managementberatungskonzepte im allgemeinen und Veränderungsprozesse laufen gegen Widerstände, wenn es sich um Topmanagement-Ideen, Berater-Ideen oder Wettbewerber-Ideen handelt. Nur wenn die Beteiligten merken und fühlen, daß es zumindest in gewissem Umfang ihre Ideen sind, wird die Implementierung auch voll unterstützt.

Ein typisches Anwendungsbeispiel

Ausgangssituation

Das Fortune-100-Unternehmen erzielte nur unbefriedigende Umsatzsteigerungen, während die Konkurrenz sowohl den Umsatz als auch den Gewinn deutlich steigern konnte. Mehrere der führenden Reengineering-Berater wurden gerufen und zwei Jahre mit falsch begonnenen Reengineering-Anstrengungen in verschiedenen Marketing- und Vertriebsfunktionen verschwendet. Man rief mich, nachdem die Frustration mit dieser Situation das Topmanagement und den CEO erreichte. Eine Interpretation, warum es schiefgelaufen war, erwies sich als einfach: der Prozeßaspekt, das Schaffen einer „Bewegung", wurde bei der Durchführung der Reengineeringaktivitäten nicht berücksichtigt. Statt dessen waren die Leute dem angenommenermaßen korrekten Rezept eines der berühmten Managementberatungshäusern gefolgt. Das Rezept betonte nachdrücklich die korrekte und detaillierte Analyse der Arbeitsabläufe und Geschäftsprozesse und die Überwindung von Taylors funktionalistischen Annahmen. Es legte aber keinen Wert darauf, eine große Anzahl von Mitarbeitern für die Umsetzung des Reengineering zu mobilisieren.

Tatsächlich verdeutlicht dieses US-Unternehmen eine nationale Neurose der amerikanischen Kultur – die Nichtbeachtung der sozialen und politischen Natur des Menschen zugunsten technokratischer Lösungen. Das Ergebnis sind exzellente Analysen, um die sich keiner schert oder die keiner ernst nimmt – mit Ausnahme der gut bezahlten externen Unternehmensberater. Solange Planung, Analyse und Konzeptfindung liefen, sahen die Dinge großartig aus. Als sich dann die Menschen verändern sollten, um die Pläne und Konzepte zu realisieren, brach die Hölle los. Innerhalb von Wochen war die Umsetzung des Reengineeringkonzeptes gestorben, und clevere Manager verließen das sinkende Schiff so schnell wie möglich, um nicht als Versager dazustehen.

Maßnahmen

Das Gebot der Stunde hieß, bei der Implementierung von Reengineering von einem Techniker- beziehungsweise Ingenieur-Ansatz auf einen Ansatz der „Bewegung" umzuschwenken.

Dort, wo die berühmten Managementberater befohlen hatten, Ablaufdiagramme existierender Prozesse zu kreieren und in ein computerunterstütztes Modellierungsprogramm für Geschäftsprozesse einzugeben, ersetzten wir dies durch ein Team, das den CEO und seine Geschäftsführungskollegen umfaßte, und besuchten gemeinsam jede einzelne der zwölf Marketing- und Vertriebsorganisationen. Gleichzeitig stellten wir die bestehenden Erfolgskriterien unter Nutzung exzellenter Wettbewerbsinformationen und Branchentrends in Frage.

Dort, wo Managementberater angeordnet hatten, die veralteten Mainframe Computer schnellstmöglich durch neue Client-Server-Systeme zu ersetzen, erweiterten wir das Kern-Team um die sechs Topmanager aus jeder der zwölf Teilorganisationen und stellten gemeinsam die existierenden Geschäftsaktivitäten in Frage, die zu Ergebnissen geführt hatten, die sich als inkompatibel zu den stringenteren Erfolgsmaßstäben erwiesen.

An die Stelle der von den berühmten Managementberatern veranstalteten Kommunikationsrunden, die die Belegschaft über den gegenwärtigen Fortschritt des eher kleinen, mit Experten besetzten Reengineering-Teams auf dem laufenden halten sollten, setzen wir die formelle Auswahl und Integration von Freiwilligen aus den zwölf Marketing- und Vertriebsorganisationen, die auf dem Gebiet der Meinungsbildung, der Nutzung neuer Instrumente zur Erfüllung der Geschäftsprozesse sowie der Taktik des Schaffens von „Bewegung" geschult werden sollten.

Ergebnisse

Innerhalb von sechs Monaten nach Beginn der Aktivitäten hatten 1 100 der 20 000 Mitarbeiter und Führungskräfte aus den Marketing- und Vertriebsbereichen an diesem grundlegenden Training teilgenommen und dieses abgeschlossen. Diese 1 100 wurden in 100 Teams zu jeweils etwa elf Mitarbeitern organisiert, die überall im Unternehmen lokale Reengineering-Gruppen bildeten. In den folgenden 14 Monaten implementierten diese Teams beziehungsweise Gruppen dann die folgenden Aktivitäten:

1. Auswahl der wichtigsten Performance-Defizite, die es zu eliminieren galt;

2. Auswahl der Kern-Geschäftsprozesse, die zu ändern waren;

3. Selektion der Mitarbeiter als Teammitglieder des Redesign aller Teilprozesse, die in den reorganisierten, neuen Geschäftsprozessen als Mitarbeiter tätig sein werden;

4. Entwicklung und Installation von Pilotversionen der überarbeiteten Teilprozesse durch diese Redesign-Teams;

5. Qualifizierung durch Training und Ausbildung der neuen Arbeitsabläufe und Arbeitsweisen ebenfalls durch diese Teams;

6. Gestaltung und Management des Transformationsprozesses von den alten zu den neuen Arbeitsabläufen und Arbeitsweisen durch die jeweiligen Redesign-Teams.

Alle Marketing- und Vertriebsmitarbeiter wurden auf diese Weise in den Prozeß einbezogen und bildeten Mitglieder unterschiedlicher Aktivitäten im Rahmen der „Bewegung". Den Mitarbeitern wurde diesbezüglich freigestellt, an frühen Aktivitäten teilzunehmen und dafür spätere auszulassen. Jeder Aktivität oder Phase einer „Bewegung" entsprangen neue Führer, so daß sich die Leitung, das Management des gesamten Reengineering-Programms, am Ende als ziemlich breit und vielfältig erwies.

Die wirtschaftlichen Ergebnisse waren substantiell. Eine quasi neue Mitarbeiterschaft, die 6 000 Mitarbeiter weniger umfaßte, wurde geformt, qualifiziert und befähigt, das auszuführen, wozu in der Vergangenheit 20 000 Mitarbeiter nötig waren. Ein auf drei Jahre angelegter Personalfreisetzungsprozeß wurde mit Unterstützung vieler Mitarbeiter aus der „neuen" Mitarbeiterschaft entwickelt und umgesetzt, um neue Beschäftigungen für diejenigen zu finden, die in den neuen Marketing- und Vertriebsaktivitäten und -prozessen nicht mehr benötigt wurden. Die erste Phase bildete ein acht Monate dauernder Wettbewerb unter allen 20 000 Mitarbeitern, um möglichst objektiv, nach selbst definierten Maßstäben, diejenigen zu bestimmen, die dabeibleiben können und wollen, sowie diejenigen, die die Marketing- und Vertriebsbereiche verlassen müssen oder wollen. Die Durchlaufzeiten für die 124 Kern-Vertriebsaktivitäten, die die Kundenzufriedenheit in Form der Stammkundenrate maßgeblich beeinflußten, wurden im Durchschnitt auf ein Achtel der Zeit verkürzt, die sie vor dem Reengineering benötigten. Die Fehlerraten jeder der 124 Kern-Vertriebsaktivitäten begannen in den neuen Arbeits- und Organisationsformen trotz dieser enormen Verkürzung der Durchlaufzeiten etwa auf dem gleichen Level beziehungsweise etwas besser als vor dem Reengineering. Im Laufe der ersten zwölf Monaten wurden – im Durchschnitt über alle 124 Prozesse – Verbesserungen der Fehlerrate um mehr als 50 Prozent erzielt.

Erfahrungen

Die methodische Einseitigkeit der bekannten Consultants und ihre Neigung zur gänzlichen Nichtbeachtung oder Minimierung von wesentlichen Aspekten der Implementierung so hautnah mitzuerleben war überraschend. Allein die Vorstellung, daß die Meinungen und Sorgen der 20 000 Marketing- und Vertriebsmitarbeiter ein wesentlicher Faktor für den Gesamterfolg sind oder sein könnten, war anfangs nur schwer der Elitegruppe zu vermitteln, die zu Beginn den Reengineeringprozeß im Unternehmen verantwortete und führte. Nur weil der CEO und einige führende Vicepresidents sich Sorgen machten, dem Aufsichtsrat einen großen Flop erklären zu müssen, wurde die einseitige Beraterorientierung durch das „Bewegungskonzept" ersetzt.

Zu Beginn gab es unnötigerweise Zweifel an der substantiellen Veränderung des neuen Herangehens an Reengineering. Verursacht wurde dies durch Vicepresidents und die folgende Hierarchieebene, die zunächst Stellvertreter aus niedrigeren Unternehmensebenen zu den ersten Trainingsworkshops schickten. Dies ließ sich aber rasch durchschauen, und der CEO machte die Teilnahme an den Sitzungen für alle Vicepresidents und Stabsleiter zur Pflicht. Die 1 100 Freiwilligen aus der Anfangsphase lernten schnell, daß ihre Rolle nicht in der Ausführung von Reengineering bestand, sondern in der Mobilisierung einer Reihe von „Bewegungen" unterschiedlicher Teile der Mitarbeiterschaft, die Reengineering durchführen sollten. Diese Rolle als Beteiligte einer Bewegung ermöglichte es, daß Überzeugung, Förderung, Erklärung und Motivation zumindest in der Anfangsphase die wesentlichen Bestandteile ihrer Arbeit im Rahmen des neuen Reengineeringprozesses wurden. Die Menschen lernten die Gründe dafür kennen, daß Reengineering nötig wurde, die Gründe für den Ansatz der „Bewegung" sowie die Gründe dafür, daß unterschiedliche Mitarbeiter mit unterschiedlichen Fähigkeiten am besten dafür geeignet waren, Mitglieder für bestimmte „Bewegungen" zu werden. Schließlich bildeten der CEO und seine Vicepresidents ein Team, um offenen oder latenten Widerstand von Führungskräften aufzuspüren. Dieses Team zwang den subtilen Widerstand und den Mangel an Enthusiamus an die Öffentlichkeit, das heißt zu offener Auseinandersetzung. Diese offen ausgetragene Diskussion und Argumentation führte im Ergebnis schließlich zu einer großen Unterstützung der mit der neuen Art von Reengineering vorangetriebenen Reorganisation.

Zusammenfassung

Ein chinesisches Sprichwort lehrt: „Um einen Elefanten zu bewegen, sind 10 000 Bienenstiche nötig." Übertragen auf das Problem, umfassende organisatorische Veränderungsprozesse in Unternehmen und öffentlichen Verwaltungen erfolgreich zu bewältigen, verbirgt sich dahinter gewissermaßen die Erkenntnis, daß diese Prozesse nur bedingt geplant, von einer Managementinstanz mit viel Anfangseuphorie initiiert und quasi-mechanistisch durchgeführt werden können. Sie sind zu ergänzen um vielfältige Veränderungsaktivitäten. Management als Schaffung von „Bewegungen" im Unternehmen heißt Koalitionsbildung, heißt Delegation und heißt Vorbildfunktion des Managements.

Anstelle eines von schlauen Eliten sequentiell und sorgfältig ausgeführten Implementierungsplans werden 10 000 Improvisationen aus lokalen Arbeitsgruppen zusammengefaßt, um zu einer Art übergeordneten Ergebnis aufzustreben. Für Innovationsprozesse ergibt sich daraus eine um ein Vielfaches beschleunigte Formation notwendiger Koalitionen durch eine breite Verteilung von innovativen Funktionen. Für politische Wahlkampagnen resultiert daraus eine erheblich kürzere Umsetzungszeit, deutlich mehr realisierbare Maßnahmen und Aktionen. Für politische Willensbildungsprozesse ergibt sich eine Ausweitung von politischen Koalitionsbildungen. Soziale Bewegungen profitieren von einer größeren Ausbreitung des Programms und den Potentiale der lokalen Organisationen. Für Manager, die „Bewegung" im Unternehmen schaffen beziehungsweise aufbauen wollen, ergibt sich der Vorteil, Analysen und Entscheidungen auf eine große Anzahl von Arbeitsgruppen verteilen zu können. Dies steigert in erheblichem Maß den Erfolg sowohl des „eingekauften" als insbesondere auch des organisatorischen Lernens.

Anmerkung

Der Titel des Originalmanuskripts lautet: „From Designed to Emergent Implementation – How Social Cellular Automata Are Improving Implementation of 64 Business Innovations in the US – Including Management as Movement Building and Managing by Events".

Die vom Verfasser autorisierte Übersetzung ausgewählter Teile dieses Manuskripts ins Deutsche wurde von M. Nippa vorgenommen.

Kernbereiche des aktuellen Implementierungsmanagements

Implementierungsmanagement im Zeichen von Moden und Mythen des Organisierens

Alfred Kieser

Und dann ging der Kaiser in der Prozession unter dem prächtigen Thronhimmel, und alle Menschen auf der Straße und an den Fenstern sagten: „Gott, wie unvergleichlich des Kaisers neue Kleider sind! Welch schöne Schleppe er an seinem Kleid hat! Wie himmlisch es sitzt!" Keiner wollte sich anmerken lassen, daß er nichts sah, denn sonst hätte er ja nicht für sein Amt getaugt oder wäre sehr dumm gewesen.

Hans Christian Andersen

Im Jahre 1675 unterbreitete der „Projektemacher" Johann Joachim Becher dem österreichischen Kaiser einen Plan zum Goldmachen. Der Kaiser war davon sehr angetan und beauftragte Becher mit dem Aufbau eines großen Manufakturhauses, in dem sich neben allerlei Werkstätten auch ein Gold-Labor befinden sollte. Becher hatte versprochen, dort einen „Chymischen Prozeß" in Gang zu setzen, „welcher wochentlich über alle Unkosten einen per cento gewin bringet, so auch etwan wohl auff zwey kommen könte ... derentwegen allein die kösten dieses wercks refundieren wird" (zitiert nach Hassinger 1951, S. 200). Becher reüssierte auch als Bestsellerautor mit den Schriften „Politische Discurs und von den eigentlichen Ursachen des Auf- und Abnehmens der Städte und Länder" – eine

Art frühe Standortdiskussion – und „Närrische Weisheit und weise Narrheit: Oder ein hundert, so politische als physicalische, mechanische und mercantilische Concepten und Propositionen". Er hat eine der ersten Managementmoden entscheidend mit ausgelöst – den Merkantilismus. Heutige Managementmoden sind wesentlich kurzlebiger. Dennoch haben sie vieles mit dieser frühen gemein: kühne Versprechungen, umtriebige Unternehmensberater, Magie, Verweise auf Ergebnisse der strengen Universitätswissenschaft, Mythen ... Einiges hat sich aber geändert: Bestseller heißen nicht mehr „Närrische Weisheiten und weise Narrheit", sondern „Auf der Suche nach Spitzenleistungen" oder „Reengineering". Sie verheißen nicht mehr Gold, sondern „nur" noch „Quantensprünge" an Effizienzverbesserungen.

Moden, seien es Bart-, Kleider- oder Managementmoden, folgen einem typischen Verlauf: Zuerst sind es nur wenige Pioniere, die sich trauen. Zu diesen stoßen immer mehr Nachahmer, bis eine Sättigungsgrenze erreicht ist und sich Anwender nach und nach anderen Moden zuwenden. Sieht man in Datenbanken wie WISO nach, wie viele Artikel in den Jahren zwischen 1982 und 1995 zu solchen Themen wie Qualitätszirkel (QZ), Lean Production beziehungweise Schlanke Produktion, Business Process Reengineering, Total Quality Management (TQM) und Unternehmenskultur (UK) erschienen sind, erhält man Zahlen, die Modewellen beschreiben (Abbildung 1). Die Daten deuten darauf hin, daß die Zyklen der Managementmoden kürzer werden, gleichzeitig jedoch die Spitzen der Veröffentlichungszahlen höher liegen.

Um das Auf und Ab von Managementmoden zu erklären, erweist sich das *Konzept der Arena* als hilfreich: Eine Managementmode bildet eine Arena, in der sich verschiedene Akteure tummeln – Berater, Professoren, Organisatoren von Unternehmen, Redakteure von Managementzeitschriften, Buchverlage, Seminarveranstalter usw. Jeder Akteur versucht, seine Ziele – möglichst viel Gewinn, Ansehen, Einfluß, Karriere usw. – zu erreichen, wenn es geht, auch durch Ausnutzen gleichgerichteter Interessen anderer Akteure und Kooperationen mit ihnen. Alle Akteure haben gemeinsam das Ziel, die Arena durch das Anlocken von Publikum und weiterer Akteure auszuweiten. Wettbewerb zwischen ihnen findet nur punktuell statt,

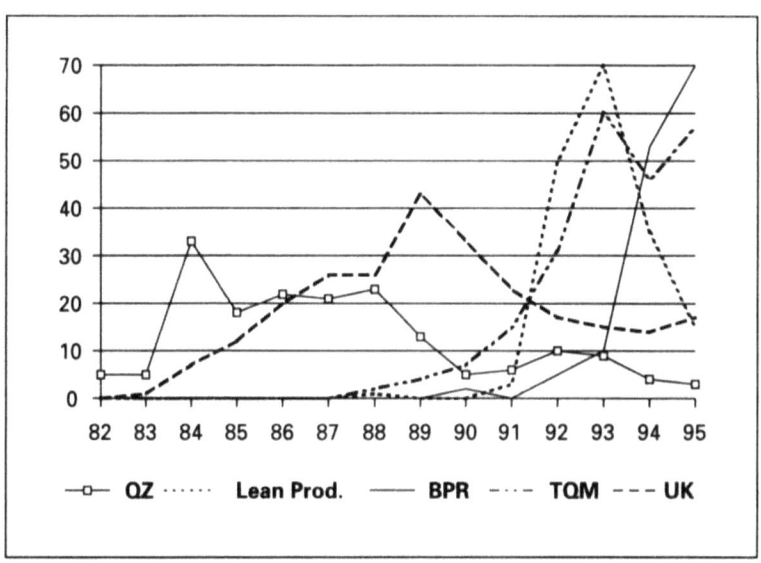

Abbildung 1: Zahl der in der Datenbank WISO für die Jahre 1982 bis 1995 nachgewiesenen Veröffentlichungen zu bestimmten Managementthemen

etwa wenn Berater um einen Auftrag konkurrieren. Spielregeln können noch während des Spiels weiterentwickelt werden. Wie schnell sich die Arena vergrößert, hängt entscheidend von der ersten Mannschaft ab. Veranstaltet diese ein attraktives Spiel, lockt sie andere Akteure an – die Arena weitet sich aus.

Modemacher – Managementbestseller und ihre Rhetorik

Am schnellsten läßt sich eine attraktive Arena mit einem Managementbestseller aufbauen. Was Bestseller von Managementbüchern anderer Art unterscheidet, ist vor allem ihre *Rhetorik* (Abrahamson 1996; Eccles et al. 1992):

1. Ein *Schlüsselfaktor* wird in den Vordergrund gestellt – beispielsweise Unternehmenskultur, (Totales) Qualitätsmanagement, Lean Production oder Fraktale. Dieser Faktor wurde, dem Autor zufolge, bisher sträflich vernachlässigt, weshalb seine Entdeckung als revolutionär bezeichnet werden kann (was der Autor in der Regel auch nachdrücklich und unermüdlich tut). Die Konzentration auf diesen Faktor wird als radikaler Bruch mit den bisher gültigen Managementprinzipien dargestellt. Die Anwendung der neuen Prinzipien wird als unausweichlich gesehen, weil die alten Prinzipien angesichts drohender Entwicklungen wie kaum einzuholende Effizienzvorsprünge der ausländischen, insbesondere japanischen Wirtschaft, zunehmende Dynamisierung der Märkte, immer kürzere Produktlebenszyklen, steigende Ansprüche der Kunden, atemberaubende Geschwindigkeit technologischer Entwicklungen – wahre Apokalypsen werden gemalt – scheitern müssen.

2. Der *Autor belehrt oder kritisiert die Praxis nicht*, er macht vielmehr lediglich auf deren eigene Spitzenleistungen aufmerksam und stellt sie anhand anschaulicher Beispiele vor. Damit suggeriert er Umsetzbarkeit: Wenn andere Unternehmen die neuen Prinzipien umgesetzt haben, dann kann es auch im eigenen Unternehmen gelingen! Die Beispiele werden bevorzugt aus der Sicht von Machern wie Percy Barnevik oder Taichi Ohno dargestellt. Häufig werden Interviews in direkter Rede eingestreut. So läßt sich Nähe zu den Mächtigen der Wirtschaft demonstrieren. Damit wird auch die rhetorische Technik der *Personifizierung* eingesetzt (Nash 1989, S. 63 ff.) und dem lesenden Manager bestätigt, daß es auf Führung ankommt.

3. Potentielle Bestseller zeichnen sich durch eine *raffinierte Mischung von Einfachheit und Mehrdeutigkeit* aus. Die Überlegenheit der neuen Prinzipien erscheint einfach, klar und überzeugend: Daß „internes Unternehmertum" eindeutig besser ist als Bürokratie (Pinchot 1985), „Zeltorganisationen" flexibler sind als „Palastorganisationen" (diese Metapher wurde von Hedberg et al. im Jahre 1976 in die Managementwelt gesetzt und seitdem bis zur Unerträglichkeit strapaziert), Netzwerkorganisationen anpassungsfähiger als zentralisierte Konzerne mit aufgeblähten zentralen Stäben

(Peters 1992) und „Virtuelle Organisationen" am allerflexibelsten (Davidow/Malone 1993) sind, ist dem gesunden Menschenverstand unmittelbar einleuchtend. Manager empfinden diese Einfachheit auch deshalb als wohltuend, weil sie ihnen in Verbindung mit den Praxisbeispielen ein überzeugendes Argumentationsmuster an die Hand gibt. Das jeweilige neue Konzept kommt ihnen auf jeden Fall einfacher und einleuchtender vor als ihre eigene Organisation, die sie meistens als viel chaotischer erleben und die sie eher in den abschreckenden Beispielen wiedererkennen, die vom Autor zur Kontrastierung der „richtigen" Organisation an die Wand gemalt werden.

Wie aber „Zelt-, Netzwerk- oder virtuelle Organisationen" im Detail aussehen, bleibt trotz vieler Beispiele unklar. *Die „Lösungen" sind im Grunde nur Metaphern.* Typisch ist auch, daß neben vielen Gemeinplätzen wie „The single most important lesson that must be taught is the permanence of change" oder „Enlightened personal development benefits both the employee and the company" Sätze stehen, die ein Zen-Meister getrost seinen Schülern als Meditationsaufgabe mit in die Zelle geben könnte. Etwa dieser: „Character is required, and the best sign of it – the reengineering character anyway – is not only to hold two good, contradictory ideas, but to act on them" (Champy 1995, S. 102, 184, 38). Die Mehrdeutigkeit wird weiter erhöht, wenn zu viele Prinzipien eingeführt wurden, die sich nicht ohne weiteres zu einem Gesamtbild zusammenfügen, weil Verbindungen zwischen ihnen nur angedeutet, nicht ausgeführt werden, was man beispielsweise anhand des Reengineering-Konzepts von Hammer und Champy (1993) gut sehen kann. Mehrdeutigkeit entsteht schließlich durch das *Fehlen einer präzisen Beschreibung des Umsetzungsprozesses.* Es gibt zwar meistens ein Kapitel zu diesem Problem, das sich aber darauf beschränkt, den Prozeß in Schritte aufzuteilen. Etwa so:

1. Vision entwickeln,
2. Mitarbeiter begeistern,
3. Projektgruppen einrichten,
4. Konzept verabschieden,
5. Konzept implementieren.

Der Manager, der sich auf ein neues Konzept einlassen will, „begibt sich auf eine Reise, von der keiner so genau weiß, wohin sie geht und wie lange sie dauert", für die es „auch keine Landkarte" gibt, wie Champy (1994, S. 88) in bezug auf Reengineering mit überraschender Offenheit bemerkt.

Die Mehrdeutigkeit der Organisationskonzepte bietet *Interpretationsspielraum*. Der Leser kann die Probleme, die er in seinem Umfeld wahrnimmt, in das Konzept projizieren beziehungweise das gebotene Konzept als *die* Lösung für die drängenden Probleme seines Unternehmens interpretieren. Auch wird das Expertentum des Autors unterstrichen: Wäre das Konzept einfach zu realisieren, müßte man keine Experten zu Rate ziehen (unter denen der Bestsellerautor einer der ausgewiesensten ist). Die Beratung errichtet „Kommunikationssperren" (Luhmann/Fuchs 1989, S. 209 ff.; Baecker 1993, S. 226) und bietet gleichzeitig Unterstützung zu deren Überwindung an. Oder, wie ein von March (1991, S. 22) zitierter Manager meint: „Consultants talk funny and make money."

4. Häufig weist der Autor darauf hin, daß die Umsetzung des Konzepts mit großen Schwierigkeiten verbunden ist, daß viele Unternehmen bei seiner Umsetzung scheitern, daß es eine *große Herausforderung* darstellt (was etwa bei Reengineering regelmäßig mit dem Hinweis untermauert wird, daß 50 bis 70 Prozent aller Projekte scheitern, siehe Hammer/Champy 1993), daß aber diejenigen, die seine Umsetzung schaffen, mit enormen Verbesserungen – mit *„Quantensprüngen"* – rechnen können. So stellt ein Reengineering-Experte „Kostensenkungen zwischen 30 und 90 Prozent, Qualitätsverbesserung zwischen 50 und 90 Prozent, Zeitverkürzungen zwischen 60 und 80 Prozent sowie Produktivitätssteigerungen um 100 Prozent" in Aussicht (Lohse 1994). Eine enorme Verbesserung verspricht auch die in Darstellungen von Lean Production regelmäßig auftauchende Formel, daß diese Organisationsform die Hälfte der Zeit und des Aufwands für die Entwicklung eines neuen Produkts, die Hälfte der Investitionen in Werkzeuge, die Hälfte des Personals in der Fertigung benötige und einen Leistungsvorteil von 2 zu 1 bei Produktivität, Qualität und Flexibilität aufweise. Die Botschaft lautet: Wenn du dir's nicht

zutraust, gehörst du nicht zu den wirklich guten Managern – und wenn du dich traust, es aber nicht klappt, dann auch nicht.

5. Der potentielle Bestseller bietet auch *Katharsis*. Kein Manager muß sich schuldig fühlen, daß er auf die neuen Prinzipien noch nicht selbst gekommen ist: Alles hat sich eben radikal geändert – die Umweltbedingungen und die angemessenen Lösungen. Die alten Prinzipien waren – bis gerade jetzt – Zeugnisse eines hervorragenden Managements. Sie sind es unter Umständen auch noch jetzt, morgen jedoch ganz bestimmt nicht mehr. Die Pioniere gehören zu den wirklichen Ausnahmeerscheinungen. Der potentielle Bestseller bietet *Katharsis*. Je früher sich die Manager auf den Zug schwingen, desto eher können sie sich als kleine „Mitpioniere" fühlen.

6. Mitunter verweist der Autor auf *Ergebnisse systematischer empirischer Untersuchungen* und koppelt die Mode auf diese Weise an die Wissenschaft an. Dabei verzichtet er jedoch auf detaillierte Schilderungen der Methoden, wie sie etwa in wissenschaftlichen Zeitschriften üblich sind. So vermag der Leser die Aussagefähigkeit der empirischen Untersuchungen nicht kritisch zu beurteilen, denn dazu müßte er die Methoden und die Stichproben kennen. Jede empirische Untersuchung untermauert nur genau das, was erhoben wurde. Generalisierungen, wie sie in Managementbüchern häufig vorgenommen werden, sind äußerst problematisch. Ganz zu schweigen von *Manipulationen*, die auch vorkommen. Beispiele dazu finden sich von Taylor (Kieser 1993a) über die Wiedergabe der Hawthorne-Studien bei Roethlisberger und Dickson (Kieser 1993b) bis hin zur MIT-Studie von Womack et al. (1992) (Kieser 1995).

Die Essenz von Bestsellern sind *Leitbilder*: Grundannahmen und Orientierungen, die als richtige Wahrnehmung und richtiges Denken in bezug auf Kernprobleme der organisatorischen Gestaltung angesehen werden. Es sind einfache, auf wenige Prinzipien reduzierte Vorstellungen von der „richtigen Richtung", die sich häufig in plakativen Schlagworten wie „Lean Production", „Selbstorganisation", „Bounderyless Organization" (Eccles et al. 1992, S. 33), „Integriertes Netzwerk" (Bartlett/Ghosal 1989) oder „Fraktale Fabrik" (Warnecke 1993) verdichten (Hoffmann/Marz 1992). Leitbilder sind einerseits

„griffig" – mit ihrer Hilfe läßt sich leicht angeben, „worauf es ankommt" –, gleichzeitig aber auch mehrdeutig, weil sie sich auf Ziele konzentrieren und Lösungen nur sehr grob skizzieren (Ortmann et al. 1990, S. 439 ff.; Knie/Helmers 1991; Hoffmann/Marz 1992).

Moden schaffen Mythen

Managementkonzepte werden mit außergewöhnlichen Leistungen außergewöhnlicher Persönlichkeiten in Verbindung gebracht. Der außergewöhnliche Erfolg macht es unmöglich, die Gültigkeit der Geschichte in Zweifel zu ziehen – ein Mythos entsteht. Gefördert auch durch die unvermeidliche Vagheit des Konzepts, seine Rätselhaftigkeit.

Weshalb aber sollten Manager, die Inkarnationen der Rationalität, an Mythen glauben? Auslöser von Mythen, sagen die Anthropologen, ist letztlich die Angst vor dem Unheil, die Hilflosigkeit vor dem Unvertrauten. Die Urangst der Manager – der durchaus Erfahrungen zugrunde liegen – ist wohl, daß sich die Komplexität ihres Unternehmens als unbeherrschbar erweisen könnte, daß sie ihre Fähigkeit zum Steuern verlieren könnten. Nicht selten freilich erzeugt der Mythos erst die Schrecken, für die er dann Linderung in Aussicht stellt. Aber dennoch: Wie ist zu erklären, daß im rationalen Denken geschulte Manager Versprechungen Glauben schenken, die offensichtlich nicht zu realisieren sind? Oder glaubt ein Manager, der sich etwa auf Reengineering einläßt, tatsächlich, daß Kostensenkungen zwischen 30 und 90 Prozent und Produktivitätssteigerungen um 100 Prozent erreichbar sind? Das müßten schon schlimme Saftläden sein, die so etwas möglich machen! Wie kommt es, daß Vorstände, wahrscheinlich ohne sich der Paradoxie bewußt zu sein, eine Enthierarchisierung der Hierarchie *anordnen* und daß die Angehörigen unterer Ebenen diese Botschaft begeistert aufgreifen – nicht zuletzt wohl auch um dadurch ihren *Aufstieg in der Hierarchie* zu befördern. Wie kommt es, daß sich mitunter Manager gleichzeitig so widersprüchlichen Moden zuwenden wie dem Reengineering, das ein völliges Umkrempeln der Organisation, harte Einschnitte, fordert, und dem „Evolutionären Management", das ausdrücklich vor „technokratischem Denken" warnt, weil dieses Komplexität zerstört, das System „vergewaltigt", „Paralyse durch Analyse" provoziert (Kieser 1994).

Eine Erklärung dieses Verhaltens muß wohl berücksichtigen, daß Manager tatsächlich tagtäglich einen enormen Wettbewerbsdruck erleben, daß ihnen die in den Bestsellern eindringlich geschilderten apokalyptischen Reiter wohlvertraut sind. In einer solchen Situation wird der Wunsch, ein wirksames Mittel gegen diese Gefahren zu besitzen, sehr dringlich; die Neigung, Heilsversprechen Glauben zu schenken, nimmt zu. Die absolutistischen Fürsten, die immer wieder auf Goldmacher hereinfielen, waren auch vom Wettbewerb getrieben – vom Wettbewerb um die größte höfische Prachtentfaltung, um das stärkste Heer usw. Der Wunsch wird zum Vater des Glaubens. Daß die „Vorliebe für Glücksspiele" und der „Glaube ans Glück" bei Leuten, die ... irgendeiner ... Form des Wettbewerbs huldigen" sehr stark ausgeprägt ist, beobachtete schon um die Jahrhundertwende der Soziologe und Ökonom Thorstein Veblen (1899/1986, S. 264): „Wenn nämlich ... außergewöhnliche Situationen auftreten und es folglich ganz besonders nötig wäre, sich voll und ganz an das Gesetz von Ursache und Wirkung zu halten, dann sucht das Individuum meist Zuflucht bei der übernatürlichen Macht" (Veblen 1986, S. 274).

Durch Organisationsmoden können Manager ihre Ängste bekämpfen, ohne das Risiko laufen zu müssen, Kritik oder gar Lächerlichkeit zu provozieren, denn sie sind ja Mitglieder einer anerkannten Gruppe. Jede Mode bietet ein Sich-abheben, das zugleich als angemessen empfunden wird (so bemerkt Anspach (1967, S. 27) zur Damenmode, daß sie „allows the dependent personality to follow others and be relieved of responsibility").

Rituale und weitere Akteure in der Arena der Organisationsmoden

Um Moden, Leitbilder und Mythen zu produzieren, müssen potentielle Bestseller jedoch erst Gegenstand einer öffentlichen Diskussion werden. *Managementzeitschriften* müssen die in Bestsellern entwickelten Thesen aufgreifen. Auch in diesem Medium wird die Rhetorik des personifizierten Beispiels gepflegt. Auch solche *Beratungsunternehmen*, die zum jeweiligen Modethema keinen Bestsellerautor in ihren Reihen haben, kommen kaum umhin, sich als ebenfalls kompetent im neuen Ansatz darzustellen. Sie können aber nicht einfach abkupfern: Sie müssen dem Trend folgen, sich aber gleichzeitig auch abheben. Dieses Bestreben erhöht Mehrdeutigkeit und Widersprüchlichkeit des neuen Ansatzes. Dem mythischen Charakter und der Attraktivität des Leitbilds tut dies keinen Abbruch – im Gegenteil. Mehrdeutigkeit und Widersprüchlichkeit bieten Anlaß für weitere Artikel mit Deutungsversuchen, neue Bücher (inzwischen gibt es etwa zu Reengineering deren weit mehr als 100) – und Mythenbildung.

Ziemlich bald greifen auch *Professoren* in die Diskussion ein. Sie sind insofern willkommen, als sie der Mode wissenschaftliche Legitimität verleihen – selbst wenn sie keine einschlägige eigene Forschung vorzuweisen haben. Die Teilnahme an der Diskussion *ist* Forschung für sie. Die Akzeptanz ihrer Konzepte in der Praxis, meßbar an der Höhe der Honorare, ersetzt ihnen systematische empirische Tests. Drei Typen von Professoren lassen sich unterscheiden: Promotoren, Berater und Deuter. Letztere stellen den neuen Ansatz in einen größen Zusammenhang, klären Mißverständnisse, zeigen Zusammenhänge zu anderen Ansätzen auf und reichern mit Theorie an (ein Beispiel einer solchen Deutung zu Reengineering bieten Osterloh/Frost 1994). Den Typ des Kritikers und Entmythisierers gibt es auch noch (siehe zum Beispiel Neuberger 1993); er ist aber so selten, daß er vernachlässigt werden kann.

Alle Akteure in der öffentlichen Arena können ihre persönlichen Ziele fördern, indem sie die jeweilige Modewelle verstärken: Sie stellen ihre Kompetenz unter Beweis, sie befördern ihre Karriere in Unternehmen, Unternehmensberatung oder Verlag, erhöhen ihr Einkommen aus Nebentätigkeiten, steigern Umsatz und Gewinn des Seminarveranstalters usw. Über das Ausbleiben von Akteuren und über ihre Motivation braucht sich niemand Sorgen zu machen. Es trifft auch auf Managementmoden zu, wenn König (1985, S. 165) konstatiert, daß der „Wettbewerb in allen seinen Formen" die „Hauptantriebsfeder" für die Mode sei. Die im Wettbewerb stehenden, Mode produzierenden Unternehmen (Unternehmensberater beispielsweise) machen sich den Wettbewerb unter den Adressaten ihrer Mode zunutze – ein sich selbst aufschaukelnder Prozeß.

Seminare bilden ein weiteres Medium – eine Arena in der Arena. Seminarveranstalter klinken sich nur zu gerne in den Moderummel ein. Wer zuerst die kommende Welle wittert, hat die Nase vorn, kann seinen Marktanteil ausweiten. Verlage veröffentlichen nicht nur Managementbücher, Managementzeitschriften und Tageszeitungen mit Wirtschaftsteil, sie veranstalten auch Seminare und Kongresse. So lassen sich Modewellen durch *orchestrierte Werbung und Berichterstattung* zum eigenen Wohle erzeugen und verstärken. Beratungsunternehmen veranstalten ebenfalls Seminare, die sie als hervorragendes Instrument zum Marketing einer hochkomplexen Dienstleistung ansehen. Auf solchen Seminaren treten auf: Berater – bei Seminaren, die nicht von Beratungsunternehmen veranstaltet werden, sind es meist mehrere –, Organisatoren aus Unternehmen, die das neue Managementkonzept bereits realisiert haben, und manchmal auch Professoren. Der Teilnehmer, der sich von einem solchen Seminar Aufklärung erhofft, wird meist enttäuscht. In Vorträgen kann die Komplexität der Realität noch weniger eingefangen werden als in Büchern. Auch ist das Unternehmen, aus dem der Teilnehmer kommt, in vielen Aspekten verschieden von denen, aus denen die Referenten berichten, so daß die ohnehin stilisierten Beispiele kaum auf die eigene Situation übertragbar sind. Unterschiedliche Berater erzählen auf ein und derselben Seminarveranstaltung unterschiedliche Geschichten, weil sie sich ja differenzieren müssen. Die Organisatoren aus Unternehmen erzählen auch unterschiedliche Geschichten, weil sie aus unterschiedlichen Unternehmen kommen, von unterschiedlichen Beratern beraten wurden, und vor allem weil sie die Unmöglichkeit, einen höchst komplexen Reorganisationsprozeß in maximal einer Stunde darstellen zu müssen, auf höchst unterschiedliche Weise überspielen. Sie erzählen notwendigerweise Märchen, weil die Realität zu vielschichtig, zu verworren – zu kompliziert – ist. In den meisten Fällen jedoch erhoffen sich die Teilnehmer nicht Aufklärung, sondern Bestätigung und sind dementsprechend nicht enttäuscht.

Eine besondere Gruppe von Seminaren bilden die „Guru-Seminare". Der Seminar-Guru, der häufig mit dem Bestseller-Guru identisch ist, verkörpert den Erfolg, den er verheißt. Es spielt kaum eine Rolle, was er sagt. Meistens wiederholt er für 50 000 Dollar und mehr das Wichtigste aus seinem neuesten Buch. Was zählt, ist, *wie* er es sagt: mitreißend, eine tolle Show bietend. Es trifft zu, was der Oberguru Gerken (1994, S. 34) über die Kommunikation in der neuesten Zeit (in nicht ironischer Absicht) bemerkt: „Nicht mehr die Nachricht ist wichtig, sondern die Qualität der Inszenierung. Performance statt Inhalt." Die Teilnehmer lassen sich nur zu gerne vom Guru mitreißen, identifizieren sich mit ihm. Für die Dauer des Seminars vergessen sie die Frustrationen ihres realen Managerdaseins.

Die Steigerung von Seminaren sind *Kongresse* mit vielen Beratern, Topmanagern, Organisatoren, Professoren als Referenten und mit einem Guru als Stargast. Veranstaltungen dieser Art dienen erst recht nicht dem aufklärenden, kritischen Diskurs. Sie sind das Gegenteil: *Rituale der Bestätigung,* mitunter sogar regelrechte Jubelfeiern. Wesentlich am Ritual, das häufig auf einen Mythos verweist, ist, daß es, sofern es der Form genügt, nicht hinterfragt werden kann. Es übermittelt tiefe, letztlich unentschlüsselbare Wahrheiten: „(D)ie rituelle Formalisierung ist der adäquate Mechanismus dafür, die Alternativenlosigkeit sozialer Normierungen zu stabilisieren" (Eder 1980, S. 29). Die zentrale Funktion der Seminar- und Kongreßrituale ist es, die Teilnehmer in dem Glauben zu bestätigen, daß sie auf dem richtigen Weg sind. Das Auflegen perfekter Folien, der uniforme assertive Redestil, die Anwesenheit anerkannter Gurus, die Pinnwände, die Boxen der ausstellenden Unternehmen usw. sind in gewisser Weise kultische Handlungen, die eine kritische Auseinandersetzung weitgehend ausschließen. Der Teilnehmer, der „dafür ist", fühlt sich geborgen unter Gleichgesinnten und ermutigt. In seinem Unternehmen ist er vielleicht noch ein einsamer Rufer, hier kann er in Begeisterung für die Idee baden. Der Zweifler dagegen fühlt sich isoliert, ausgestoßen – und überlegt ernsthaft, ob er nicht konvertieren soll.

Die Implementation von Organisationsmoden in Mülleimern

Praktiker sind zugleich die wichtigsten Akteure und das wichtigste Publikum in der Arena der Organisationsmoden. Ohne die Mode umsetzende Manager würden sich Organisationsmoden schnell totlaufen. Weshalb aber greifen Manager Moden auf und machen Reorganisationsprojekte daraus? Organisationsmoden können wichtige Funktionen in Reorganisationsprozessen erfüllen:

1. Moden und die aus ihnen abgeleiteten Leitbilder können zum *Ausbau von Machtpositionen* eingesetzt werden. Es ist vorwiegend das Topmanagement, das Moden aufgreift. Die entsprechenden Kongresse und Seminare wenden sich zunächst auch exklusiv an diese Gruppe. Durch solche Veranstaltungen motiviert, setzt das Topmanagement umfassende Reorganisationsprogramme in Gang. Die gesteigerte Affinität des Topmanagements zu Organisationsmoden könnte damit zusammenhängen, daß infolge der zunehmenden Datenvernetzung, die mit einer „Demokratisierung" der Zugriffsmöglichkeiten einhergeht, das Topmanagement seinen Informationsvorsprung und sein Interpretationsprivileg im Hinblick auf das laufende Geschäft eingebüßt hat. Der gewohnte Abstand zum mittleren Management läßt sich jedoch durch Initiierung umfassender Reorganisationsprogramme wieder herstellen. Ausgewählte Manager der nachfolgenden Ebenen, die in dem Reorganisationsprogramm eine einzigartige Chance für die Beförderung ihrer Karriere sehen (wozu sie ermutigt werden), werden zu Projektleitern ernannt, die meist in Kooperation mit Beratern das Programm realisieren sollen. Für eine gewisse Zeit schafft das Programm in dieser In-Group die *Illusion der Gestaltbarkeit durch Gemeinsamkeit*. Die Angehörigen der In-Group einigt das Bewußtsein, auf jeden Fall zu den Gewinnern der Reorganisation zu gehören.

2. Organisationsmoden helfen, die *Komplexität von Reorganisationsprozessen handhabbar zu machen*. Organisationsmoden beziehungsweise die durch sie transportierten Leitbilder legen den Einsatz von Beratern nahe und erleichtern deren Auswahl. Die

Varianten, die von Unternehmensberatern zum Zwecke der Differenzierung entwickelt wurden, bieten, da bei ihrer Entwicklung spezifische Kundennutzen angepeilt wurden, ebenfalls Entscheidungshilfen: Zero Base Budgeting berücksichtigt beispielsweise im Gegensatz zur Gemeinkostenwertanalyse die Strategische Planung, vermittelt auch den Betroffenen eher Zukunftsperspektiven. Das Topmanagement kauft sozusagen eine „Paketlösung"; es muß die Zielsetzung nicht erarbeiten. Es muß den Umsetzungsprozeß auch nicht im Detail überwachen. Der Berater nimmt dem Topmanagement diese Aufgabe und damit auch einen großen Teil der Verantwortung ab. Sofern es sich um ein renommiertes Beratungsunternehmen handelt, kann sich der Auswählende immer entlasten. Die Beratungsunternehmen fordern aber, daß das Topmanagement das Projekt rückhaltlos unterstützt – was immer dies bedeutet. (Sicher bedeutet es auch: den Beratern nicht skeptisch gegenüberzustehen.) *Verantwortung verflüchtigt* sich auf diese Weise, was alle Beteiligten als angenehm empfinden.

3. Das *Leitbild erleichtert die Koordination zwischen den verschiedenen Projektgruppen*; es hilft, die verstreuten Reorganisationsaktivitäten zu „orchestrieren". Vor allem, indem es Argumentation verkürzt: Vorschläge können als in das Konzept passend oder ihm widersprechend klassifiziert werden, etwa nach dem Motto: „In diesem Projekt geht es um Dezentralisierung und Fraktale; was Sie vorschlagen, läuft eindeutig in die andere Richtung!" Vor dem Hintergrund eines empirischen Projekts mit Fallstudien zur Einführung neuer Organisationskonzepte stellen Schirmer und Smentek (1994, S. 75) fest: „Gemeinsame Überzeugungen wirken als symbolischer Integrationsmechanismus, indem einzelne fachlich disparate, wenig oder gar nicht anschlußfähige Problemstellungen auf einen gemeinsamen, übergeordneten kognitiv-normativen Nenner bezogen werden können."

4. *Moden helfen, die Ziele von Reorganisationen in einem günstigen Licht erscheinen zu lassen:* So können etwa Empowerment-Programme (Ezzamel et al. 1994) ebenso wie Programme zur Einführung interner Märkte (Eccles/White 1988) oder der „Führung im Mitarbeiterverhältnis" (wie der Untertitel des Harzburger

Modells lautete; Kieser 1993a, S. 91 ff.) tatsächlich dazu dienen, hierarchische Kontrolle effizienter zu machen. Womit nicht gesagt werden soll, daß das Management bewußt Täuschung betreibt. Unter Umständen findet es einfach die Art der Delegation attraktiv, weil es erkennt, daß kein wirklicher Machtverlust damit verbunden ist.

5. *Das Leitbild liefert ein Argumentationsmuster, um die Reorganisation als sinnvoll und gelungen zu interpretieren.* Im Grunde ist es nicht möglich, ein umfassendes Projekt zu evaluieren: Es gibt keinen eindeutigen Zustand vor und auch keinen nach der Reorganisation, da sich die Reorganisation über einen längeren Zeitraum erstreckt, in dem sich vieles, nicht nur die Organisation ändert: die Produkte, die Technik, die Konjunktur usw. Das Feedback ist folglich mehrdeutig; organisatorisches Lernen aus Erfahrung extrem erschwert (March/Olsen 1976, S. 13 ff., 55 ff.). Die Teilnehmer, auch die passiv betroffenen, haben jedoch ein elementares Interesse, den persönliche Opfer und vor allem Kosten verursachenden Prozeß als sinnvoll und erfolgreich zu interpretieren. Nicht nur mittendrin, wenn alles im Chaos zu ersticken droht, sondern vor allem auch nach dem offiziellen Abschluß. Dazu stellt das Leitbild eine Schablone zur Verfügung. Es liefert „ideas, metaphors, models, and words that impose order on a confusing world, thus reconstructing our appreciation of experience" (March 1991, S. 29).

Brunsson und Olsen analysierten eine Reihe von Reorganisationsprozessen. In einigen von ihnen hatten sich Prozesse auf der operativen Ebene überhaupt nicht geändert, obwohl dies angestrebt worden war. Einzig das *Reden über die Organisation*, die Selbstdarstellung, war anders geworden:

„*(It) is quite possible not only to launch, but also to implement reforms at the level of talk ... Consistency between the talk of the reformers and the reformees makes the reform seem implemented"* (Brunsson/Olson 1993, S. 87).

Neuberger (1993, S. 45) bringt diesen Tatbestand auf folgenden Nenner: „Der Berg kreißt und gebiert nur Leitsätze." Ortmann (1995, S. 338 ff.) würde hier wohl einwenden, daß sich die Dinge ändern, wenn man anders über sie spricht, wie auch, strenggenommen, alter Wein in neuen Schläuchen sich verändert. *Externe Stakeholder* erwarten ebenfalls, daß das Unternehmen sich die Normen der allgemein akzeptierten Organisationsmode erfolgreich zu eigen gemacht hat (Meyer/Rowan 1977; Abrahamson 1996). Sehr deutlich wird dies etwa bei der ISO-9000-Zertifizierung. Kunden, Anteilseigner und Banken signalisieren, daß das Unternehmen das Zertifikat, das nicht nur (durchaus problematischer) Ausweis für Qualität, sondern auch Symbol der Fortschrittlichkeit ist, erwerben sollte.

Damit soll nicht gesagt werden, daß sich *alle* Reorganisationen nur auf der Ebene des Redens über Organisation abspielen oder Umsetzung und Erfolg ex post immer maßlos übertrieben werden. Die meisten Reorganisationen zeitigen materiale Effekte. In den USA hat sich beispielsweise zwischen 1982 und 1990 die Zahl der befristet Beschäftigten verdreifacht. Ein Drittel aller amerikanischen Arbeitnehmer hält heute einen befristeten, einen Teilzeit- oder einen kurzfristigen Arbeitsvertrag in Händen. Trotz anziehender Konjunktur wurden im Jahr 1993 mehr Entlassungen angekündigt als je zuvor. Mehr als 90 Prozent der neugeschaffenen Stellen sind Teilzeitstellen (Victor/Stephens 1994, S. 480). Von Mitte 1991 bis Ende 1994 sind in der deutschen Automobilindustrie 150 000 Stellen weggefallen, und ein Ende des Prozesses ist nicht abzusehen (o. V. 1995). Diese Entwicklungen sind ganz sicher auch eine Folge der Lean-Management-, Reengineering- und Outsourcing-Bewegungen. Es kann aber sein, daß die zentrale Funktion aller dieser Bewegungen *vor allem Rechtfertigung*, weniger die Ermittlung der Personalreduzierungen ist – letzteres hätten vielleicht auch konventionelle Ansätze geschafft.

„In" und „out"

Moden nutzen sich ab. Weil sie „alt" geworden sind, verlieren sie ihre Wirkung als Symbole des Fortschritts. Die Arena ist überfüllt, weil inzwischen fast alle auf den Bandwagon aufgesprungen sind, jeder nun mitreden kann – und will. Zu viele Unternehmen können sich damit schmücken. Der Begriff, der der Mode ihren Namen gab, ist wegen zahlreicher Differenzierungsbemühungen so vielfältig besetzt, daß er praktisch bedeutungslos geworden ist (dieser Zustand scheint für Reengineering fast erreicht zu sein). Die Seminarveranstalter, Unternehmensberater, Professoren und Managementzeitschriften haben den Markt abgegrast. Für die Erzeugung einer wirkungsvollen Rhetorik in den Unternehmen ist das Konzept zu abgedroschen. Die Akteure benötigen neue Konzepte, um die herrschende Praxis alt aussehen lassen zu können.

Mitunter zeichnet sich ab, daß ein gerade in Mode befindliches Konzept problematisch ist, unangenehme Nebenwirkungen zeitigt, was zu Gegenmoden führt: Haben viele Unternehmen stark dezentralisiert, kann angesichts der entstehenden Probleme eine Zentralisierungs-Mode Anklang finden (Abrahamson 1996). Generell gilt: Organisationsmoden produzieren Probleme, an denen neue Moden anknüpfen können. Sind die Fertigungsingenieure von CIM gefrustet, greifen sie dankbar nach Lean-Production-Konzepten, in denen die EDV eine vergleichsweise untergeordnete Rolle spielt. Man benötigt neue Moden in immer kürzeren Abständen, um die Probleme schiefgelaufener Reorganisationsprogramme zudecken zu können. Rückblickend stellt man häufig fest, daß alte Moden als neue Moden wiederkehren. „In the ten years between 1910 and 1920 ... every single one of the great themes of management is struck ... And almost everything that we have done since then, in theory as well as in practice, is only a variation and extension of the themes first heard during that decade" (Drucker 1977, S. 19).

Soll man mit der Organisationsmode gehen oder lieber nicht?

Sind Organisationsmoden gut oder schlecht? Wie soll man mit ihnen umgehen? Sind sie nach Möglichkeit zu vermeiden? Eccles et al. (1992, S. 29 f.) finden die Rhetorik von Organisationsmoden gut, erblicken in ihr sogar die „Essence of Management": Manager setzen sie ein, um zu „schmeicheln, zu inspirieren, zu fordern oder um zu

Aktionen einzuleiten". Konsequenterweise arbeiten Eccles et al. in ihrem Buch heraus, was „wirksame" Rhetorik von bloßer Rhetorik unterscheidet. In der Tat: Mündliche Kommunikation ist die Hauptbeschäftigung von Managern (Stewart et al. 1994), und da ist es vielleicht effektiver, die Produktion von Visionen und Ideologien zum wichtigsten Gegenstand einer Managementlehre zu machen, als der Fiktion anzuhängen, es ginge um objektive Strukturen. Allerdings machen Eccles et al. (1992, S. 184) auch *Gefahren des Übertreibens* aus: „Die Leute durchschauen schnell die rhetorische Strategie, alte Konzepte durch neue Begriffe aufzupeppen. Sie werden zynisch oder nur konfus und fragen sich, weshalb sich überhaupt jemand die Mühe gegeben hat, etwas zu ändern."

Dieser Beitrag sollte auf keinen Fall als ein Aufruf zur Ausrottung von Organisationsmoden mißverstanden werden. Organisationen sind zu komplex, als daß sie ohne Idealisierungen und Stilisierungen beschrieben werden könnten. Es ist so weit gekommen, daß man rhetorisch Revolutionen anzetteln muß, um bescheidene Veränderungen durchzusetzen. Die Meinung, das Reden über die Gesellschaft und ihre Institutionen könne ideologiefrei betrieben werden, ist die gefährlichste Ideologie. Mode kann auch Spaß machen! Manchmal – vielleicht auch zur Zeit? – treibt sie aber doch allzu seltsame Blüten.

Mode motiviert, immer wieder neue Lösungen auszuprobieren, und mitunter lassen die einzelnen Moden nützliche Ideen und Techniken zurück, die beibehalten werden, auch wenn man nicht mehr groß davon spricht. (Allerdings: Man hat dann Lösungen, wie sie viele andere schon haben und/oder noch bekommen werden; es spricht aber einiges dafür, daß die wirklich erfolgreichen Unternehmen einzigartige Lösungen realisieren.) So tragen Moden, wenn schon nicht durch Revolutionen, so doch durch eine Akkumulation von vielen kleinen übrigbleibenden Schritten zum Wandel der Organisationen bei. Die Evolution kann sogar aus Moden etwas machen, was Mandeville (1724/1988, S. 18 f.) bereits vor über 250 Jahren erkannte (man braucht für „das Gesetzwerk" nur „die organisatorische Gestaltung" einzusetzen und für „Rechten" „Regeln"):

„Ihr Hang zur Abwechslung indessen
Bei Kleidern, Mobiliar und Essen
War töricht, und doch trieb er wie
Ein Schwungrad an die Industrie.
Auch das Gesetzwerk unterlag,
Ganz wie die Tracht, dem Zeitgeschmack.
So galt, was sich zunächst geschickt,
Ein halb Jahr später als Delikt;
Durch stetes Modeln an den Rechten
Verbessert' man auch manche schlechten:
Was Klugheit nicht vermocht zur Zeit,
vermochte Unbeständigkeit."

Für Manager legen diese Gedanken unseres Erachtens folgende *Schlußfolgerungen* nahe:

▶ Die angemessene Haltung gegenüber Organisationsmoden ist *Gelassenheit*. Manager können und sollten davon ausgehen, daß Versprechungen, Erfolgsmeldungen und Risiken in Darstellungen neuer Organisationskonzepte in aller Regel stark übertrieben sind.

▶ Manager sollten der *Mythenbildung widerstehen* und die angebotenen modischen Organisationskonzepte auf ihre dominierenden Prinzipien reduzieren, die ihnen dann in aller Regel nicht unbekannt vorkommen werden.

▶ Sie sollten eine Reorganisation erst dann beginnen, wenn sie eine *klare Vorstellung* entwickelt haben, *welche Elemente eines oder mehrerer modischer Organisationskonzepte auf die eigene Unternehmung in sinnvoller Weise übertragbar sind.*

Die Frauen sind übrigens dabei, sich vom Diktat der Modemacher zu emanzipieren. Es ist mehr und mehr „up to date, dezidiert nicht mehr up to date zu sein" (Vinken 1994, S. 67). Die Kleidermode wird zu einer vielschichtigen Kooperation zwischen Modemachern und einzelnen Konsumenten, die sich aus den vielfältigen Angeboten ihren Stil mixen. Die Konsumenten von Organisationsmoden, die Manager, sind noch nicht alle so weit.

Dieser Beitrag ist eine gekürzte Fassung eines Aufsatzes, der unter dem Titel „Moden & Mythen des Organisierens" in Die Betriebswirtschaft, 96. Jg. 1996, S. 21–39, erschienen ist. Für hilfreiche Hinweise habe ich Prof. Dr. Erich Frese, Cornelia Hegele, Prof. Dr. Theo Herrmann, Dr. Matthias Klimmer, Martin Selchert und Prof. Dr. Gerhard Reber zu danken. Dr. Heinz-Klaus Stahl, ein reflektierender Praktiker, hat mir besonders wertvolle Anregungen gegeben.

Literatur

ABRAHAMSON, E. (1996): Management fashion. In: Academy of Management Review, Vol. 21, S. 254–285.
ANSPACH, K. (1967): The Why of Fashion. Ames, Iowa.
BAECKER, D. (1993): Die Form des Unternehmens. Frankfurt/Main.
BARTLETT, C. A./GHOSHAL, S. (1989): Managing Across Borders: The Transnational Solution. London.
BRUNSSON, N./OLSEN, J. P. (1993): The Reforming Organization. London/New York.
CHAMPY, J. (1994): Quantensprünge sind angesagt. Interview mit James Champy. In: TopBusiness, Heft 11, S. 86–94.
CHAMPY, J. (1995): Reengineering Management. The Mandate for New Leadership. New York.
DAVIDOW, W. H./MALONE, M. S. (1993): Das virtuelle Unternehmen: Der Kunde als Co-Produzent. Frankfurt am Main/New York.
DRUCKER, P. (1977): People and Performance: The Best of Peter Drucker on Management. London.
ECCLES, R./NOHRIA, N./BERKLEY, J. D. (1992): Beyond the Hype: Rediscovering the Essence of Management. Boston.
ECCLES, R./WHITE, H. (1988): Price and authority in inter-profit center transactions. In: American Journal of Sociology, Vol. 94, Supplement, S. 17–49.
EDER, K. (1980): Die Entstehung staatlich organisierter Gesellschaften. Ein Beitrag zu einer Theorie sozialer Evolution. Frankfurt am Main 1976.
EZZAMEL, M./LILLEY, S./WILLMOT, H. (1994): The „New Organization" and the „New Managerial Work". In: European Management Journal, Vol. 12, S. 454–461.

GERKEN, G. (1994): Werbung wandelt sich zum virtuellen Märchen. In: Mensch & Büro, 6. Jg., Heft 2, S. 32–40.
HAMMER, M./CHAMPY, J. (1993): Reengineering the Corporation: A Manifesto for Business Revolution. New York.
HASSINGER, H. (1951): Johann Joachim Becher 1635–1682. Ein Beitrag zur Geschichte des Merkantilismus.
HEDBERG, B. L. T./NYSTROM, P. C./STARBUCK, W. H. (1976): Camping on seesaws: Prescription for a self-designing organization. In: Administrative Science Quarterly, Vol. 21, S. 41–65.
HOFFMANN, U./MARZ, L. (1992): Leitbildperspektiven. Technische Innovationen zwischen Vorstellung und Verwirklichung. In: Burmeister, K./Steinmüller, K. (Hrsg.): Streifzüge ins Übermorgen. Weinheim, S. 197–222.
KIESER, A. (1993a): Managementlehre und Taylorismus. In: Kieser, A. (Hrsg.): Organisationstheorien. Stuttgart, S. 63–94.
KIESER, A. (1993b): Human-Relations-Bewegung und Organisationspsychologie. In: Kieser, A. (Hrsg.): Organisationstheorien. Stuttgart, S. 95–126.
KIESER, A. (1994): Fremdorganisation, Selbstorganisation und evolutionäres Management. In: Zeitschrift für betriebswirtschaftliche Forschung, 46. Jg., S. 199–228.
KIESER, A. (1995): Die MIT-Studie zur Automobilindustrie, oder: Wie man eine Revolution anzettelt. In: Lean Management auf dem Prüfstand, Hrsg. Bungard, W., Weinheim, S. 37–52.
KNIE, A./HELMERS, S. (1991): Organisationen und Institutionen in der Technikentwicklung: Organisationskultur, Leitbilder und „Stand der Technik". In: Soziale Welt, 42. Jg., S. 427–444.
KÖNIG, R. (1985): Menschheit auf dem Laufsteg. Die Mode im Zivilisationsprozeß. München.
LOHSE, J.-M. (1994): Veränderungen, die an das Fundament gehen. Süddeutsche Zeitung 24./25./26. Dezember, S. V1/9.
LUHMANN, N./FUCHS, P. (1989): Reden und Schweigen. Frankfurt am Main.
MANDEVILLE, B. (1988): Die Bienenfabel oder Private Laster als gesellschaftliche Vorteile (Original 1724). München.
MARCH, J. G. (1991): Organizational consultants and organizational research. In: Journal of Applied Communication Research, Vol. 19, S. 20–31.

MARCH, J. G./OLSEN, J. P. (1976): Ambiguity and Choice in Organizations. Bergen.
MEYER, J. W./ROWAN, B. (1977): Institutionalized organizations: Formal structure as myth and ceremony. In: American Journal of Sociology, Vol. 83, S. 340–363.
NASH, W. (1989): Rhetoric: The Wit of Persuasion. Oxford.
NEUBERGER, O. (1993): Das Nullfehler-Ziel – ein Nullfehler-Spiel. Total Quality Management als mikropolitische Arena. In: Augsburger Beiträge zu Organisationspsychologie und Personalwesen, Heft 16.
O. V. (1995): Die deutsche Autoindustrie will mittelfristig weiter Personal abbauen. Süddeutsche Zeitung vom 01.02.1995, S. 23.
ORTMANN, G. (1995): Formen der Produktion. Organisation und Rekursivität. Opladen.
ORTMANN, G./WINDELER, A./BECKER, A./SCHULZ, H.-J. (1990): Computer und Macht in Organisationen. Mikropolitische Analysen. Opladen.
OSTERLOH, M./FROST, J. (1994): Business Reengineering: Modeerscheinung oder „Business Revolution". In: Zeitschrift Führung + Organisation, 63. Jg., S. 356–363.
PETERS, T. (1992): Liberation Management. Necessary Disorganization for the Nanosecond Nineties. London.
PINCHOT, G. (1985): Intrapreneuring. New York.
SCHIRMER, F./SMENTEK, M. (1994): Management contra „Neue Managementkonzepte"? In: Industrielle Beziehungen, 1. Jg., S. 62–90.
STEWART, R./BARSOUX, J.-L./KIESER, A./GANTER, H.-D./WALGENBACH, P. (1994): Managing in Britain and Germany.
VEBLEN, T. (1986): Theorie der feinen Leute. Eine ökonomische Untersuchung der Institutionen (Originalausgabe 1899). Frankfurt am Main.
VICTOR, B./STEPHENS, C. (1994): The dark side of the new organizational forms: An editorial essay. In: Organization Science, Vol. 5, S. 479–482.
VINKEN, B. (1994): Mode nach der Mode. Kleid und Geist am Ende des 20. Jahrhunderts. Frankfurt/Main.
WARNECKE, H. J. (1993): Revolution der Unternehmenskultur. Das fraktale Unternehmen, 2. Aufl., Berlin.
WOMACK, J. P./JONES, D. T./ROOS, D. (1992): Die zweite Revolution in der Autoindustrie. Frankfurt am Main.

Merkmale und Problemfelder aktueller Organisationskonzepte

Ludwig Theuvsen

Moden spielen im Management – wie in der Wissenschaft – eine beachtliche Rolle. Auch die Praxis der organisatorischen Gestaltung ist nicht frei vom Aufkommen, von der Verbreitung und von der Ablösung immer wieder neuer Konzepte, die einen Beitrag zur Lösung organisatorischer Gestaltungsprobleme versprechen (kritisch dazu Kieser 1996; Eccles/Nohria 1992, S. 1 ff.). Zwei Organisationskonzepte, die in den vergangenen Jahren große Beachtung erfahren haben, sind unter den Namen „Lean Production" beziehungweise „Lean Management" und „Business Reengineering" bekannt geworden.

Den Startschuß für die „Lean-Bewegung" gab die sogenannte „MIT-Studie" (Womack/Jones/Roos 1990), in der die wesentlichen Ergebnisse des International Motor Vehicle Program (IMVP) des Massachusetts Institute of Technology dargestellt wurden. Gestützt auf eine umfangreiche empirische Studie verfolgte das Forscherteam am MIT das Ziel, die Ursachen des Erfolgs der japanischen Automobilindustrie aufzudecken. Dazu wurde das japanische Fertigungssystem, für das einer der Mitarbeiter des IMVP, John Krafcik, den Begriff „Lean Production" geprägt hat, dem älteren, westlichen System der Massenproduktion gegenübergestellt (vgl. Womack/Jones/Roos 1990, S. 4 und 13). Nach Auffassung der Autoren kann der Unterschied zwischen den beiden Fertigungssystemen wie folgt gekennzeichnet werden: „Lean production ... uses less of everything compared with mass production – half the human effort in the factory, half the manufacturing space, half the investment in tools, half the engineering hours to develop a new product in half the time. Also, it requires keeping far less than half the needed inventory on site, results in many fewer defects, and produces a greater and ever growing variety of products" (Womack/Jones/Roos 1990, S. 13).

Da sich die schlanke Produktion nicht auf den Fertigungsbereich beschränkt, sondern unter anderem auch den Produktentwicklungsprozeß sowie die Beziehungen zu Zulieferern und Abnehmern umfaßt, hat sich der Begriff „Lean Management" als Bezeichnung für „die permanente, konsequente und integrierte Anwendung eines Bündels von Prinzipien, Methoden und Maßnahmen zur effektiven und effizienten Planung, Gestaltung und Kontrolle der gesamten Wertschöpfungskette von (industriellen) Gütern und Dienstleistungen" (Pfeiffer/Weiß 1994, S. 53) durchgesetzt.

Das Konzept des „Business Reengineering" ist eng mit den Namen Michael Hammer und James Champy verknüpft. Ihre Veröffentlichungen (insbesondere Hammer 1990; Hammer/Champy 1994) haben maßgeblich zur Popularisierung des Konzepts beigetragen. Hammer und Champy (1994, S. 48) definieren Business Reengineering als „fundamentales Überdenken und radikales Redesign von Unternehmen oder wesentlichen Unternehmensprozessen". Mit Maßnahmen des Business Reengineering werden „Quantensprünge" bei der Erreichung wichtiger Ziele (zum Beispiel Kosten, Zeit und Kundennutzen) angestrebt. Kennzeichnend für das Business Reengineering ist das Anknüpfen am Geschäftsprozeß, worunter etwa Hammer und Champy (1994, S. 52) ein „Bündel von Aktivitäten, für das ein oder mehrere unterschiedliche Inputs benötigt werden und das für den Kunden ein Ergebnis von Wert erzeugt", verstehen. Nach ihrer Vorstellung umfassen Unternehmen in der Regel höchstens zehn übergeordnete Unternehmensprozesse, die sich aus jeweils bis zu sechs Unterprozessen zusammensetzen (vgl. Hammer/Champy 1994, S. 155 und 158).

Neben den Lean- und Reengineering-Konzepten gibt es weitere Ansätze, die sich auf bestimmte Detailprobleme konzentrieren und schon aus diesem Grund nur die zweite Geige im Konzert der Organisationsmoden spielen. Solche Ansätze sind etwa das „virtuelle Unternehmen" (zum Beispiel Davidow/Malone 1993), das „strategische Netzwerk" (zum Beispiel Sydow 1992) sowie „Total Quality Management" (zum Beispiel Oess 1989, S. 81 ff.).

Angesichts des Wechselspiels der Organisationsmoden stellt sich immer wieder neu die Frage nach den Besonderheiten und dem Leistungspotential der jeweils gerade aktuellen Konzepte. Es ist deshalb das Anliegen dieses Beitrags, die Grundzüge der zur Zeit dominierenden Lean- und Reengineering-Konzepte aufzuzeigen und sie aus wissenschaftlicher Sicht einer Bewertung zu unterziehen. Im Mittelpunkt der Bewertung steht dabei die Analyse möglicher Fallstricke bei dem Entwurf und der Einführung dieser Konzepte; das dabei vorgestellte Untersuchungsraster läßt sich auch zur Analyse anderer Organisationskonzepte anwenden.

Organisatorische Kernelemente

Im folgenden werden (in Anlehnung an Frese/von Werder 1994, S. 12 ff.; Frese et al. 1995, S. 295 ff.; Theuvsen 1996, S. 67 ff.) die organisatorischen Gestaltungsinstrumente, die im Lean Management und im Business Reengineering bevorzugt zur Anwendung gelangen, kurz dargestellt. Auf diese Weise wird ein systematischer Überblick über die in den beiden Ansätzen präferierten organisatorischen Gestaltungsmuster gegeben, der es erlaubt, die Gemeinsamkeiten und Unterschiede beider Konzepte herauszuarbeiten.

Outsourcing

Unter Outsourcing wird die Verlagerung von Aktivitäten, die bislang unternehmensintern wahrgenommen wurden, in den externen Markt verstanden. Dadurch werden die Grenzen des Unternehmens zum Markt neu definiert. Die damit einhergehende Verringerung der Fertigungstiefe spielt vor allem im Konzept des Lean Management eine große Rolle. Begleitet wird dieser Trend von einer Verringerung der Anzahl der Zulieferer und der Neugestaltung der Beziehungen zu den Zulieferern (vgl. Womack/Jones/Roos 1990, Kapitel 6; Pfeiffer/Weiß 1994, S. 88 ff.). Von Vertretern des Business Reengineering wird hingegen die Frage nach der „optimalen" Fertigungstiefe im Regelfall nicht gestellt. Zwar wird durchaus die Optimierung von

Geschäftsprozessen über Unternehmensgrenzen hinweg eingefordert, die Grenzziehung zwischen verschiedenen Unternehmen aber nicht thematisiert (vgl. Picot/Franck 1995, S. 26 f.).

Bildung abgegrenzter organisatorischer Einheiten

Organisatorische Einheiten auf einer Hierarchieebene sind durch das Merkmal der „Abgegrenztheit" gekennzeichnet, wenn sie nur wenige innerbetriebliche Leistungsverflechtungen untereinander aufweisen. Dieses Merkmal ist vor allem in kunden- und produktorientierten Strukturen erfüllt, während für verrichtungsorientierte Strukturen intensive Leistungsverflechtungen zwischen den verschiedenen Einheiten typisch sind.

Die Aufhebung innerbetrieblicher Leistungsverflechtungen, die Zusammenfassung aller Teilaktivitäten eines Geschäftsprozesses in einer organisatorischen Einheit, ist das Kernelement des Business Reengineering. Hammer und Champy (1994, S. 72 ff.) sehen im Case Worker – einem Mitarbeiter, der für einen gesamten Geschäftsprozeß verantwortlich ist – die ideale Verwirklichung der abgegrenzten organisatorischen Einheit. Nicht in allen Fällen ist allerdings die Zuordnung eines Geschäftsprozesses zu genau einem Mitarbeiter möglich. Dies kann zum Beispiel im Umfang des betrachteten Prozesses oder in der Vielfalt des zur Aufgabenerfüllung notwendigen Know-hows begründet sein. Für diesen Fall wird die Schaffung eines Case Teams vorgeschlagen, dessen Mitglieder gemeinsam die übertragene Aufgabe wahrnehmen.

Abgegrenzte organisatorische Einheiten spielen auch im Lean Management eine große Rolle. Ein bekannter Ansatz ist in diesem Zusammenhang die Fertigungssegmentierung. Sie beruht auf dem Gedanken, die verrichtungsorientierte Werkstattfertigung durch eine produkt- (und damit oft zugleich technologie-) oder in Einzelfällen auch kundenorientierte Gliederung des Fertigungsbereichs abzulösen (vgl. Wildemann 1993, Sp. 3393 ff.). Damit eng verbunden ist die Integration bisher indirekter Aufgaben wie etwa Instandhaltung, Qualitätskontrolle und Transport in die Fertigungssegmente (vgl. Frese/Theuvsen 1996, Sp. 469). Dadurch wird die Abgegrenztheit der Fertigungsbereiche wesentlich erhöht und die Anzahl und Intensität der Leistungsverflechtungen nehmen deutlich ab. Auch die Einführung von Gruppenkonzepten in der Fertigung dient unter anderem der Bildung (relativ) abgegrenzter organisatorischer Einheiten.

Betonte Delegation

Unter Delegation wird allgemein die Übertragung von Entscheidungskompetenzen auf nachgelagerte organisatorische Einheiten verstanden. Gegenwärtig wird auf breiter Front die stärkere Delegation von Entscheidungskompetenzen eingefordert. Im Business Reengineering stellt die umfassende Übertragung von Verantwortung auf die Case Worker und Case Teams das Pendant zur Bildung abgegrenzter organisatorischer Einheiten dar; der Geschäftsprozeß soll nicht nur in der horizontalen, sondern auch in der vertikalen Dimension zusammengefaßt werden (vgl. Hammer/Champy 1994, S. 96 ff.). In der Lean Production ist eine Gegenbewegung zu dem traditionellen, „tayloristischen" Prinzip, den mit den unmittelbaren Fertigungsaufgaben befaßten Mitarbeitern, aber auch den Vorarbeitern und Meistern nur geringe Entscheidungsspielräume einzuräumen, erkennbar. Ähnlich wie im Business Reengineering wird hier die Bildung abgegrenzter organisatorischer Einheiten in Form von Fertigungsgruppen durch die stärkere Delegation von Entscheidungskompetenzen ergänzt. Das Kanban-System läßt sich aus organisatorischer Sicht ebenfalls als eine stärkere Delegation von Aufgaben, in diesem Fall von einigen Aufgaben der Fertigungsplanung, interpretieren (vgl. Frese/Theuvsen 1996, Sp. 472). Bestrebungen zur stärkeren Delegation von Kompetenzen sind auch im Managementbereich zu erkennen (zum Beispiel Schweiker et al. 1994, S. 66).

Abflachung von Hierarchien

Hierarchieabflachung bedeutet die Verringerung der Anzahl der Hierarchieebenen im gesamten Unternehmen oder in einzelnen Unternehmensbereichen. Sie ist in nicht unerheblichem Maße die Folge der Bildung abgegrenzter organisatorischer Einheiten und der betonten Delegation von Entscheidungskompetenzen, durch die viele traditionelle Aufgaben des mittleren Managements entfallen. Die Forderung nach flachen Hierarchien oder zumindest die kritische Betrachtung vertikal stark ausdifferenzierter Hierarchien findet sich folgerichtig sowohl im Business Reengineering (zum Beispiel Hammer/Champy 1994, S. 106 f.) als auch im Lean Management (zum Beispiel VDMA 1993, S. 29 f.; Grapatin 1994, S. 116).

Prozeßoptimierung

Als Prozeßoptimierung wird hier die Straffung und Verbesserung der Fertigungs-, Administrations- und Innovationsprozesse bezeichnet. Dazu zählen etwa die Standardisierung, Vereinfachung und zeitliche Parallelisierung einzelner Prozeßschritte oder ganzer Prozesse. Im Business Reengineering ist die Optimierung Teil der radikalen Neugestaltung von Prozessen. Hervorzuheben ist in diesem Zusammenhang zunächst die von Hammer und Champy (1994, S. 75 ff. und 80 ff.) vorgeschlagene „Triage", also die Unterscheidung unterschiedlicher – etwa einfacher, mittelschwerer und schwerer – Prozeßvarianten, die verschiedenen organisatorischen Einheiten zugeordnet werden. Die Triage ist Voraussetzung für die Standardisierung und Vereinfachung der Geschäftsprozesse. Maßnahmen der Prozeßoptimierung sind aber auch die Herstellung einer „natürlichen" Reihenfolge der Prozeßschritte durch Entlinearisierung des Prozesses und die Abschaffung überflüssiger Kontrollen. Vergleichbare Maßnahmen der Prozeßoptimierung lassen sich auch auf dem Weg zu schlanken Organisationsstrukturen nachweisen. So werden zum Beispiel die kritische Durchforstung und die Optimierung aller Abläufe im Unternehmen (vgl. VDMA 1993, S. 48) sowie die Parallelisierung von Produkt- und Prozeßentwicklungsaktivitäten im Rahmen des Simultaneous Engineering eingefordert (vgl. Pfeiffer/Weiß 1994, S. 162 ff.).

Lösung von Abstimmungsproblemen durch Schnittstellenmanager

Trotz der Bemühungen um die Bildung abgegrenzter organisatorischer Einheiten sind Schnittstellen, also potentielle Abstimmungserfordernisse zwischen organisatorischen Einheiten, nicht gänzlich zu vermeiden. In neueren Organisationsansätzen werden zur Abstimmung von Schnittstellen – oft auch im Rahmen zeitlich befristeter Projektstrukturen – besondere Schnittstellenmanager eingesetzt.

Im Business Reengineering ist für den Fall, daß ein Geschäftsprozeß zum Beispiel aus Gründen seines Umfangs oder des benötigten Know-hows durch mehrere organisatorische Einheiten wahrgenommen werden muß, die Einrichtung eines Case Managers vorgesehen. Er führt zwar nicht den gesamten Geschäftsprozeß eigenverantwortlich aus, besitzt aber den Überblick über diesen Prozeß. Seine Hauptaufgabe ist die Sicherstellung der bereichsübergreifenden Abstimmung, die auch die Gewährleistung eines möglichst einheitlichen Auftretens gegenüber dem Kunden umfaßt. Daneben muß er verhindern, daß die verschiedenen Unternehmensbereiche ausschließlich ihre jeweiligen Bereichsziele verfolgen und so die Erreichung des Unternehmensgesamtziels in Frage stellen (vgl. Hammer/Champy 1994, S. 86 f.; Striening 1988, S. 164 ff.). Im Lean Management werden zum Beispiel Projektmanager im Produktentwicklungsprozeß eingesetzt, die ausschließlich die verschiedenen beteiligten Fachbereiche koordinieren sollen (vgl. etwa Wheelwright/Clark 1992, S. 193 f.).

Verwirklichung neuer Anreizkonzepte

Anreizkonzepte richten das individuelle Verhalten der Mitarbeiter auf die Unternehmensziele aus; sie dienen der Förderung der extrinsischen Motivation. Die Spannweite möglicher Bestandteile von Anreizkonzepten ist groß; sie reicht von finanziellen Anreizen über Beförderungen bis zu Belohnungen in Form der Anerkennung der eigenen Arbeit durch Kollegen (vgl. zum Beispiel Weinert 1992, Sp. 129 f.).

Im Business Reengineering wird die Forderung erhoben, Mitarbeiter erfolgsabhängig nach ihrem (meßbaren) Beitrag zum Unternehmensergebnis zu entlohnen. Der variable Anteil der Vergütung soll dabei relativ groß sein, um die Leistungsbereitschaft der Mitarbeiter zu erhalten. Darüber hinaus sollen gute Leistungen der Mitarbeiter durch ein höheres Grundgehalt, nicht aber durch eine Beförderung honoriert werden. Beförderungen sollen ausschließlich nach Fähigkeiten erfolgen, um zu verhindern, daß Mitarbeiter in Positionen gelangen, für die sie nicht die notwendige Qualifikation besitzen (vgl. Hammer/Champy 1994, S. 99 ff.).

Im Lean Management westlicher Prägung kommt der Erzeugung von Marktdruck eine große Bedeutung für die Motivation der Mitarbeiter zu. Indem etwa Fertigungsbereiche so gegliedert werden, daß in jedem Bereich marktfähige Produkte entstehen, wird auch für die Fertigung die Möglichkeit zu marktlichen Vergleichen geschaffen. Die Auflösung indirekter und deshalb oft marktferner Bereiche unterstützt diese Idee (vgl. Frese 1994, S. 74). Wo die Konfrontation mit dem externen Markt nicht gelingt, wird häufig über die Einführung des Profit-Center-Konzepts ein interner, fiktiver Markt geschaffen (vgl. Frese 1995, S. 461 ff.). Auch durch die Visualisierung von Störungen werden Anreizwirkungen erzeugt; in diesem Zusammenhang kommt dem Just-in-Time-Konzept und der damit verbundenen Reduzierung von Lägern eine große Bedeutung zu. Schließlich ist eine stärkere Betonung leistungsorientierter Entgeltbestandteile festzustellen (zum Beispiel Schweiker et al. 1994, S. 71). Im Fertigungsbereich restrukturierter Unternehmen ist zudem ein Bedeutungszuwachs verschiedener Formen des Prämienlohns zu Lasten des Akkordlohns erkennbar. Während der Akkordlohn ausschließlich den mengenmäßigen Output des Werkers honoriert, kann ein Prämienlohnsystem exakt auf die vielfältigen Kosten-, Zeit- und Qualitätsziele schlanker Fertigungssysteme zugeschnitten werden. Es bietet ferner über die Möglichkeit der Gewährung von Gruppen- und Qualifikationsprämien Anreize zur Kooperation und zum ständigen Lernen (vgl. Schmierl 1994).

Etablierung neuer Führungskonzepte

Als Führung wird die zielbezogene Beeinflussung der Interaktionen in Gruppen und zwischen Gruppen bezeichnet; in Unternehmen konkretisiert sich Führung im Vorgesetzten-Mitarbeiter-Verhältnis. Im Rahmen neuer Führungskonzepte wird in Anlehnung an Bleicher (1989, S. 194 ff.) häufig von der Ablösung der Mißtrauens- durch die Vertrauensorganisation gesprochen. Von Vorgesetzen und Mitarbeitern wird ein verändertes Rollenverständnis eingefordert. Die Vorgesetzten sollen ihren Mitarbeitern die erfolgreiche Erfüllung der übertragenen Aufgaben zutrauen, und die Mitarbeiter sollen diesen Vertrauensvorschuß durch eigenverantwortliches und bereichsübergreifendes Denken honorieren (vgl. Ryf 1992, zum Beispiel S. 191 ff. und 217 ff.).

Im Business Reengineering wird der Vorgesetzte in einer neuen Rolle gesehen; er soll nicht seinen Mitarbeitern Weisungen erteilen und ihre Arbeit kontrollieren, sondern als Coach und Moderator fungieren. Als solcher unterstützt er bei Bedarf die Problemlösungsprozesse seiner Mitarbeiter, stellt die Versorgung mit den für die Aufgabenerfüllung notwendigen Ressourcen sicher, löst Abstimmungsprobleme und räumt Hindernisse aus dem Weg. Die Mitarbeiter ihrerseits sollen stärker eigenverantwortlich handeln und dabei den Kunden und dessen Bedürfnisse zum wichtigsten Maßstab machen (vgl. Hammer/ Champy 1994, S. 103 ff.; Striening 1988, S. 158 f. und 177).

Das gewandelte Verhältnis zwischen Mitarbeitern und Vorgesetzten im Rahmen der Lean Production kann exemplarisch an der veränderten Rolle des Meisters verdeutlicht werden. Traditionell hat der Meister in ganz erheblichem Maße Produktions-, Kontroll- und Steuerungsaufgaben innegehabt. Diese Aufgaben werden zunehmend von den Fertigungsgruppen selbst wahrgenommen. Der Meister tritt deshalb im Verhältnis zu den einzelnen Mitarbeitern beziehungsweise den Fertigungsgruppen nunmehr verstärkt als Kooperationspartner auf, der Aufgaben der Personalentwicklung, der Abstimmung mit anderen Gruppen, der Versorgung der Gruppe mit Informationen und der fallweisen Unterstützung der Problemlösungsprozesse übernimmt (vgl. Hofmann 1995).

Entwicklung der Unternehmenskultur

Die Gesamtheit der in einem Unternehmen gültigen Grundüberzeugungen, Werte und Normen machen seine Unternehmenskultur aus. Ihrem Wandel wird zum Teil auch in aktuellen Restrukturierungen Beachtung geschenkt. Zwar wird Lean Management häufig auf Kostensenkungsprogramme und Änderungen der formalen Organisationsstruktur reduziert, umfassender angelegte Restrukturierungsprogramme hingegen berücksichtigen auch die zentrale Bedeutung der Unternehmenskultur für die Umgestaltung des Unternehmens (zum Beispiel Schweiker et al. 1994). Im Mittelpunkt steht dann häufig die Entwicklung eines „Wir-Gefühls", das sich zum Beispiel in stärker partnerschaftlichem, bereichsübergreifendem Handeln und einem freieren Informationsaustausch niederschlägt (vgl. Frese et al. 1995, S. 310). Auch im Business Reengineering sind Aspekte des Kulturwandels erkennbar, wenn etwa „die Art, wie im Unternehmen Entscheidungen getroffen und Führungsaufgaben gelöst werden" (Herp/Brand 1995, S. 129), angesprochen oder betont wird, daß „das Management ... die Verhaltensänderung konsequent vorleben" muß (Dernbach 1995, S. 201).

Zusammenfassende Kennzeichnung

Die knappe Darstellung des Lean Management und des Business Reengineering hat unter Rückgriff auf eine begrenzte Anzahl organisatorischer Gestaltungsinstrumente die in beiden Konzepten jeweils präferierten organisatorischen Gestaltungsmuster deutlich gemacht. Zu beachten ist allerdings, daß die verschiedenen Maßnahmen nicht in allen Reorganisationsprojekten immer ausnahmslos und mit derselben Intensität eingesetzt werden. Business Reengineering und Lean Management sind keine Patentrezepte, die in standardisierter Form angewandt werden können.

Darüber hinaus wurde herausgearbeitet, daß sich Lean Management und Business Reengineering aus *organisatorischer* Sicht nicht grundlegend voneinander unterscheiden. Beide Konzepte greifen auf dieselben organisatorischen Bausteine zurück und setzen diese in vergleichbarer Weise ein; es sind allenfalls graduelle Unterschiede bei der Akzentuierung einzelner Instrumente zu beobachten. Gleichgültig also, ob eine Reorganisation als „Einführung schlanker Strukturen" oder als „Reengineering von Geschäftsprozessen" bezeichnet wird: Das Ergebnis fällt ähnlich aus. Es liegt daher nahe, die beiden hier betrachteten Konzepte als Spielarten derselben Organisationsphilosophie zu betrachten, die eine stärkere Ausrichtung am und eine flexiblere Abgrenzung zum Markt propagiert, marktorientierte Anreizkonzepte bevorzugt und die gemeinsame Problemlösung teilautonomer Organisationseinheiten betont. Diese Philosophie der *marktgesteuerten Dezentralisation* hebt sich deutlich von der traditionellen Organisationsgestaltung ab, die durch eine stärker nach innen gerichtete Sichtweise der organisatorischen Gestaltung und eine klare Grenzziehung zum Markt geprägt ist und auf die Hierarchie als Koordinations- und Anreizinstrument vertraut. In den beiden Gestaltungsansätzen dokumentiert sich eine völlig verschiedenartige Einschätzung der Leistungsfähigkeit der zentralen Planung. Das traditionelle Gestaltungsmuster ist Ausdruck des Glaubens an die Leistungsfähigkeit zentraler Planungssysteme, während eine Gestaltungsphilosophie der marktgesteuerten Dezentralisation von einer skeptischen Einschätzung der zentralen Planung zeugt (vgl. Arbeitskreis Organisation 1996).

Neben Gemeinsamkeiten bestehen aber auch Unterschiede zwischen den hier betrachteten Ansätzen. Zum einen ist Lean Management bei der Umsetzung der neuen Gestaltungsphilosophie konsequenter als Business Reengineering, da auch die Gestaltung der Beziehungen zu vor- und nachgelagerten Wertschöpfungsstufen in die Betrachtung einbezogen wird. Am deutlichsten wird dies an den Just-in-Time-Beziehungen zu Zulieferern, auch wenn in diesem Punkt eine Annäherung beider Konzepte festzustellen ist, da inzwischen im Rahmen des Business Reengineering ebenfalls die Notwendigkeit der Gestaltung von Wertschöpfungsketten über die Unternehmensgrenzen hinaus betont wird (vgl. zum Beispiel Herp/Brand 1995, S. 141). Zum anderen konzentriert sich Business Reengineering sehr stark auf organisatorische Fragestellungen (einschließlich Organisationsmethodik und -techniken), während Lean Management eher eine Unternehmensphilosophie („Von allem nur die Hälfte") ist, die weit über die organisatorische Gestaltung hinaus in allen Unternehmensaktivitäten und -bereichen Wirkungen entfaltet. Es gibt deshalb kaum ein Managementproblem, das nicht schon unter dem Gesichtspunkt „lean" betrachtet worden wäre. Lean Management ist deshalb ohne Zweifel das breiter angelegte Konzept.

Ausgewählte empirische Ergebnisse zur Bedeutung aktueller Organisationskonzepte

Im Jahre 1993 hat das Organisationsseminar der Universität zu Köln in Zusammenarbeit mit der Droege & Comp. Internationale Unternehmer-Beratung GmbH, Düsseldorf, eine empirische Erhebung zu aktuellen Organisationstrends durchgeführt (vgl. Frese 1995a). Die folgenden Abbildungen präsentieren einige Ergebnisse dieser Erhebung, die schlaglichtartig die beachtliche Bedeutung verschiedener Gestaltungselemente der aktuellen Reorganisationskonzepte in deutschen Unternehmen beleuchten. Auch die Dokumentation von Restrukturierungen in deutschen Großunternehmen durch den Arbeitskreis „Organisation" der Schmalenbach-Gesellschaft belegt eindrucksvoll den Trend zur marktgesteuerten Dezentralisation (vgl. Frese/Maly 1994).

Outsourcing ist ganz oder teilweise erfolgt	Aktivität	Outsourcing ist geplant
35,6 %	Logistik	6,6 %
40,1%	Produktion	6,7 %
20,2 %	Absatz	1,2 %
25,8 %	Informationsverarbeitung	8,3 %

Abbildung 1: Outsourcing von Unternehmensaktivitäten

Maßnahmen	Anteil der Unternehmen, die den Maßnahmen eine hohe Bedeutung beimessen
Bildung abgegrenzter organisatorischer Einheiten	48,2 %
Betonte Delegation durch Erhöhung der Eigenverantwortung am Arbeitsplatz	83,1 %
Hierarchieabflachung	66,4 %
Prozeßoptimierung durch Vereinfachung von Prozessen	68,3 %
Prozeßoptimierung durch Entbürokratisierung	66,4 %
Einsatz gesonderter Schnittstellenmanager	12,7 %

Abbildung 2: Bedeutung ausgewählter Koordinationsmaßnahmen

Gegenwärtiger (sehr) starker Einsatz	Maßnahmen	Zukünftig steigende Bedeutung
42,2 %	Profit-Center-Konzept	38,7 %
19,2 %	Variable Vergütungssysteme	46,0 %
30,2 %	Erweiterung der Entscheidungsbefugnisse	43,7 %
32,2 %	Unternehmenskultur	43,1 %

Abbildung 3: Einsatz von Motivations- und Führungsinstrumenten

Problemfelder aktueller Organisationskonzepte

Die oft erstaunlichen Verbesserungen, die durch den Einsatz von Maßnahmen des Lean Management und des Business Reengineering erreicht werden können, sind schon mehrfach dokumentiert worden (vgl. zum Beispiel Frese/Maly 1994; Nippa/Picot 1995). Die weiteren Ausführungen konzentrieren sich deshalb darauf, mögliche Probleme auf dem Weg zur Implementierung dieser Konzepte aufzuzeigen.

Einen Zugang zu den vielfältigen Problemen eröffnet die gedankliche Zerlegung eines organisatorischen Gestaltungsakts in die Entscheidung für eine Organisationsstruktur und die Realisation dieser Entscheidung. Die Entscheidung für eine Organisationsstruktur stellt das Ergebnis einer Auswahl zwischen verschiedenen Handlungsalternativen (organisatorischen Gestaltungsinstrumenten) nach Maßgabe der verfolgten Ziele (Effizienzkriterien) und unter Beachtung der relevanten Rahmenbedingungen dar (vgl. Frese 1995, S. 273 ff.). Die schließlich verwirklichte Organisationsstruktur ist das Ergebnis der Realisation der getroffenen Entscheidung. Probleme können sich bei dieser Betrachtungsweise ergeben aus:

a) der Unvollständigkeit des in die Überlegungen einbezogenen Instrumenten-Mix,

b) den Unzulänglichkeiten des der Entscheidung zugrunde liegenden Zielkatalogs und der mangelhaften Erfassung der Zielwirkungen des Instrumenteneinsatzes,

c) der mangelnden Berücksichtigung der relevanten Rahmenbedingungen, insbesondere einem fehlenden Strategie-Struktur-Fit und der Nichtbeachtung der personellen und der technologischen Möglichkeiten und Grenzen, sowie

d) der unzureichenden Gestaltung des Realisationsprozesses (vgl. dazu Abbildung 4).

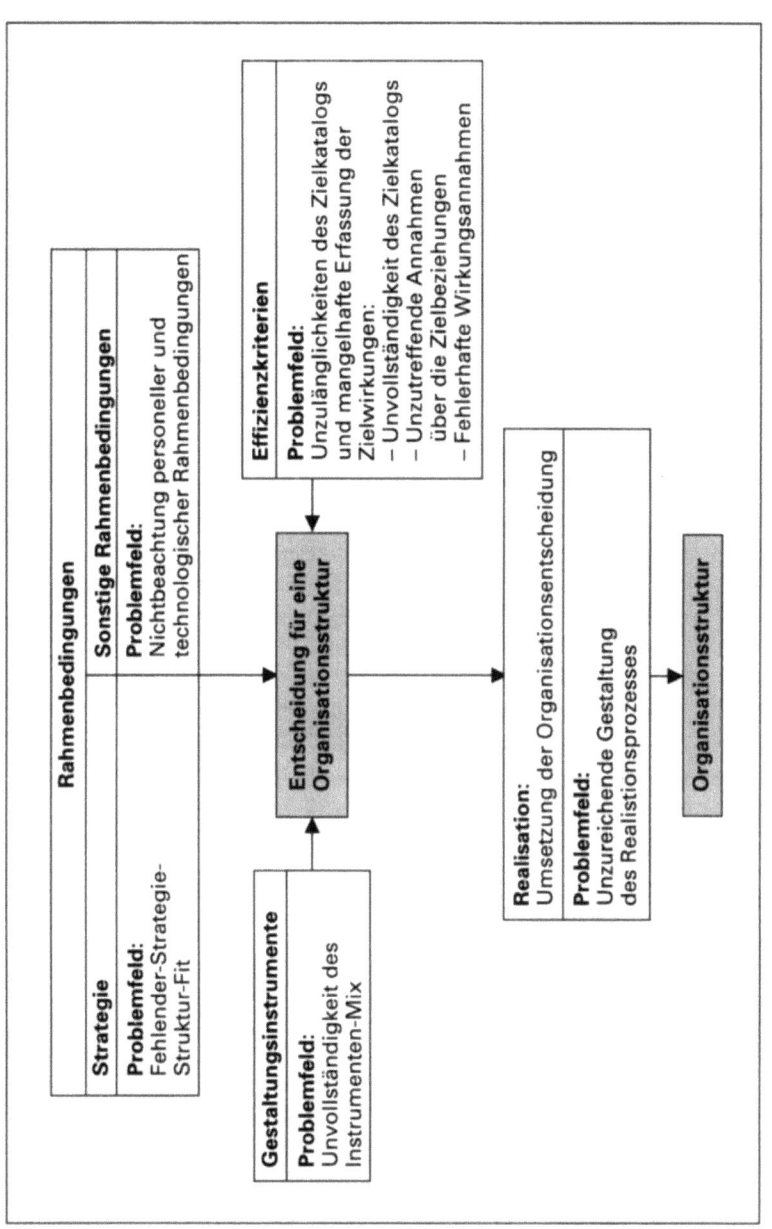

Abbildung 4: Mögliche Problemfelder aktueller Organisationskonzepte

Unvollständigkeit des Instrumenten-Mix

Es kann nur eine Gestaltungslösung gewählt werden, die zuvor in die Überlegungen einbezogen wurde. Weist die Menge der betrachteten Handlungsalternativen Lücken auf, so besteht die Gefahr, daß die für das jeweilige Organisationsproblem geeignetste Lösung überhaupt nicht in Erwägung gezogen wird.

Diese Gefahr ist beim Business Reengineering und beim Lean Management unverkennbar. In beiden Konzepten dominieren ganz bestimmte Instrumente, während andere Gestaltungsmaßnahmen weitgehend aus der Betrachtung ausgeklammert bleiben. So werden zum Beispiel gegenwärtig viele Zentralbereiche in Unternehmen aufgelöst, da ihre Existenz der Bildung abgegrenzter organisatorischer Einheiten entgegensteht und sie zu wenig dem Druck des Marktes ausgesetzt sind. Die Neueinrichtung von Zentralbereichen findet hingegen kaum statt, obwohl diese Maßnahme sinnvoll ist, wenn zum Beispiel Spezial-Know-how wichtiger wird (beispielsweise durch eine geänderte Produkthaftungsgesetzgebung) oder veränderte Wettbewerbsverhältnisse eine straffere Führung des Unternehmens verlangen. Eine ausschließliche Orientierung an den Leitbildern aktueller Restrukturierungskonzepte, wie sie teilweise zu beobachten ist, und die daraus folgende Einschränkung des betrachteten Maßnahmenspektrums um die Bildung von Zentralbereichen führen in diesen Fällen zur Vernachlässigung der besten Handlungsalternative.

Unzulänglichkeiten des Zielkatalogs und mangelhafte Erfassung der Zielwirkungen

Organisatorische Gestaltungsentscheidungen erfordern eine Auswahl zwischen den zur Disposition stehenden Gestaltungsalternativen. Da die Bewertung von Organisationsstrukturen nach Maßgabe des obersten Unternehmensziels, zum Beispiel des Gewinnziels, im Regelfall unüberwindbare Zurechnungsprobleme aufwirft, ist es notwendig, das Bewertungsproblem durch die Einführung operationalerer Subziele (Effizienzkriterien) zu vereinfachen (vgl. Frese 1995, S. 284 ff.). Vor diesem Hintergrund sind drei Problembereiche erkennbar:

a) der entwickelte Zielkatalog ist unvollständig,

b) die vermuteten Beziehungen zwischen den Subzielen entsprechen nicht der Realität,

c) die Annahmen über die Wirkungen der einzelnen Gestaltungsinstrumente auf die Subziele sind nicht korrekt.

Unvollständigkeit des Zielkatalogs

Effizienzkriterien zur Bewertung organisatorischer Gestaltungsmaßnahmen können nicht logisch zwingend aus dem Gewinnziel abgeleitet, sondern nur empirisch begründet werden. In der Literatur werden deshalb sehr unterschiedliche Effizienzkriterien genannt. Diese lassen sich jedoch größtenteils einer der folgenden Zielkategorien zuordnen (in Anlehnung an Frese 1995, S. 304 ff.):

▶ möglichst gute Nutzung der im Unternehmen vorhandenen Potentialfaktoren (Ressourceneffizienz),

▶ abgestimmtes Auftreten auf den Beschaffungs- und Absatzmärkten (Markteffizienz),

▶ Abstimmung der internen Leistungserstellungsprozesse, insbesondere Abstimmung der innerbetrieblichen Leistungsverflechtungen (Prozeßeffizienz),

▶ Nutzung der größeren Problemumsicht übergeordneter Einheiten auf der einen Seite und des Detailwissens und der Problemnähe untergeordneter Einheiten auf der anderen Seite (Delegationseffizienz),

▶ Motivation der Mitarbeiter zu unternehmenszielkonformem Verhalten (Motivationseffizienz).

Es ist wichtig, einer Organisationsentscheidung einen Zielkatalog zugrunde zu legen, der alle relevanten Subziele umfaßt, um die Wirkungen des Maßnahmeneinsatzes vollständig erfassen zu können. Andernfalls sind statt differenzierter Beurteilungen der Effizienz des Organisationskonzepts nur sehr pauschale Aussagen zu seiner Vorteilhaftigkeit möglich. Dies kann unter anderem eine sehr einseitige Maßnahmenauswahl, zum Beispiel eine völlig überzogene Produktgliederung des Unternehmens, oder sogar den völlig ungeeigneten Einsatz eines aktuellen Organisationskonzepts zur Folge haben.

Ungeachtet dessen wird von den Verfechtern des Lean Management und des Business Reengineering oft auf eine detaillierte Effizienzanalyse der Konzepte verzichtet; das jeweils propagierte Konzept wird per se als effizient eingestuft. Nur dann, wenn lediglich einige der oben genannten Zielgrößen zur Beurteilung der beiden Konzepte herangezogen werden, sind ausschließlich positive Effekte zu registrieren. Eine umfassende Effizienzanalyse unter Einbeziehung aller Kriterien ergibt ein differenzierteres Bild.

Ausgeprägte gegenläufige Effizienzeffekte weist das Business Reengineering auf (vgl. Theuvsen 1996, S. 76 ff.). Die von Hammer und Champy präferierten Gestaltungsmaßnahmen, vor allem die Bildung abgegrenzter organisatorischer Einheiten und die betonte Delegation von Entscheidungskompetenzen, wirken sich auf die Abstimmung der internen Leistungserstellungsprozesse (Prozeßeffizienz) und die Nutzung des Detailwissens und der Problemnähe untergeordneter Einheiten (als einem Aspekt der Delegationseffizienz) ohne Zweifel positiv aus. Hingegen kann insbesondere die Ressourceneffizienz beachtlich unter der Bildung abgegrenzter organisatorischer Einheiten und der damit verbundenen Zersplitterung der Ressourcen (zum Beispiel des Know-hows) leiden. Auch das abgestimmte Auftreten auf den Beschaffungsmärkten (zum Beispiel die Bündelung von Aufträgen) und Absatzmärkten (zum Beispiel das Angebot von Systemlösungen) ist nicht mehr in allen Fällen gewährleistet (vgl. Osterloh/Frost 1995, S. 31 f.); selbst der Einsatz von Case Managern zur Sicherstellung eines abgestimmten Auftretens gegenüber den Kunden löst dieses Problem nur teilweise. Die betonte Delegation von Entscheidungskompetenzen schließlich kann dazu führen, daß Entscheidungsprobleme von den Prozeßverantwortlichen zu wenig aus der übergeordneten Unternehmensperspektive betrachtet werden.

Auch durch die Einführung schlanker Organisationsstrukturen werden nicht alle Effizienzkriterien stets positiv beeinflußt. So ist zum Beispiel zu erwarten, daß durch die Fertigungssegmentierung zwar die Prozeß- und die Motivationseffizienz verbessert werden, zugleich aber Spezialisierungsvorteile verloren gehen und damit die Ressourceneffizienz sinkt.

Die Einführung des Lean Management oder das Reengineering von Geschäftsprozessen ist nur sinnvoll, wenn die Gesamtwirkung der Reorganisation positiv ist. Eine positive Gesamtwirkungen kann aber nicht unabhängig von den Bedingungen des Einzelfalls unterstellt werden. So hat zum Beispiel Aoki (1988, S. 44) darauf hingewiesen, daß positive Netto-Effekte bei Einführung der Lean Production nur bei ständigen, aber nicht drastischen Nachfrageschwankungen und relativ komplizierten, nach dem Fließprinzip aufgebauten Produktionsprozessen zu erwarten sind. Dagegen versprechen bei stabilen oder sich drastisch ändernden Nachfragesituationen sowie einfachen oder kontinuierlichen Fertigungsprozessen eher hierarchische Koordinationsmuster Vorteile. Dieses Beobachtung verdeutlicht noch einmal, daß nur ein umfassender Zielkatalog, also eine vollständige Berücksichtigung aller Wirkungen des Instrumenteneinsatzes, den ungeeigneten Einsatz von Lean- und Reengineering-Konzepten verhindern kann.

Unzutreffende Annahmen über die Zielbeziehungen

Durch die Einführung von Subzielen wird die organisatorische Gestaltung zu einer Entscheidung unter Mehrfachzielsetzung; die Subziele können dabei in komplementärer (im Grenzfall: neutraler) oder konfliktärer Beziehung zueinander stehen. Für die organisatorische Gestaltung hat die jeweilige Form der Zielbeziehung weitreichende Folgen. Im Fall der Zielharmonie führt der Einsatz eines Gestaltungsinstruments zu Verbesserungen bei mehreren als wichtig erachteten Zielen. Bei Zielkonflikten stehen dagegen die Suche nach dem tragfähigen Kompromiß und – falls dieser nicht zu finden ist – die Gewichtung der Effizienzkriterien im Vordergrund (vgl. Theuvsen 1994, S. 244 ff.). Da die Effizienzbewertung von Organisationsstrukturen schwierig ist, kann im Einzelfall nicht mit Sicherheit festgestellt werden, ob eine Situation der Zielkomplementarität oder des Zielkonflikts vorliegt. Die *Annahmen* des Organisators über die jeweilige Zielbeziehung werden deshalb maßgeblich für die organisatorische Gestaltung. Sind diese Annahmen nicht korrekt, werden organisatorische Gestaltungsanstrengungen in die falsche Richtung gelenkt und die notwendige Suche nach einem tragfähigen Kompromiß wird erst gar nicht eingeleitet.

In aktuellen Organisationskonzepten herrscht – soweit überhaupt mehrere Ziele betrachtet werden – die Annahme einer komplementären Beziehung zwischen den Subzielen vor. Sowohl im Lean Management als auch im Business Reengineering wird unterstellt, simultan Verbesserungen bei allen als wichtig erachteten Zielen erreichen zu können (vgl. Hammer/Champy 1994, S. 48; Pfeiffer/ Weiß 1994, S. 66). Angesichts der gegenläufigen Effizienzwirkungen beider Konzepte kann die These von der simultanen Erreichbarkeit mehrerer Ziele allerdings so pauschal nicht aufrecht erhalten werden. Praktische Erfahrungen deutscher Unternehmen mit diesen Konzepten deuten eher darauf hin, daß simultane Verbesserungen mehrerer Ziele nur unter ganz bestimmten Bedingungen, zum Beispiel im Fall der Eröffnung neuer Gestaltungsoptionen durch moderne IuK-Technologien, zu erwarten sind (vgl. im einzelnen Frese/von Werder 1994, S. 17 ff.; Arbeitskreis Organisation 1996). Sofern solche Voraussetzungen nicht erfüllt sind, ist weiterhin von der Möglichkeit konfliktärer Zielbeziehungen auszugehen. Die Gefahr beim Einsatz neuer Organisationskonzepte besteht darin, hinsichtlich der Zielbeziehungen zu optimistisch zu sein und zu stark von einer Situation der Zielharmonie auszugehen. Wenn diese tatsächlich nicht vorliegt, sind die Enttäuschungen über die neuen Strukturen unausweichlich, da die Effizienzverbesserungen nicht im erhofften Umfang eintreten können.

Fehlerhafte Wirkungsannahmen

Entscheidungen über Organisationsstrukturen erfordern Aussagen über die Wirkungen des Einsatzes verschiedener Gestaltungsinstrumente auf die Zielgrößen (vgl. Frese et al. 1995, S. 312 ff.). Dies ist aufgrund fehlenden gesicherten Wissens ein außerordentlich schwieriges Unterfangen. Es ist daher möglich, daß den Reorganisationsentscheidungen unzutreffende Wirkungsannahmen zugrunde liegen, so daß die Zielwirkungen einer Reorganisation nicht richtig vorhergesehen werden.

Diese Gefahr ist bei den gegenwärtig verfolgten Umstrukturierungen aus zwei Gründen besonders groß. Zum einen lösen sich sowohl Business Reengineering als auch Lean Management radikal von tradierten Organisationsmustern. Je mehr innovative Elemente eine

Reorganisation enthält, desto weniger Erfahrungswissen existiert über die zu erwartenden Wirkungen. So werden zum Beispiel gegenwärtig der betonten Delegation von Entscheidungskompetenzen durchweg positive Motivationswirkungen zugeschrieben. Es kann sich aber auch herausstellen, daß die Mitarbeiter weniger einen Anreiz zu unternehmerischem Denken und Handeln als vielmehr ein Gefühl der Überforderung verspüren. Ebenso hat sich gezeigt, daß der Einsatz von Teams nicht immer die erhoffte Leistungssteigerung, sondern in Einzelfällen auch eine Leistungsnivellierung bewirkt (vgl. Arbeitskreis Organisation 1996). Zum anderen sind die verfolgten Änderungen stets sehr umfangreich und bedingen den gleichzeitigen Einsatz einer Vielzahl von Gestaltungsinstrumenten. Daraus resultiert die Notwendigkeit, auch die Wechselwirkungen der verschiedenen Instrumente abzuschätzen. So kann etwa der bei isolierter Betrachtung sinnvolle Einsatz der Instrumente „Bildung abgegrenzter organisatorischer Einheiten" und „Hierarchieabflachung" in der Kombination zur Überforderung auch gut ausgebildeter Mitarbeiter führen.

Fehlender Strategie-Struktur-Fit

In der Organisationsstruktur spiegelt sich im Idealfall die jeweils verfolgte Wettbewerbsstrategie, also die Art der Marktbeeinflussung innerhalb eines Geschäftsfelds (zum Beispiel Kostenführerschaft oder Differenzierung), wider. Für die hier behandelte Fragestellung sind primär zwei Verbindungen zwischen Wettbewerbsstrategie und Organisationsstruktur relevant (vgl. Frese 1995, S. 29 f. und S. 313 ff.):

▶ Von der jeweils verfolgten Wettbewerbsstrategie hängt ab, welche Aufgaben und Abstimmungsprobleme im Unternehmen besonders kritisch sind und daher intensiver Koordinationsanstrengungen bedürfen. Da die neuen Organisationskonzepte auf einen expliziten Rückgriff auf die jeweils verfolgte Wettbewerbsstrategie verzichten, besteht die Gefahr, daß erfolgskritische Abstimmungsprobleme nicht erkannt und deshalb auch nicht gelöst werden. Wenn etwa der Erfolg eines Unternehmens auf dem Angebot technologisch fortschrittlichster Produkte beruht, dann besitzen die F & E-Aufgaben und deren Organisation einen überragenden

Stellenwert. In dieser Situation können die Auflösung einer zentralen Entwicklungsabteilung zur Verbesserung der Prozeßeffizienz und eine Philosophie des „Von allem nur die Hälfte", wie sie Lean-Konzepte kennzeichnet, fatale Auswirkungen auf die Innovations- und damit die Wettbewerbsfähigkeit des Unternehmens haben.

▶ Stehen die zur Bewertung von Organisationsalternativen herangezogenen Effizienzkriterien in konfliktärer Beziehung, kann ihre Gewichtung nur unter Rückgriff auf die jeweils verfolgte Wettbewerbsstrategie erfolgen. Es ist nicht auszuschließen, daß unter dem Einfluß aktueller Restrukturierungskonzepte bei der Gewichtung der Effizienzkriterien nicht genügend die wettbewerbsstrategischen Erfordernisse berücksichtigt werden. So wird etwa im Konzept des Business Reengineering der Prozeßeffizienz unabhängig von der jeweils verfolgten Wettbewerbsstrategie eine außerordentlich hohe Bedeutung beigemessen. Dies kann zum Beispiel dazu führen, daß über das strategisch sinnvolle Maß hinaus prozeß- beziehungsweise produktorientierte Einheiten gebildet werden. Die unbegründete und deshalb unter Umständen falsche Gewichtung von Effizienzkriterien hat somit ähnlich negative Auswirkungen wie ein unvollständiger Zielkatalog.

Nichtbeachtung personeller und technologischer Rahmenbedingungen

Organisationsstrukturen müssen neben den strategischen vor allem auch den personellen und technologischen Rahmenbedingungen Rechnung tragen (vgl. Frese et al. 1995, S. 302 ff.; Arbeitskreis Organisation 1996).

Das Spektrum realisierbarer Organisationsstrukturen wird durch die Fähigkeiten der Mitarbeiter begrenzt. Lösungen, die diese Restriktion nicht beachten, überfordern die Mitarbeiter und führen im „Alltagsbetrieb" zu einer Vielzahl von Problemen. Die aktuellen Organisationskonzepte stellen ausnahmslos hohe Anforderungen an die Qualifikation der Mitarbeiter. Dabei verlangen die Bildung abgegrenzter organisatorischer Einheiten, die betonte Delegation von Entscheidungskompetenzen, die Arbeit in Teams, die Etablierung neuer Führungskonzepte und anderes mehr nicht nur eine bessere fachliche, sondern auch eine umfassendere individuelle und soziale Qualifikation. Neben der Beherrschung vielfältiger Aufgaben stellen die Entscheidungs-, Innovations-, Kooperations-, Führungs- und Lernfähigkeit der Mitarbeiter wesentliche Voraussetzungen für die erfolgreiche Einführung neuer organisatorischer Konzepte dar. Um Probleme im Umgang mit geänderten Strukturen zu vermeiden, sind die Reorganisationsmaßnahmen eng mit Personalentwicklungsprogrammen abzustimmen.

Eine weitere wesentliche Rahmenbedingung sind die verfügbaren Fertigungs-, Informations- und Kommunikationstechnologien und die Art des Einsatzes dieser Technologien. Eine Gefahr für Unternehmen besteht darin, sich bei der Suche nach neuen organisatorischen Lösungen von den Unzulänglichkeiten der verfügbaren technologischen Ausstattung einschränken zu lassen (vgl. Nippa 1995, S. 65). Genauso problematisch ist auch eine Über- oder Unterschätzung der Effizienzsteigerungspotentiale moderner Technologien. Die gegenwärtig aktuellen Restrukturierungskonzepte unterscheiden sich erheblich hinsichtlich der Einschätzung der Rolle neuer Technologien. Im Business Reengineering wird IuK-Technologien vielfach eine Schlüsselrolle bei der Neugestaltung von Geschäftsprozessen zuerkannt. Erst die Möglichkeit, große Informationsmengen schnell zu speichern, zu übertragen und zu verarbeiten, erlaubt in vielen Fällen ein grundlegend neues Prozeß-Design. Gleichzeitig wird ein verändertes Technologieverständnis eingefordert. Unternehmen sollen ineffiziente Organisationsstrukturen nicht „elektrifizieren", sondern die Potentiale neuer Technologien kreativ bei der Suche nach effizienteren Strukturen einsetzen (vgl. Hammer/Champy 1994, Kapitel 5). Im Lean-Konzept schwingt dagegen häufig eine eher skeptische Grundhaltung gegenüber modernen Technologien mit, die sich in Schlagworten wie „Organisation geht vor Automation" und „simple is best" (Kroll 1995, S. 64) niederschlägt. Zur Sicherstellung des Erfolgs einer Reorganisation ist es wichtig, daß das betreffende Unternehmen einen vernünftigen Mittelweg einschlägt, der durch ein gesundes Mißtrauen gegenüber überzogenem High-Tech, gleichzeitig aber den intelligenten Einsatz moderner Technologien gekennzeichnet ist.

Unzureichende Gestaltung des Realisationsprozesses

Die Realisationsphase schließt sich gedanklich an die Auswahl einer Gestaltungsalternative an; in der Realität ist sie jedoch zeitlich wie inhaltlich eng mit dem Entscheidungsprozeß verzahnt. Da es für die Gestaltung der Realisation keinen in allen Fällen geeigneten Weg gibt, ist es unmöglich, alle denkbaren Probleme bei der Realisation aktueller Organisationskonzepte abschließend aufzuzeigen. Möglich ist lediglich der Hinweis auf einige aufgrund der Besonderheiten dieser Konzepte naheliegende Schwierigkeiten (vgl. Krüger 1994, S. 208 ff. und 217 ff.; Arbeitskreis Organisation 1996).

Die gegenwärtigen Restrukturierungen sind durch weitreichende, für viele Mitarbeiter schmerzhafte Veränderungen geprägt. Der Versuch, derartige Veränderungen ohne ausreichende Unterstützung durch das Topmanagement einzuführen, ist zum Scheitern verurteilt. Es reicht aber nicht aus, wenn sich das Topmanagement auf die Demonstration seiner Unterstützung für die Reorganisation durch die Teilnahme an Projektsitzungen und Workshops beschränkt. Es muß sich vielmehr seiner Vorbildfunktion für das gesamte Unternehmen bewußt werden. Wer im Rahmen von Lean-Management-Programmen einer Philosophie des „Von allem nur die Hälfte" zum Durchbruch verhelfen will, muß bei den Büroräumen und Dienstwagen des Topmanagements beginnen, weil andernfalls das gesamte Programm unglaubwürdig wird.

Die besondere Rolle des Topmanagements in den aktuellen Reorganisationen zu betonen, darf nicht dazu führen, die betroffenen Einheiten überhaupt nicht mehr in den Veränderungsprozeß einzubeziehen. Ein umfassendes Redesign komplexer Geschäftsprozesse kann nur gelingen, wenn das Know-how der Träger dieser Geschäftsprozesse in die Neugestaltung einfließt. Andernfalls sind mit Sicherheit erhebliche Probleme mit der neuen Lösung zu erwarten. Zudem müssen – ungeachtet aller Sachzwänge – bis zu einem gewissen Grad die Interessen, aber auch die Stärken und Schwächen der Mitarbeiter in den zu reorganisierenden Einheiten in die Entscheidung einfließen, so daß auch aus diesem Grund eine enge Verzahnung von Realisations- und Entscheidungsprozeß anzustreben ist. In diesem Zusammenhang gewinnen die überzeugende Kommunikation der gemeinsamen „Vision" durch das Topmanagement und seine enge Zusammenarbeit mit dem Betriebsrat eine überragende Bedeutung.

Oft wird in Schilderungen erfolgreicher Reorganisationen der Eindruck erweckt, daß schlagartig neue Gesamtlösungen entworfen und realisiert wurden. Aufgrund des mit dieser Vorgehensweise verbundenen Risikos eines Fehlschlags ist es aber häufig ratsam, zunächst erste Erfahrungen in Pilotprojekten zu sammeln. Auch hat es sich bewährt, in umfangreichen Projekten in das Gesamtkonzept eingepaßte Teillösungen sukzessive zu realisieren. Auf diesem Wege wird die Ungewißheit reduziert und die Akzeptanzproblematik entschärft.

Nachhaltige Erfolge können nur durch den Einsatz von Projektmitarbeitern in ausreichender Zahl und Qualifikation erzielt werden. Anders lassen sich derartig umfassende Änderungen, wie sie für Lean Management und Business Reengineering typisch sind, nicht verwirklichen. Eine große Gefahr besteht darin, umfassende Reorganisationen quasi „nebenbei", ohne Einsatz von Personal in ausreichender Quantität und Qualität, bewältigen zu wollen. Unternehmensberater können in dieser Situation eine wichtige Verstärkung des Projektteams sein.

Schlußfolgerungen

Aus den bisherigen Ausführungen lassen sich drei zentrale Schlußfolgerungen ziehen:

▶ *Es gibt eine neue Organisationsphilosophie!*

Der Trend „Weg von hierarchischen, hin zu stärker marktorientierten Lösungen" ist unverkennbar. Diese Entwicklung läßt sich im Lean Management und im Business Reengineering gleichermaßen beobachten; sie sind – wie andere aktuelle Organisationskonzepte auch – Spielarten derselben organisatorischen Gestaltungsphilosophie, der marktgesteuerten Dezentralisation. Insofern sind die aktuellen Organisationskonzepte Ausdruck eines unabhängig vom Auf und Ab der Organisationsmoden geltenden, grundlegend neuen Verständnisses von organisatorischer Gestaltung. Daneben sind sie selbstverständlich weiterhin Instrumente zur Initiierung von Aufholprogrammen, die der kurzfristigen Wiederherstellung der Wettbewerbsfähigkeit von Unternehmen dienen.

▶ *Es gibt keine organisatorischen Patentrezepte!*

Die kritische Analyse aktueller Organisationskonzepte hat deutlich gemacht, daß es keine organisatorischen Patentrezepte gibt. Nur eine planvolle Organisationsgestaltung stellt sicher, daß im Einzelfall die angemessene Lösung implementiert wird. Eine Organisationsentscheidung, die die oben beschriebenen Komponenten des Entscheidungsproblems explizit in die Überlegungen einbezieht führt zu einer begründeten Problemlösung. Problematisch ist dagegen die unter dem Einfluß von Organisationsmoden erfolgende, unreflektierte Übernahme von Standardlösungen und vermeintlichen Erfolgsrezepten. Dem Trend zur marktgesteuerten Dezentralisation zu folgen darf nicht heißen, die Besonderheiten des Einzelfalls zu vernachlässigen und auf eine sorgfältige Urteilsfindung zu verzichten.

▶ *Rechtzeitige Kurskorrekturen sind unerläßlich!*

Daß angesichts der Vielzahl von Problemfeldern bei der Einführung umfassender organisatorischer Veränderungen keine Fehler gemacht werden, ist eher unwahrscheinlich. Um so wichtiger ist die ständige kritische Analyse der Reorganisationsaktivitäten und die permanente Kontrolle der erzielten Erfolge. Auf diese Weise können rechtzeitig Soll-Ist-Abweichungen erkannt und notwendige Kurskorrekturen eingeleitet werden.

Literatur

AOKI, M. (1988): Information, Incentives, and Bargaining in the Japanese Economy. Cambridge.
ARBEITSKREIS ORGANISATION (1996): Organisation im Umbruch. (Was) kann man aus den bisherigen Erfahrungen lernen? In: Zeitschrift für betriebswirtschaftliche Forschung, 48. Jg. 1996, S.621–665.
BLEICHER, K. (1989): Chancen für Europas Zukunft. Frankfurt am Main/Wiesbaden.
DAVIDOW, W. H./MALONE, M. S. (1993): Das virtuelle Unternehmen. Frankfurt am Main/New York.
DERNBACH, W. (1995): Geschäftsprozeßoptimierung. Der neue Weg zur marktorientierten Unternehmensorganisation. In: Prozeßmanagement und Reengineering, Hrsg. M. Nippa/A. Picot, Frankfurt am Main/New York, S. 187–205.
ECCLES, R. G./NOHRIA, N. (1992): Beyond the Hype. Cambridge, Mass.
FRESE, E. (1994): Die organisationstheoretische Dimension globaler Strategien. In: Unternehmensstrategie und Wettbewerb auf globalen Märkten, Hrsg. M. Neumann, Berlin, S. 53–80.
FRESE, E. (1995): Grundlagen der Organisation. 6. Aufl., Wiesbaden.
FRESE, E. (1995a): Dynamisierung der Organisation. Arbeitsbericht des Organisationsseminars der Universität zu Köln.
FRESE, E. et al. (1995): Nach der ersten Restrukturierungswelle. Überlegungen zu Kurskorrekturen und Entwicklungsbedarf. In: Die Unternehmung, 49. Jg., S. 293–319.
FRESE, E./MALY, W. (Hrsg.) (1994): Organisationsstrategien zur Sicherung der Wettbewerbsfähigkeit, Sonderheft 33/94 der ZfbF.
FRESE, E./THEUVSEN, L. (1996): Fertigungsorganisation. In: HWProd, 2. Aufl., Hrsg. W. Kern/H.-H. Schröder/J. Weber, Stuttgart, Sp. 461–473.
FRESE, E./VON WERDER, A. (1994): Organisation als strategischer Erfolgsfaktor – organisationstheoretische Analyse gegenwärtiger Umstrukturierungen. In: Organisationsstrategien zur Sicherung der Wettbewerbsfähigkeit, Sonderheft 33/94 der ZfbF, Hrsg. E. Frese/W. Maly, S. 1–27.

GRAPATIN, L. (1994): Neuausrichtung der KHD am Beispiel der Motorenfabrik. In: Organisationsstrategien zur Sicherung der Wettbewerbsfähigkeit, Sonderheft 33/94 der ZfbF, Hrsg. E. Frese/W. Maly, S. 101–122.

HAMMER, M. (1990): Reengineering Work: Don't Automate, Obliterate. In: Harvard Business Review, 68. Jg., Heft 4, S. 104–112.

HAMMER, M./CHAMPY, J. (1994): Business Reengineering. Frankfurt am Main/New York.

HERP, T./BRAND, S. (1995): Reengineering aus Management-Sicht. In: Prozeßmanagement und Reengineering, Hrsg. M. Nippa/A. Picot, Frankfurt am Main/New York, S. 126–143.

HOFMANN, K. (1995): Probleme bei der Veränderung von Führungshierarchien im Zuge von Lean Management – Eine Fallstudie. In: Lean Management auf dem Prüfstand, Hrsg. W. Bungard, Weinheim, S. 113–134.

KIESER, A. (1996): Moden & Mythen des Organisierens. In: DBW, 56. Jg. (1996)1, S. 21–39; vgl. dazu auch den Beitrag in diesem Band sowie die Diskussionsbeiträge in DBW 56 (1996)2.

KROLL, J. (1995): Der Weg zur Lean Production. In: Wirtschaftliche Produktion, Hrsg. AWF – Ausschuß für Wirtschaftliche Fertigung e. V., Berlin, S. 63–70.

KRÜGER, W. (1994): Umsetzung neuer Organisationsstrategien: Das Implementierungsproblem. In: Organisationsstrategien zur Sicherung der Wettbewerbsfähigkeit, Sonderheft 33/94 der ZfbF, Hrsg. E. Frese/W. Maly, S. 197–221.

NIPPA, M. (1995): Bestandsaufnahme des Reengineering-Konzepts. Leitgedanken für das Management. In: Prozeßmanagement und Reengineering, Hrsg. M. Nippa/A. Picot, Frankfurt am Main/New York, S. 61–77.

NIPPA, M./PICOT, A. (Hrsg.) (1995): Prozeßmanagement und Reengineering. Frankfurt am Main/New York.

OESS, A. (1989): Total Quality Management. Wiesbaden.

OSTERLOH, M./FROST, J. (1995): Organisationstheoretische Analyse der Prozeßorganisation. Diskussionsbeitrag Nr. 20 des Instituts für betriebswirtschaftliche Forschung der Universität Zürich.

PFEIFFER, P./WEISS, E. (1994): Lean Management. 2. Aufl., Berlin.

PICOT, A./FRANCK, E. (1995): Prozeßorganisation. Eine Bewertung der neuen Ansätze aus Sicht der Organisationslehre. In: Prozeßmanagement und Reengineering, Hrsg. M. Nippa/A. Picot, Frankfurt am Main/New York, S. 13–38.
RYF, B. (1992): Atomisierte Strukturen. Diss., St. Gallen.
SCHMIERL, K. (1994): Wandel der betrieblichen Lohnpolitik bei arbeitsorientierter Rationalisierung. In: Arbeitsorientierte Rationalisierung, Hrsg. M. Moldaschl/R. Schultz-Wild, Frankfurt am Main/New York, S. 151–200.
SCHWEIKER, K. F. et al. (1994): Restrukturierungsprogramme in der Henkel-Gruppe. In: Organisationsstrategien zur Sicherung der Wettbewerbsfähigkeit, Sonderheft 33/94 der ZfbF, Hrsg. E. Frese/W. Maly, S. 63–81.
STRIENING, H.-D. (1988): Prozeß-Management. Frankfurt am Main u. a.
SYDOW, J. (1992): Strategische Netzwerke. Wiesbaden.
THEUVSEN, L. (1994): Interne Beratung. Wiesbaden.
THEUVSEN, L. (1996): Business Reengineering. Möglichkeiten und Grenzen einer prozeßorientierten Organisationsgestaltung. In: ZfbF, 48. Jg., S. 65–82.
VDMA (1993): Maßnahmen zur Neustrukturierung im Maschinenbau. Frankfurt am Main.
WEINERT, A. B. (1992): Anreizsysteme, verhaltenswissenschaftliche Dimension. In: HWO, 3. Aufl., Hrsg. E. Frese, Stuttgart, Sp. 122–133.
WHEELWRIGHT, S. C./CLARK, K. B. (1992): Revolutionizing Product Development. New York u. a.
WILDEMANN, H. (1993): Produktion, Organisation der. In: HWB, 5. Aufl., Hrsg. W. Wittmann/W. Kern/R. Köhler, Stuttgart, Sp. 3388–3404.
WOMACK, J. P./JONES, D. T./ROOS, D. (1990): The Machine that Changed the World. New York u. a.

Unternehmungskultur und Implementierungsstrategien

Hans-Jörg Bullinger/Klaus-Peter Stiefel

Betrachtet man die einschlägige Literatur zum Thema Implementierung, so erhält man häufig (Rahmen-)Empfehlungen, wie Reorganisationen idealerweise umzusetzen sind. Reiß (1993, S. 552 f.) formuliert hierzu:

„Die Durchsetzungsarbeit (...) verfolgt vier Ziele. Erfolgreiche Durchsetzung sorgt dafür, daß die Betroffenen über das neue Führungskonzept informiert sind (Kennen), die mit dem Konzept verbundenen Fähigkeiten beherrschen (Können) und zu einer Verhaltensänderung sowohl passiv bereit sind (Wollen) als auch aktiv eine bestimmte Rolle im Umstrukturierungsprozeß übernehmen (Sollen). Dementsprechend vollzieht sich Durchsetzung über vier – keinesfalls trennscharfe – Grundformen von Umsetzungsprozessen: Information, Qualifikation, Motivation und Organisation."

Eine solche Zusammenstellung von erfolgversprechenden Implementierungsmaßnahmen ist mit Sicherheit sehr wertvoll und nützlich. Allerdings sollte man derartige Empfehlungen auch nicht falsch verstehen: sie dürfen niemals als Patentrezept aufgefaßt werden. Vielmehr stellen sie ein Portfolio von möglichen beziehungsweise erforderlichen Maßnahmen dar, die je nach *Ausgangssituation* und *Zielvorstellung* einen unterschiedlichen Mix in der Intensität sowie dem Zeitpunkt ihrer Anwendung erfordern.

Im Rahmen dieses Beitrages wollen wir uns auf eben jene Ausgangssituationen und Zielvorstellungen einer Unternehmung bei der Durchführung eines Reorganisationsprojektes konzentrieren. Von besonderer Bedeutung hierbei ist die *Unternehmungskultur*. Anhand von theoretischen Überlegungen und praktischen Fallbeispielen werden wir zeigen, daß bereits die originäre, also die bei Beginn des Projektes bestehende Unternehmungskultur einen wesentlichen Einfluß auf die Implementierung ausübt. In einem zweiten Schritt interessiert anschließend die Frage nach dem Implementierungsobjekt, also wie die Zielorganisation gestaltet sein soll. Je nachdem, wie groß die Differenz zwischen Ist- und Soll-Organisation ausfällt, läßt sich die Anforderung herleiten, daß gewisse – insbesondere „radikale" – Veränderungen zwingend einen *geplanten Kulturwandel* erfordern. Abschließend werden wir uns der Frage zuwenden, ob und mit welchen Instrumenten die Veränderung einer naturgemäß sehr stabilen Unternehmungskultur überhaupt möglich ist.

Die Unternehmungskultur oder „Das war schon immer so ..."

Wesen und Typen von Unternehmungskulturen

Die Kultur oder Organisationsphilosophie einer Unternehmung wird maßgeblich geprägt durch die Charaktere, Ansichten, Erfahrungen und Vorstellungen der Mitarbeiter und Führungskräfte. Sie umfaßt die formalen und informalen Regelungen inklusive aller „ungeschriebenen Gesetze" (vgl. Scott-Morgan 1995), Normen, Werthaltungen und Verhaltensmuster, welche die Zusammenarbeit innerhalb der Unternehmung prägen. Die Organisations*struktur* inklusive der hierin enthaltenen Regelungen – Weisungsbefugnisse, Unterschriftsberechtigungen, Arbeitsplatzbeschreibungen etc. – stehen in einem sehr engen Zusammenhang zur Unternehmenskultur. Diese bestimmt im wesentlichen die *Unternehmenspersönlichkeit*, die man bei den meisten Unternehmungen schon beim ersten Betreten an der Pforte wahrnehmen kann.

Zwei Merkmale der Unternehmenskultur machen diese für die Frage nach geeigneten Implementierungsstrategien bedeutungsvoll:

▶ *Führungsstil:* Eine – zumeist entscheidend durch die obersten Führungskräfte geprägte – Unternehmungskultur schlägt sich immer auch in einer „Führungskultur" nieder, die einen häufig nicht explizit ausformulierten Grundkonsens bezüglich des Führungsverhaltens auf allen Managementebenen definiert.

▶ *Stabilität:* Die Kultur einer Unternehmung besitzt in der Regel ein sehr hohes Beharrungsvermögen. Häufig ist in der Praxis zu beobachten, wie sehr die kulturellen Grundhaltungen von Mitarbeitern adaptiert und sogar verteidigt werden.

Für eine Charakterisierung von Unternehmenskulturen lassen sich die von Gareth Morgan entwickelten „Organisationsbilder" (vgl. Morgan 1986) heranziehen. Dies läßt sich darauf zurückführen, daß eine gewohnte Organisation in einem sehr engen Zusammenhang zur Unternehmungskultur zu sehen ist. Organisationen lassen sich demnach darstellen als

▶ *Maschinen:* Diese Organisationen sind gekennzeichnet durch eine hohe Arbeitsteiligkeit und Spezialisierung, wobei die jeweiligen Tätigkeiten mit hoher Genauigkeit und Pünktlichkeit auszuführen sind. Das klassische Beispiel für eine derartige, tayloristische Arbeitsorganisation stellt die Fließbandfertigung im Produktionsbereich dar. Der hohe Grad an erforderlichen Regelungen impliziert eine streng hierarchische Führungsstruktur; häufig ist in derartigen Strukturen ein autoritärer Führungsstil zu beobachten.

▶ *Organismen:* Die Organisation wird hier im Sinne eines Lebewesens verstanden, welches sich in seiner Umwelt bewähren muß. Hierzu ist bei dynamischen Umweltbedingungen in erster Linie eine Handlungsflexibilität erforderlich; diese wird − im Gegensatz zur Maschinenorganisation − nicht mehr als Störung, sondern als überlebenswichtig angesehen.

▶ *Gehirne:* Diese Sichtweise stellt unterschiedliche Informationsflüsse und Entscheidungsprozesse in den Vordergrund, die in der Organisation gleichzeitig ablaufen. Hierbei ist insbesondere die *aktive Gestaltung* des Handlungsspielraumes durch *Lernen* und *Kreativität* von Bedeutung − anders als beim Organismus, dem eher eine reaktive, fremd- beziehungsweise marktbestimmte Weltsicht zugrunde liegt. Das „Lernende Unternehmen" begründet sich aus dieser Organisationsphilosophie heraus.

▶ *Zellteilungs-Systeme* (vgl. Turnheim 1993, S. 30 ff.): Diese ebenfalls aus der Natur abgeleitete Vorstellung begreift die Organisation als System von Strukturen (DNS-Strängen), wobei neues Leben, das heißt neue Potentiale, Strategien, grundsätzlich auch neue Strukturen erfordert. Diese sollen sich in der Organisation aus dem Bestehenden, zum Beispiel durch Zellteilung oder -verschmelzung entwickeln. Alle Strukturen zeichnen sich durch Selbstähnlichkeit und ein hohes Maß an Selbstorganisation aus. Vom Mitarbeiter wird ein hohes Maß an fachlicher und sozialer Flexibilität erwartet. Die Führungsstrukturen sind flach ausgestaltet; Teamarbeit in wechselnden, temporären Teams ist die Regel. Das bekannteste Beispiel für Zellteilungs-Organisationen ist in dem Konzept des *„Fraktalen Unternehmens"* zu sehen.

Insbesondere bei großen Unternehmungen ist gelegentlich zu beobachten, daß in verschiedenen Bereichen mehrere Kulturen anzutreffen sind: so stellt in manchen Unternehmen die Produktion eher eine Maschinen-Organisation dar, während die administrativen Bereiche sich treffender als lernende (Gehirn-)Organisation beschreiben lassen. Die beschriebenen Bilder zeigen jedoch recht anschaulich eine Bandbreite von Unternehmenskulturen auf, die bei der Implementierung von Reorganisationen von entscheidender Bedeutung sind.

Es soll an dieser Stelle nicht darum gehen, die genannten Organisationsphilosophien in irgendeiner Weise zu bewerten. Sie stellen eine Ausgangssituation dar, von der aus eine Reorganisationsmaßnahme zu konzipieren und zu implementieren ist. Die bestehende Unternehmenskultur hat aber einen wesentlichen Einfluß auf die Frage, welche Implementierungsstrategien zu welchem Zeitpunkt in welcher Intensität anzuwenden sind. Dies soll im nächsten Abschnitt anhand von zwei Fallbeispielen gezeigt werden.

Unternehmungskultur und Implementierung in der Praxis

Nachdem wir gesehen haben, wie sich typische Unternehmungskulturen grob klassifizieren lassen, interessiert zunächst die Frage nach dem Einfluß der bestehenden Unternehmungskultur auf die Implementierungsstrategie.

Hierfür soll ein vergleichsweise „bescheidenes" Implementierungsobjekt, nämlich die Einführung eines informationstechnischen Auftragsabwicklungssystems in zwei mittelständischen Unternehmungen betrachtet werden. Das Fraunhofer IAO konnte sich im Rahmen seines Projektes „Beratungszentrum Informationstechnik (BIT)" sehr umfangreiche und langjährige Erfahrungen mit vielen hundert Unternehmen in diesem Bereich aneignen.

Software-Implementierung in einem lernenden Unternehmen

Die erste Unternehmung wollen wir die „Lern GmbH" nennen. Es handelt sich hierbei in der Tat um eine GmbH mit ca. 50 Mitarbeitern, deren Unternehmungskultur der eines lernenden Unternehmens sehr nahe kommt: Die Mitarbeiter machen einen außerordentlich wachen, mitdenkenden Eindruck, wobei grundsätzlich jeder auch über seine eigenen, primärfunktionalen Grenzen hinaus denkt. Offene Teamarbeit in wenig autoritären Strukturen ist an der Tagesordnung. Es gibt zwar in den Teams grundsätzlich einen „Leader", dieser nimmt allerdings eher die Funktion eines Beraters bei auftretenden Problemen wahr. Die Lern GmbH stellt medizinische Inhaliergeräte in Kleinserien her und vertreibt diese vorwiegend an Apotheken und Krankenhäuser. An EDV-technischer Ausstattung stand zu Projektbeginn lediglich ein Stand-alone-PC zur Verfügung, der in erster Linie für Korrespondenzaufgaben genutzt wurde. Eine solch rudimentäre DV-technische Ausstattung ist in mittelständischen Unternehmen nicht so ungewöhnlich, wie man vermuten würde: das BIT ermittelte für das Jahr 1994 noch 20 Prozent der beratenen Unternehmungen, die zu Projektbeginn keinerlei Informationstechnik im Einsatz hatten!

Der erste Projekttermin mit dem Fraunhofer IAO fand im Besprechungszimmer der Lern GmbH statt. Dieses war brechend überfüllt: neben der Geschäftsführung waren ca. 15 bis 20 Mitarbeiter anwesend. Für eine erste Projektsitzung ist das ungewöhnlich. Die Inhalte der Sitzung umfaßten zunächst das Kennenlernen der Unternehmung, die Klärung von Kundenstruktur, Konkurrenzsituation, kritischer Erfolgsfaktoren, der wichtigsten vergangenen und geplanten Entwicklungen und ähnliche Dinge mehr.

Zumeist werden derartige Fragen im Beisein der Geschäftsführung und höchstens ein bis zwei leitenden Mitarbeitern beziehungsweise

Assistenten abgehandelt, um angesichts geplanter Entwicklungen keine frühzeitige Unruhe bei den Beschäftigten aufkommen zu lassen. Nicht so bei der Lern GmbH: hier diskutierte von Anfang an ein erheblicher Teil der Belegschaft mit, Wertungen und Vorschläge wurden eingebracht, diskutiert und verabschiedet. Der Geschäftsführer fungierte primär in der Funktion des Diskussionsleiters, der Vorschläge aufnahm, ordnete und schließlich zu einem anerkannten Kontext zusammenfaßte. Dies galt insbesondere auch bei der Frage, welche geschäftspolitischen Zielsetzungen mit der Einführung eines Auftragsabwicklungssystems verfolgt werden und welche – zunächst groben – Anforderungen sich hieraus für das System ergeben.

Diese breite Mitarbeiterbeteiligung zog sich bei der Lern GmbH durch das gesamte Projekt hindurch. Nach der Erstellung eines Pflichtenheftes, der Ausschreibung, der Bewertung und Vorauswahl von drei Systemen schloß sich die Phase der Live-Präsentationen von Softwaresystemen an. Hier war wieder dieselbe Runde von 15 bis 20 Mitarbeitern vertreten wie bei der ersten Projektsitzung. Und es ging dabei außerordentlich lebhaft, aber auch produktiv zu: Die Mitarbeiter kannten mittlerweile ihre Anforderungen genau und dementsprechend vorbereitet wußten sie auch ganz genau, welche Fragen sie dem Softwareanbieter zu stellen hatten. Interessanterweise sprachen die Mitarbeiter selbst das Implementierungsthema „Schulung" an, diskutierten dies und entschieden sich schließlich für eine preisgünstige, hinreichend gründliche Lösung.

Es bedarf kaum mehr einer Erwähnung, daß nach der Auswahl die eigentliche Softwareeinführung so schnell und problemlos vonstatten ging, wie man sich das nur wünschen kann.

Für die Frage nach der Implementierungsstrategie lassen sich aus diesem Beispiel zwei wichtige Punkte festhalten:

▶ Implementierung ist keine „Projektphase", die sich irgendwann nach der Konzeption beziehungsweise Softwareauswahl anschließt, sondern Implementierung ist vielmehr eine *permanente, projektbegleitende Einrichtung.*

▶ Implementierung als permanenter Prozeß wird in einem lernenden Unternehmen von der Geschäftsführung unterstützt und *von den beteiligten Mitarbeitern maßgeblich vorangetrieben.*

Software-Implementierung in einem „Maschinen-Unternehmen"

Die zweite Unternehmung wollen wir die „Maschinen GmbH" nennen. Auch hier handelt es sich um eine GmbH mit ca. 30 Mitarbeitern; es werden ebenfalls Produkte des medizinischen Krankenhausbedarfs in Kleinserien hergestellt. Zu Projektbeginn war keinerlei DV-technische Ausstattung vorhanden. Der wesentliche Unterschied zur Lern-GmbH liegt in der Unternehmungskultur: es herrscht eine strenge funktionale Arbeitsteiligkeit sowie ein hoher Spezialisierungsgrad in der Aufgabenbewältigung.

Der Geschäftsführer neigt bei sehr vielen, auch operativen Aufgaben dazu, diese selbst zu übernehmen, da von den Mitarbeitern hierzu „niemand in der Lage" sei. Selbstverständlich muß demzufolge auch jeder Brief, jedes Angebot und jede Rechnung von ihm persönlich unterschrieben werden, weil „Fehler schließlich immer wieder vorkommen". Die Unternehmung kommt somit dem Bild der Maschinen-Organisation recht nahe.

Die erste Projektsitzung fand sozusagen unter vier Augen mit dem Geschäftsführer in dessen Büro statt. Die Inhalte waren im Prinzip ähnlich wie im obigen Beispiel bei der Lern GmbH. Im Verlauf des Gespräches wurde vom IAO eine Vorgehensweise für das Projekt vorgeschlagen. Hierbei empfahlen wir auch, die betroffenen Mitarbeiter, also insbesondere diejenigen, die mit dem System künftig arbeiten sollen, so früh wie möglich in die Konzeptions- und Auswahlphase mit einzubeziehen. Der Geschäftsführer widersprach dem zwar nicht grundsätzlich, meinte jedoch, er glaube nicht, daß dabei „etwas herauskäme".

Die ersten Gespräche mit den Mitarbeitern bestätigten diese Befürchtung zunächst. Die Antworten auf die Frage, welche Funktionalitäten ein künftiges Auftragsabwicklungssystem im einzelnen erfüllen soll, fielen außerordentlich nichtssagend aus: von „das System soll mir ermöglichen, meine Arbeit zu erledigen" bis hin zu der ängstlichen Gegenfrage „was muß ich darauf jetzt antworten?" erstreckte sich zunächst das Spektrum der Ergebnisse. Dies änderte sich erst etwas, als im Anschluß an die „offenen" Fragen konkretere, geschlossene Fragen anhand eines vorkonfigurierten Pflichtenheftes gestellt wurden: wie zum Beispiel ein Kundenstammsatz aufgebaut sein muß, war einzelnen Mitarbeitern schon eher klar. Das Problem ergab sich nun aber daraus, daß sich die Aussagen der einzelnen Mitarbeiter teilweise widersprachen, weil jeder eben nur seinen begrenzten Aufgabenbereich sah.

Man kann sich leicht vorstellen, daß der Koordinations-, Abstimmungs- und Entscheidungsaufwand während des gesamten Technikauswahl-Projektes außerordentlich hoch war. Viele unklare Fragen wurden letztendlich vom Geschäftsführer entschieden. Auch die Systempräsentationen liefen eher nichtssagend ab: die fünf beteiligten Mitarbeiter schauten sich die Systeme mehr oder weniger schweigend an; Fragen wurden vorwiegend von unserer Seite und teilweise auch vom Geschäftsführer gestellt. Dieser legte hohen Wert auf eine „gründliche" Schulung seiner Mitarbeiter. Er entschied sich zunächst für eine dreitägige „Grundschulung" in der Gruppe beim Systemhaus und anschließend für jeden beteiligten Mitarbeiter für eine je eintägige „Arbeitsplatzschulung" im Einzelunterricht. Eine außerordentlich teuere Angelegenheit, wie man sich vorstellen kann.

Die Einführung gestaltete sich relativ langwierig, bis das System im operativen Betrieb vernünftig funktionierte. Das Problem hierbei war weniger die mangelnde Akzeptanz als vielmehr das notwendige Umdenken der Mitarbeiter, was ihre künftige Aufgabenabwicklung betraf.

Im Ergebnis läßt sich sagen, daß auch diese Systemimplementierung letztendlich einen Erfolg brachte: einige Aufgaben lassen sich wesentlich effizienter abwickeln als vorher, der Geschäftsführer besteht nicht mehr darauf, jeden einzelnen Geschäftsvorgang selbst zu überprüfen und abzuzeichnen. Vereinzelt wurden sogar gewisse segmentierte Aufgaben auf einen Arbeitsplatz zusammengelegt. Drei Dinge sind jedoch im Vergleich zum vorigen Beispiel sehr deutlich zutage getreten:

▶ Der Implementierungsaufwand war bei der Maschinen GmbH während des gesamten Projektes sehr viel höher als bei der Lern GmbH, und zwar bemerkenswerterweise *obwohl* hier eine Vielzahl der anstehenden Entscheidungen von seiten der Geschäftsführung getroffen wurde.

▶ Die Erfolgspotentiale der Technikimplementation wurden lange nicht so konsequent ausgeschöpft wie bei der Lern GmbH. Dies lag in erster Linie an einer außerordentlichen Schwerfälligkeit der Unternehmung hinsichtlich der Umsetzung von organisatorischen Anpassungen.

▶ Die Implementierungsstrategie konnte zu keinem Zeitpunkt des Projektes als falsch bezeichnet werden. Das Haupthindernis war in der gewachsenen Unternehmungskultur zu sehen, die eine effiziente und erfolgreiche Implementierung von Projektbeginn an sehr kompliziert und schwierig machte.

Aufgrund der bisherigen Überlegungen läßt sich folgendes Zwischenfazit ziehen: Es ist zu vermuten, daß – abhängig von der ursprünglichen Unternehmenskultur – die „richtigen" Implementierungsstrategien nicht immer dieselben sind. Das Problem der Implementierung bei einer Maschinen-Organisation stellt sich so komplex dar, daß man sich fragen muß, ob es hier überhaupt einen optimalen Weg gibt. Betrachtet man die Implementierungs-Effizienz (Effizienz: „die Dinge richtig tun"), so wäre in einem solchen, von autoritärem Führungsstil geprägten Unternehmen mit Sicherheit eine reine Top-Down-Strategie zu empfehlen. Schaut man hingegen auf die Effektivität (Effektivität: „die richtigen Dinge tun") der Implementierung, so wird klar, daß hier die aktive Unterstützung der Mitarbeiter als Fachspezialisten unerläßlich ist. Die Maschinen-Unternehmung kommt hier in einen kaum lösbaren Konflikt: Aus Effektivitätsgründen ist die Mitarbeiterbeteiligung unverzichtbar, aufgrund der Unternehmenskultur vermag jedoch niemand hiermit vernünftig umzugehen!

Das Implementierungsobjekt oder „... jetzt soll plötzlich alles anders werden"

Im vorherigen Abschnitt wurde primär die Frage nach dem „wo kommen wir her" behandelt. Im folgenden soll nun die Frage nach dem „wo wollen wir hin" erörtert werden. Gerade im Zeitalter des Reengineering, also der *radikalen* Umgestaltung organisatorischer Gegebenheiten, muß hier die Frage nach dem „Kulturschock", also dem Ausmaß der kulturellen Veränderung, die sich aufgrund bestimmter Reorganisationsvorhaben zwangsläufig ergeben muß, gestellt werden.

Die Unternehmungskultur ist grundsätzlich ein multidimensionales Gebilde. Für eine Untersuchung des Ausmaßes einer Kulturveränderung ist es aus einer implementierungsorientierten Sichtweise zulässig, diese vielen Dimensionen aus Anschaulichkeitsgründen auf eine einzige zu verdichten. Wir wählen hier die Dimension „kulturspezifische Erwartungen an den Mitarbeiter" und beschreiben diese anhand von vier Merkmalen: Erwartungen an die Fachkompetenz, die Sozialkompetenz, die Flexibilität sowie die Übernahme von Verantwortung. Auch diese Merkmale sind mit Sicherheit nicht vollständig, aber sie sind hinreichend, um hieraus unterschiedliche Komplexitätsgrade für die Umsetzung von Kulturveränderungen abzuleiten.

Org.-Kultur Erwartungen	Maschine	Organismus	Gehirn „Lernend"	Zellteilung „Fraktal"
Fach- kompetenz	hoch, spezialisiert	spezialisiert, reaktionsfähig	prozeß- verstehend, proaktiv	ganzheitlich, prozeß- umfassend
Sozial- kompetenz „Team- fähigkeit"	gering, „Einzel- kämpfer", „Befehls- empfänger"	mittel, „kooperativ"	hoch, „stabile Teams"	sehr hoch, „wechselnde Teams"
Flexibilität	sehr niedrig, „fremd- bestimmt"	niedrig, „reaktions- bereit"	hoch, „verän- derungs- suchend"	sehr hoch, „Veränderung als Normal- zustand"
Verant- wortung	gering, „fremd- bestimmt"	mittel	hoch, „Ergebnisver- antwortung imTeam"	hoch, „Ergebnis- verantwor- tung im Team

Abbildung 1: Primäre Erwartungen an Mitarbeiter in Abhängigkeit von der Unternehmungskultur

In Abbildung 1 wird den einzelnen Kulturklassen implizit unterstellt, daß innerhalb dieser gewisse arbeitsplatzbezogene Aufgabentypen dominant häufig vorkommen. Dies wird besonders deutlich bei der Maschinenorganisation: hier werden auf Arbeitsplatzebene vorwiegend Routineaufgaben abgewickelt, die sich nach Nippa durch eine niedrige Aufgabenkomplexität, -tragweite, -emotionalität (vgl. Nippa 1988, S. 89) und -dynamik sowie eine hohe Determiniertheit (hiermit ist die Anforderung gemeint, die Individualität, gefühlsmäßige Reaktionen etc. einer Person zu berücksichtigen und einzuschätzen) beschreiben lassen. Aus diesen Klassifizierungsmerkmalen lassen sich unter anderem die in Abbildung 1 genannten Erwartungen beziehungsweise Anforderungen an die Aufgabenträger der Maschinenorganisation direkt ableiten.

Je weiter man in Abbildung 1 nach rechts blickt, desto mehr nehmen die dominierenden Aufgaben der Mitarbeiter den Typ von Einzelfallaufgaben an. Die oben genannten Merkmale der Komplexität, Tragweite, Emotionalität, Dynamik und Determiniertheit einer Aufgabe verkehren sich somit in ihrer Ausprägung bei der Fraktalen Organisation gegenüber der Maschinenorganisation genau ins Gegenteil (vgl. Nippa 1988, S. 90). Dementsprechend wandeln sich auch die hiermit verbundenen sozial- und fachqualifikatorischen Anforderungen an den Mitarbeiter grundlegend.

Je mehr diese Anforderungen adaptiert, erfüllt und „gelebt" werden, je mehr also die zugehörigen Qualifikationen und Verhaltensweisen den Mitarbeitern und Führungskräften in Fleisch und Blut übergehen, desto mehr wird die Organisationsphilosophie zur Unternehmungskultur. Allerdings ist es hierzu nicht nur erforderlich, für die entsprechende Qualifikation und Motivation bei den Betroffenen zu sorgen, sondern es müssen darüber hinaus die Wertvorstellungen auf einen breiten Konsens gestellt werden, der mit den geschäftspolitischen Zielsetzungen sowie der Organisationsstruktur harmoniert.

Wir haben an dem stark vereinfachten Beispiel der Veränderung von Mitarbeiterqualifikationen in unterschiedlichen Organisationsphilosophien gesehen, daß Reorganisationsmaßnahmen nicht immer gleich einfach oder gleich schwierig zu implementieren sind. Es kommt immer darauf an, woher man kommt *und* wohin man will.

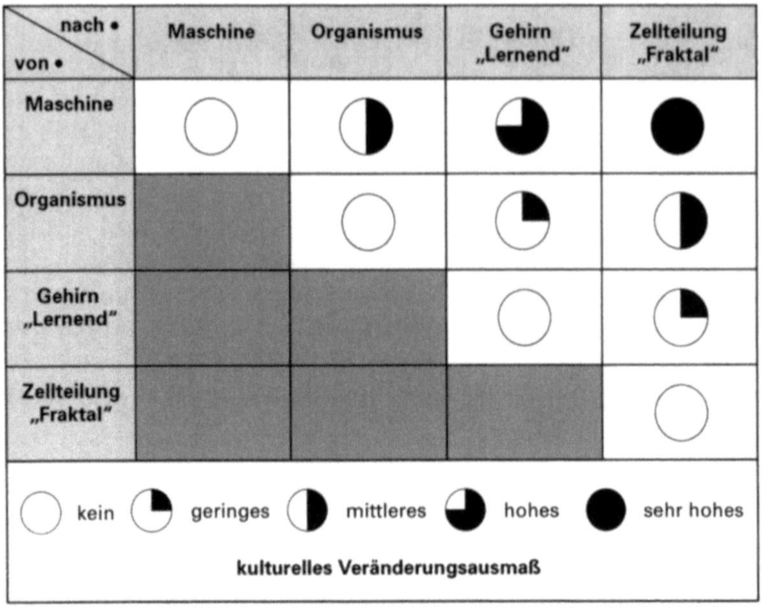

von ↓ \ nach →	Maschine	Organismus	Gehirn „Lernend"	Zellteilung „Fraktal"
Maschine	○	◐	◕	●
Organismus		○	◕	◐
Gehirn „Lernend"			○	◕
Zellteilung „Fraktal"				○

○ kein ◔ geringes ◐ mittleres ◕ hohes ● sehr hohes
kulturelles Veränderungsausmaß

Abbildung 2: Änderungsausmaß beim Wandel der Organisationsphilosophie

Abbildung 2 veranschaulicht, wie hoch das organisatorische Änderungsausmaß zwischen Ist- und Soll-Organisation im einzelnen ausfällt. Hierbei wird davon ausgegangen, daß die Entwicklungstendenz in der betrieblichen Praxis sich eindeutig von der Maschinenorganisation weg hin in Richtung der Fraktalen Organisation bewegt.

Je größer das kulturelle Spannungsverhältnis zwischen „Ist" und „Soll" der Organisationsphilosophie sich darstellt, desto mehr wird es unserer Erfahrung nach erforderlich, der eigentlichen Organisations-Implementierung eine entsprechende Kulturentwicklung *bewußt nebenanzustellen*. Andernfalls besteht eine sehr hohe Wahrscheinlichkeit, daß sich die geplante Reorganisation nicht implementieren läßt.

„Organisatorische Gebilde entwickeln sich nach einer Gesetzmäßigkeit: Strategie und Struktur wachsen immer auf dem Boden einer Kultur. Dies gilt auch für ein Unternehmen (...). Der Beweis für diese Gesetzmäßigkeit zeigt sich in vielen Unternehmen: Strategien, die nicht greifen, Strukturen, die aufgezeichnet sind, aber nicht funktionieren, weil sie nicht aus der Unternehmenskultur und deshalb an den Menschen vorbei entwickelt worden sind." (vgl. Müri et al. 1995, S. 59 f.)

Voraussetzungen für einen gezielten Kulturwandel

Läßt sich eine naturgemäß stabile Unternehmenskultur überhaupt zielgerichtet verändern? Im Prinzip ja. Allerdings müssen folgende Voraussetzungen unbedingt erfüllt sein:

▶ Die neue Kultur muß von den *obersten Führungskräften* nicht nur überzeugend vertreten, sondern *konsequent und wahrnehmbar vorgelebt* werden. Hierzu ist es zwingend erforderlich, daß die Führungskräfte von der Vorteilhaftigkeit der Kulturänderung einheitlich fest überzeugt und – besser noch – begeistert sind. Ein „na gut, dann machen wir das eben ..." reicht mit Sicherheit nicht aus, da in diesem Fall beim Auftreten der ersten größeren Schwierigkeiten die Veränderung zurückgenommen wird oder „versandet". Insbesondere in der Anfangsphase der Kulturveränderung muß von den Hauptpromotoren ein erheblicher Aufwand in Aktivitäten der Informationspolitik, des internen Marketing sowie der Konfliktbewältigung geleistet werden.

▶ Für eine zügige Realisierung der neuen Unternehmungskultur sollten bereits im frühen Stadium Befürworter, Mitläufer und Gegner der Veränderung identifiziert werden. Die Befürworter lassen sich im allgemeinen sehr gut als *Multiplikatoren* einsetzen. Neben dem „Vermarkten" sollte Ihnen auch die Aufgabe der Identifikation und Kommunikation von ernsthaften Problemen zukommen. Das Marketing richtet sich primär an die Mitläufer und Gegner. Insbesondere die Einwendungen der Gegner müssen sorgfältig aufgenommen werden. Die Gegner einer Veränderung unterscheiden sich in der Regel grundlegend voneinander: vom objektiven „Problemerkenner" bis hin zum offenen „Boykotteur" läßt sich das Spektrum in aller Kürze umschreiben. Entsprechend unterschiedlich sind die möglichen Ursachen der Ablehnung gelagert: von „echten" Kompatibilitätsproblemen mit gewissen

Aufgabenstrukturen über nicht hinreichende Kenntnisse und Qualifikationen bis hin zu Ängsten und Unverträglichkeiten des persönlichen Weltbildes mit dem der neuen Unternehmungskultur. Es versteht sich von selbst, daß die Maßnahmen zur Bewältigung an diesen Ursachen ansetzen müssen. Es wäre allerdings illusorisch zu glauben, man könnte alle Gegner zu Befürwortern des Kulturwandels machen. Die Praxis hat aber auch gezeigt, daß dies nicht notwendig ist. Wichtig ist das Überschreiten einer „kritischen Masse" von Befürwortern.

▶ *Struktur und Kultur müssen sich gleichzeitig entwickeln.* Dies ergibt sich aus folgenden, einfachen Überlegungen: Angenommen, Sie verkünden in einer Unternehmung mit „Maschinenorganisation", daß künftig der Kunde König ist, daß ferner Kreativität, Eigeninitiative der Mitarbeiter und Teamarbeit erwünscht sind etc., Sie belassen aber gleichzeitig die Organisation unverändert. Dann *kann* die Unternehmungskultur sich gar nicht verändern, da sich die propagierten von den gelebten Inhalten fundamental unterscheiden. Umgekehrt gilt dasselbe: Sie schreiben die organisatorischen Regelungen neu, ordnen die Arbeit in selbstorganisierenden Teams an, ändern aber gleichzeitig nichts an der traditionell autoritären Führungskultur, dann ergibt sich ebenfalls ein paradoxes Gebilde, das niemals funktionieren kann.

▶ *Die Geschwindigkeit von Struktur- und Kulturwandel muß aufeinander abgestimmt sein.* Diese Anforderung ergibt sich aus der letztgenannten. Hierbei kommt es primär darauf an, daß die Differenz zwischen propagierter Struktur und gelebter Kultur nicht zu groß wird. Insbesondere dann, wenn erkennbar ist, daß die Unternehmungskultur ein hohes Beharrungsvermögen aufweist, sollte die Organisationsentwicklung besser in mehreren kleinen Schritten implementiert werden.

Kulturwandel statt Kulturschock

Die Unternehmenskultur läßt sich bildlich aus Sicht der Mitarbeiter als *Territorium* darstellen, innerhalb dessen man sich relativ sicher bewegen kann. Dieses Territorium steckt den Rahmen für Kompetenzen, Macht- und Entscheidungsstrukturen, Mitspracherechte, den Umgangston, das Verhalten gegenüber Kunden etc. ab.

Die Kultur ist, wie wir schon oben gesehen haben, grundsätzlich ein vieldimensionales Gebilde. Für die folgende Betrachtung ist es aus Anschaulichkeitsgründen wiederum zulässig, dieses Gebilde auf die Dimension der kulturspezifischen Erwartungen an den Mitarbeiter mit den Ausprägungen seiner fachlichen Flexibilität und seines Verantwortungsspielraumes zu reduzieren.

Abbildung 3 verdeutlicht schematisch und stark vereinfacht die grundsätzlichen, theoretisch beschreitbaren Wege: entweder stellt man die Organisation – quasi durch Proklamation eines neuen Regelwerks – von einem Tag auf den anderen um (Alternative 1) oder aber man geht den „sanfteren", langwierigeren Weg des Kulturwandels („Expandieren – Komprimieren" – Alternative 2). Hierbei wird das vertraute organisatorische Territorium aus Regeln zunächst erweitert, ohne die gültigen Regeln gleich grundsätzlich aufzuheben. Dies läßt sich zum Beispiel durch eine Erhöhung der Verantwortung und Befugnisse für die Mitarbeiter in Form zusätzlicher Unterschriftsberechtigungen oder ähnlichem erreichen. Wichtig ist in dieser Phase, daß der bisherige Verantwortungsträger als Berater und Entscheidungsunterstützer zur Verfügung steht – er unterschreibt auch noch, falls der Mitarbeiter die Verantwortung in Einzelfällen nicht übernehmen möchte, denn die alten Regeln sind ja nicht aufgehoben. Im Rahmen der Organisationsentwicklung muß jedoch eindeutig und konsequent vermittelt werden, daß die neuen Verhaltensweisen nicht nur toleriert, sondern akzeptiert und ausdrücklich gewollt sind. Haben sich die Soll-Regelungen auf diese Weise eingespielt, können sie in einer zweiten Phase zu offiziellen Regelungen deklariert werden – das Alte gilt nicht mehr. Nur bei derartig durchgeführten Reorganisationsmaßnahmen besteht die Chance, *daß die neue Organisation zur Kultur wird.*

Unseres Erachtens ist dieser zweite Weg um so mehr erforderlich, je tiefer beziehungsweise radikaler der Organisations- beziehungsweise Kulturwandel ausfallen soll. Mehr noch: eine radikale Organisationsänderung nach dem „Kulturschock-Prinzip" muß zwangsläufig scheitern. Da können der eigentlichen Reorganisation noch so viele Informations-, Qualifikations- und Motivationsmaßnahmen vorge-

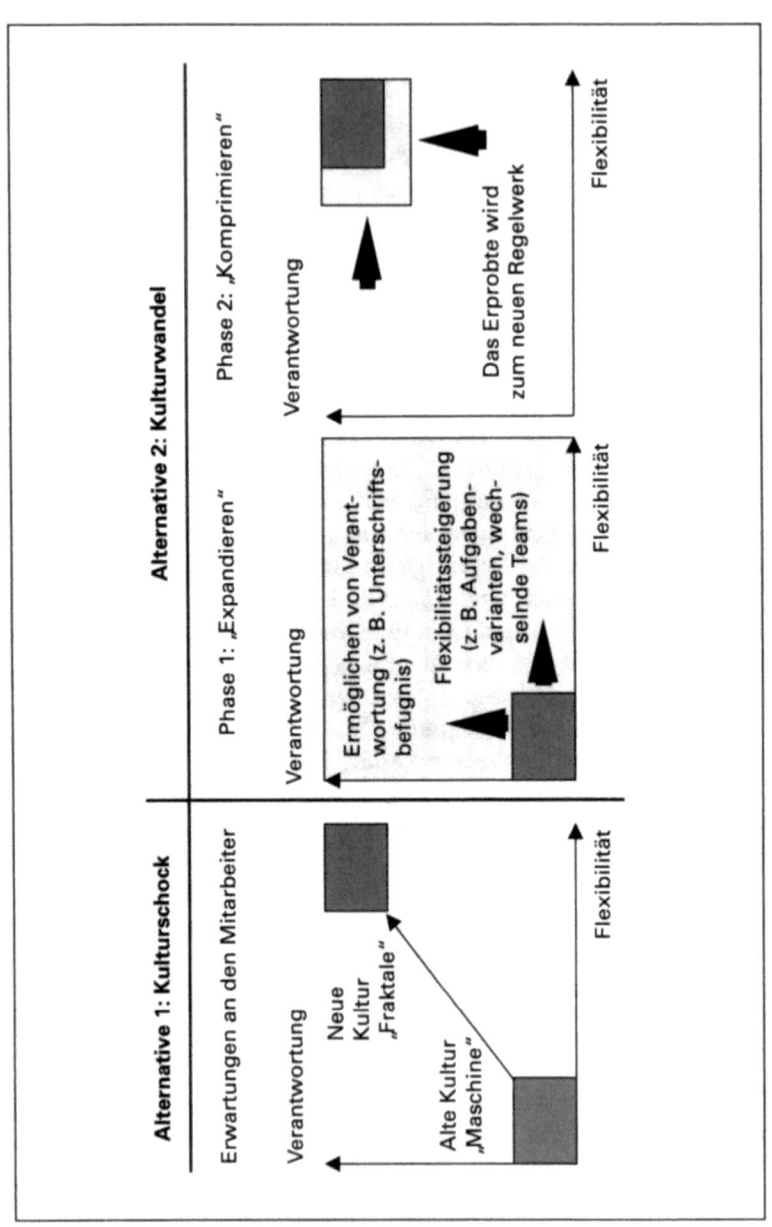

Abbildung 3: Kulturschock versus Kulturwandel

schaltet worden sein – Kulturentwicklung braucht immer eine gewisse Übergangszeit. Diese Übergangszeit wird benötigt zum Ausprobieren, zum Erleben und praktischen Verstehen der neuen organisatorischen Regelungen. Nur wenn diese den beteiligten Mitarbeitern und Führungskräften „in Fleisch und Blut" übergegangen sind, kann davon gesprochen werden, daß der organisatorische Wandel geglückt ist – *die Kulturentwicklung hat mit der Organisationsentwicklung mitgehalten.*

Kulturwandel am Beispiel eines Reengineering-Projektes

Die hier betrachtete Unternehmung wollen wir die Reengineering GmbH nennen. Es handelt sich um eine mittelständische Industrieunternehmung mit rund 250 Mitarbeitern. Die Führungskultur kann für heutige Verhältnisse als konservativ-autoritär bezeichnet werden, es bestand zu Projektbeginn eine „klar gegliederte", funktionale Organisationsstruktur. Will man die Unternehmung einer Organisationsphilosophie zuordnen, so entspricht das Bild vom „Organismus" wohl am ehesten den Gegebenheiten. Die Wettbewerbssituation war in den zurückliegenden Jahren durch wenige Wettbewerber gekennzeichnet, die den Markt relativ friedlich unter sich aufteilten. Der Anlaß für das Reengineering-Projekt ergab sich aus der Tatsache, daß plötzlich eine Reihe neuer Konkurrenten auf dem Markt erschienen, die bei der Geschäftsführung eine ernsthafte Sorge um die Überlebensfähigkeit unter veränderten Wettbewerbsbedingungen auslösten.

Die ersten Projektsitzungen fanden im Beisein des Geschäftsführers sowie aller Abteilungsleiter statt. Dies ist insofern bedeutsam, da hierdurch auch potentielle „Loser" des Reengineering-Projektes mit am Tisch saßen. Inhaltlich wurden zwei Zielsetzungen verfolgt: Erstens mußte die Ist-Situation sowie die drohenden Entwicklungen und deren Konsequenzen für die Unternehmung herausgearbeitet und schriftlich fixiert werden. Zweitens wurde eine Vision für die „Reengineering GmbH der Zukunft" erarbeitet, welche die folgenden inhaltlichen Schwerpunkte enthielt:

▶ das künftige Bild der Unternehmung gegenüber dem Kunden. Im wesentlichen wurde hier ein Bild der konsequenten Kundenorientierung und Ausrichtung aller Aktivitäten an den Kundenwünschen entworfen. Auf unsere Empfehlung hin wurde beschlossen, daß alle weiteren Reengineering-Aktivitäten auf diese kundenorientierte Vision hin auszurichten sind;

▶ das künftige Bild von Mitarbeitern und Führungskräften. Hier konnte anhand von anschaulichen Beispielen verdeutlicht werden, daß die bestehende, autoritäre Führungskultur für die Umsetzung der Vision des kundenorientierten Unternehmens nicht geeignet ist. Über die Argumentationskette, daß ein radikaler Wandel nur dann möglich ist, wenn auch die Beteiligten dazu bereit sind, sich selbst radikal zu wandeln, wurde schließlich ein grundsätzlicher Konsens dahingehend erzielt, daß ausnahmslos jede Führungskraft einschließlich des Geschäftsführers einen radikalen, persönlichen, funktionalen Wandel grundsätzlich unterstützt. Ein Bestandsschutz wurde lediglich für die Löhne und Gehälter beschlossen. Weiterhin wurde festgelegt, daß keine Entlassungen geplant sind. Die Abteilungsleiter wurden gebeten, diese Grundsatzentscheidungen frühzeitig an die Mitarbeiter zu „vermarkten" und hierbei mögliche Akzeptanzprobleme aufzunehmen.

Bis zu diesem Zeitpunkt war bereits ein sehr entscheidender Meilenstein für die Umsetzung des Reengineering-Projektes erreicht. Die Führungskräfte waren sich im wesentlichen über drei Dinge einig: Erstens, es muß etwas grundsätzliches mit dem Unternehmen geschehen, wenn es überleben will. Zweitens, jeder Mitarbeiter und jede Führungskraft hat künftig primär eine einzige Aufgabe zu erfüllen, nämlich den Anforderungen des Kunden gerecht zu werden. Drittens, dies erfordert ein grundsätzlich neues Verständnis von Führung und Arbeit. Jeder kann somit von umfassenden Veränderungen seiner Funktionen betroffen sein. „Königreiche" und „Heiligtümer" in den Arbeitsbereichen kann es nicht mehr geben. Auch die Beurteilung von Mitarbeitern soll künftig verstärkt an der Erfüllung von Kundenanforderungen ausgerichtet werden.

Trotz des Erreichten war hier jedoch noch Vorsicht angebracht: ein Konsens ist noch längst keine Kulturveränderung! Daher war uns sehr wohl klar, daß die beschlossenen „Formeln" von diesem Zeitpunkt an ein intensives Marketing erforderten, und zwar bei allen Beteiligten bis hin zum Geschäftsführer. Es bot sich natürlich an, das neue Führungsverhalten innerhalb des Reengineering-Projektes erstmals anzuwenden und auszuprobieren.

Hierauf aufbauend konnte dann die eigentliche Reengineering-Phase beginnen. Zunächst wurden drei Kernprozesse identifiziert, die für eine grundlegende Verbesserung der Kundenorientierung neu gestaltet werden mußten: dies waren die Konstruktion, die Kundenauftragsabwicklung sowie der (Reparatur-)Service. Für jeden dieser Prozesse wurde ein Reengineering-Team (vgl. Hammer/Champy 1994, S. 143 ff.) gebildet. Aufgabe dieser Teams war die Neukonzeption des jeweiligen Prozesses. Es wurde vereinbart, daß ein Berater des Fraunhofer IAO zumindest bei den ersten drei Projektsitzungen eines jeden Teams mitwirkt. Dies hatte mehrere Gründe: Erstens kann ein Außenstehender sich besser vom Ist-Prozeß lösen und hierdurch das radikale Redesign des Prozesses fördern, zweitens kann er als erfahrener „Reengineering-Experte" besser die Grundgedanken, Ideen, Zielsetzungen und Möglichkeiten des Reengineering-Projektes vermitteln und drittens kennt er keine „Unmöglichkeiten", die im Rahmen eines Prozeß-Redesigns häufig von den Insidern aufgrund von qualifikatorischen Mängeln der entsprechenden Mitarbeiter gesehen werden.

In allen drei Reengineering-Teams begannen die ersten Sitzungen zunächst schleppend. Es war deutlich zu spüren, daß die Beteiligten Teamarbeit nicht gewohnt waren. Somit mußte anfangs einige Zeit damit zugebracht werden, die neuen Regelungen zu erläutern, die Zielsetzungen transparent zu machen und in erster Linie zu vermitteln, daß konstruktive Mitarbeit grundsätzlich willkommen ist. Sehr hilfreich war es auch, ein Reengineering-Projekt aus einer anderen Unternehmung komplett von der Ausgangssituation bis hin zu den – definitionsgemäß beeindruckenden – Resultaten zu beschreiben, da hierdurch den Beteiligten klar wurde, daß es keine bestehende Regel gibt, die nicht hinterfragt werden sollte.

Allmählich kam so die Teamarbeit in Fahrt. Es wurden zunächst grobe Soll-Prozesse entwickelt, die in der weiteren Arbeit allmählich verfeinert und konkretisiert werden konnten. Parallel dazu wurden bereits frühzeitig die künftigen Qualifikationsbedarfe der betroffenen Mitarbeiter definiert. Die entsprechenden Qualifizierungsmaßnahmen – in erster Linie Seminare und Job-Rotation-Programme – konnten somit schon während des Reengineering-Projektes angestoßen werden. Für die einfacheren Prozeßvarianten – dies bezieht sich auf die Ausführungen zur „Triage" nach Hammer/Champy (1994, S. 77 f.) – konnten schon bald Pilotteams gebildet werden, die einerseits für schnelle Erfolge sorgten und andererseits die konzipierten Prozesse weiter verfeinerten.

Es hat uns ehrlich gesagt selbst erstaunt, wie gut dieses Reengineering-Projekt von Anfang an funktionierte. Die Unternehmung konnte in allen drei Geschäftsprozessen die für das Reengineering typischen Größenordnungen von Performance-Verbesserungen umsetzen. Erstaunlich war der Reengineering-Erfolg in erster Linie deshalb, weil es einer traditionell konservativen Unternehmung gelungen ist, in relativ kurzer Zeit den Kulturwandel hin zu einem modernen, teamorientierten Unternehmen zu realisieren. Erinnern wir uns an das obige Beispiel von der „Maschinen GmbH": dort war es sehr kompliziert und aufwendig, die vergleichsweise „einfache" Einführung eines Auftragsabwicklungssystems zu bewerkstelligen. Man fragt sich nun in der Tat, warum es sich bei der „Reengineering GmbH" eher leichter gestaltete, eine umfassende organisatorische und kulturelle Veränderung zu realisieren, und zwar obwohl beide Unternehmungen zu Beginn von einer konservativen, autoritären Führungskultur geprägt waren. Was sind die Gründe hierfür?

Entscheidend war unserer Einschätzung nach die Tatsache, daß es bei dem Reengineering-Projekt gelungen ist, von Beginn an eine breite „Aufbruchstimmung" zu erzeugen, die zu einem erheblichen Anteil als Chance für die beteiligten Mitarbeiter und Führungskräfte begriffen wurde. Dies war bei der „Maschinen GmbH" anders: hier konnte den Betroffenen lediglich vermittelt werden, daß im Prinzip alles beim alten bleibt, nur eben künftig elektronisch. Der so häufig propagierte Implementierungsgrundsatz der „frühzeitigen Mitarbeiterbeteiligung" konnte – obwohl er prinzipiell natürlich zu befürworten ist – daher an dieser Stelle nicht zu einem durchgreifenden Erfolg führen. Dies galt um so mehr, als diese Einbindung der Mitarbeiter von der Geschäftsführung als temporäre Maßnahme verstanden wurde. Ein temporäres Mitspracherecht kann, wenn überhaupt, allenfalls sehr schwerfällig funktionieren und weniger beeindruckende Ergebnisse erzeugen.

Zusammenfassung der Ergebnisse

Die bisherigen Überlegungen und Fallbeispiele machen in erster Linie deutlich, daß es ein Patentrezept für die Implementierung niemals geben kann, da sich schon die kulturellen Ausgangsbedingungen bei den Unternehmungen grundsätzlich unterscheiden. Wie so oft ist auch hier eine differenzierte Betrachtung von Ausgangs- und Zielzustand vorzunehmen. Aufgrund einer derartigen Differenzierung ist es dann aber sehr wohl möglich, abschließend folgende Thesen für die Implementierung zu formulieren:

▶ Je autoritärer die Führungskultur zu Beginn der Reorganisation, desto schwieriger und langwieriger wird sich die Implementierungsarbeit gestalten. Dies folgt aus der Tatsache, daß eine schon aus Effektivitätsgründen notwendige Mitarbeiterbeteiligung in der Praxis häufig nicht richtig funktionieren kann, da die betroffenen Mitarbeiter nicht in der Lage sind, kurzfristig mit dieser Situation umzugehen. Dies gilt insbesondere dann, wenn das Mitspracherecht als temporäre Einrichtung verstanden wird.

▶ Je kooperativer der Führungsstil zu Projektbeginn, desto mehr wird die Implementierungsarbeit von den betroffenen Mitarbeitern selbst vorangetrieben. Dies gilt natürlich insbesondere dann, wenn – wie es in kooperativen Führungskulturen häufig anzutreffen ist – die Reorganisationsziele selbst im Zuge eines kooperativen Abstimmungsprozesses definiert wurden.

▶ Die Vernachlässigung notwendiger kultureller Veränderungen können jedes umfangreiche Reorganisationsprojekt (zum Beispiel Business Reengineering) von vornherein zum Scheitern verurteilen.

▶ Kulturwandel ist grundsätzlich möglich, wenn er vom Management nicht nur proklamiert, sondern insbesondere auch praktiziert wird. Zusammengenommen mit der vorherigen These stimmen wir insofern mit der Ansicht von James Champy überein, daß Business Reengineering nur gelingen kann, wenn nicht nur die operativen Prozesse, sondern auch das Management einem Reengineering unterzogen werden (vgl. Champy 1995).

▶ Auch tiefgreifende organisatorische Veränderungen lassen sich „relativ leicht" durchführen und implementieren, wenn es gelingt, hierfür günstige Ausgangsbedingungen, zum Beispiel in Form einer allgemeinen „Aufbruchstimmung", zu schaffen. Vergleicht man das obige Fallbeispiel der „Maschinen GmbH" mit dem der „Reengineering GmbH", so fällt interessanterweise auf, daß bei der letztgenannten Unternehmung die sehr viel umfangreichere Reorganisation insgesamt einfacher zu implementieren war. Hieraus folgt, daß eine lineare Denkweise im Sinne von „je umfangreicher, desto schwieriger" mit Sicherheit nicht brauchbar ist.

Literatur

CHAMPY, JAMES (1995): Reengineering im Management: die Radikalkur für die Unternehmensführung, Frankfurt am Main.

HAMMER, MICHAEL/CHAMPY, JAMES (1994): Business Reengineering: Die Radikalkur für das Unternehmen, Frankfurt am Main, New York.

MORGAN, GARETH (1986): Images of Organization, Beverly Hills.

NIPPA, MICHAEL (1988): Gestaltungsgrundsätze der Büroorganisation: Konzepte für eine informationsorientierte Unternehmungsentwicklung unter Berücksichtigung neuer Bürokommunikationstechniken, Berlin.

REISS, MICHAEL (1993): Führungsaufgabe „Implementierung"; in: Personal 12/1993, S. 551–555.

SCOTT-MORGAN, PETER (1995): Die heimlichen Spielregeln: die Macht der ungeschriebenen Gesetze im Unternehmen, Frankfurt am Main usw.

TURNHEIM, GEORG (1993): Chaos und Management, Wiesbaden.

Ideenrealisierung in Innovationsprozessen

Organisatorische und personalwirtschaftliche Aspekte der Implementierung

Norbert Thom/Nicole Bayard

Ausgelöst durch eine Wirtschaftsentwicklung mit rezessiven Tendenzen, finden momentan wissenschaftlich mehr oder weniger fundierte Konzepte des „organizational change" sowie Gestaltungsempfehlungen im Rahmen eines Total Quality Management, Business Process Reengineering oder Lean Managements vermehrt Anklang in den oberen Managementebenen europäischer Länder. Während einige dieser Konzepte eher auf Vergangenheitsbewältigung abzielen und dementsprechend versuchen, Kostensenkungspotentiale zu realisieren, müssen darüber hinaus auch neue Entwicklungsbausteine gefunden, ausgestaltet sowie eingeführt werden, um die zukünftige Wettbewerbsfähigkeit eines Unternehmens zu sichern. Hier liegt der Kern von Innovationsprozessen.

Der Begriff „Innovation" kann prozeß- oder objektbezogen definiert werden (vgl. Vonlanthen 1994, S. 33 ff.; Thom 1994, S. 323 f.). Während in der objektorientierten Definition die Innovation als Ergebnis eines Erneuerungsvorganges erscheint, bezieht sich die prozeßorientierte Sichtweise auf den Erneuerungsablauf an sich. Eine Innovation ist also etwas „Neues", wobei der Neuigkeitsgrad relativ zu dem im Unternehmen bisher Bekannten abgegrenzt wird. Der Grad der Neuheit kann variieren. In Japan wird beispielsweise zwischen Kaizen (kontinuierliche Verbesserung) und Kaikaku (revolutionäre Entwicklung) unterschieden (vgl. Tominaga 1995, S. 90 f.).

Beide Aspekte verschmelzen sich letztlich zu einem „Kontinuierlichen Erneuerungsprozeß" (KEP). Innovationen zeichnen sich zusätzlich aus durch Komplexität, Unsicherheit, Risiko und Konfliktgehalt, wobei der Neuigkeitsgrad und die Komplexität in einer sich positiv verstärkenden Beziehung zu Unsicherheit und damit zum Konfliktgehalt von Innovationen stehen (vgl. Thom 1980, S. 23 ff.).

Im Gegensatz zur weitverbreiteten Meinung stellt nicht nur ein neues Produkt (Produktinnovation) oder ein neues Verfahren (Verfahrensinnovation) eine Innovation dar. Auch planmäßige Verbesserungen im Humanbereich wie zum Beispiel eine verbesserte Kooperation im Unternehmen durch die Einführung von Teamkonzeptionen sind Innovationen. Sie werden hier Sozialinnovationen genannt. Größere Innovationsvorhaben beinhalten meist mehrere Innovationsarten gleichzeitig. Wird zum Beispiel ein neues Produkt eingeführt (Produktinnovation), müssen die dazu nötigen Herstellungsverfahren angepaßt (Verfahrensinnovation) werden. Ein neues Produkt bedeutet für das Verkaufspersonal des Unternehmens eventuell auch neue Verkaufsmaßnahmen und neue Verkaufsqualifikationen, die es erlernen muß (Sozialinnovation) (vgl. Thom 1980, S. 32 ff. insbesondere dort die Zusammenstellung alternativer Klassifikationsversuche).

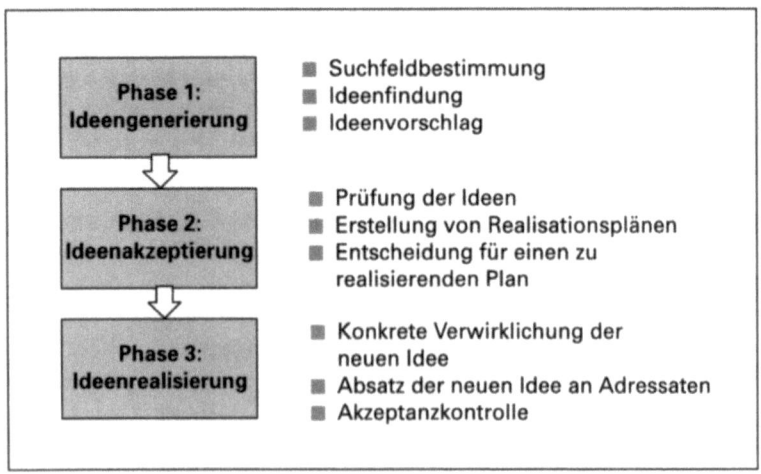

Abbildung 1: Phasen des Innovationsprozesses (vgl. Thom 1992, S. 9)

Die Implementierung der neuen Ideen ist letzter und oft entscheidender Bestandteil jedes Innovationsprozesses, welcher sich in die Phasen der Ideengenerierung, der Ideenakzeptierung und der Ideenimplementierung gliedern läßt (vgl. Abbildung 1). Um Anforderungen an die Implementierung von Innovationen sowie Effizienzkriterien abzuleiten, ist es verständnisfördernd, zunächst kurz die Vorphasen der Implementierung (= Ideenrealisierung) zu beleuchten.

Die Vorphasen der Implementierung

Die Phase der Ideengenerierung

Die Phase der Ideengenerierung könnte man mit einer „systematischen Suche nach Zufall" charakterisieren. Illustrieren läßt sich dies etwa an der Laborarbeit von Forschungsteams großer Pharmaunternehmen, durch deren systematisches Experimentieren sich oft nicht die erwarteten Ergebnisse, jedoch erfolgversprechende Innovationschancen in anderen Bereichen ergeben, an die man vorher gar nicht gedacht hätte. Damit ist diese Entdeckung zwar ein Zufall, der jedoch nicht eingetroffen wäre, hätten sich die Forscherinnen und Forscher nicht systematisch der Suche nach neuen Ideen gewidmet.

Nicht in jedem Unternehmen finden wir derartige Laborsituationen; eine systematische Suche nach Ideen läßt sich jedoch auch mit organisatorischen Mitteln fördern.

Organisatorische Aspekte der Ideengenerierung

Neue Ideen entstehen meist nicht isoliert am Schreibtisch. Sie können insbesondere durch flexible Kooperations- und Kommunikationsformen gefördert werden (vgl. Vonlanthen 1995, S. 115 ff.). Unterstützt wird die nötige Kommunikationsfreiheit – und zwar in alle Richtungen – durch eine offene, innovationsfreundliche Unternehmenskultur (vgl. Thom 1994, S. 336.),[1] durch Möglichkeiten zum Gedankenaustausch auch außerhalb geregelter Sitzungstermine und hierarchischer Dienstwege sowie durch die Möglichkeiten zur Selbstkoordination der Kommunikationsbeziehungen (Ad-hoc-Teams) (vgl. Thom 1980, S. 414). Große Tätigkeitsspielräume begünstigen tendenziell die Kreativität bei der Aufgabenerfüllung. Die systematische Umweltbeobachtung sowie das bewußte Hinterfragen der eigenen Unternehmenstätigkeit ergeben weitere Anstöße zu neuen Gedankengängen. Hierzu bieten die erprobten Kreativitätstechniken wie Brainstorming aber auch Qualitätszirkel, Lernstattgruppen oder Ideenteams eine wertvolle methodische beziehungweise organisatorische Unterstützung (vgl. Thom 1992, S. 34 ff.).

Personalwirtschaftliche Aspekte der Ideengenerierung

Ideen können nicht in einem Umfeld gedeihen, das nicht auch kritische Stimmen zuläßt. Das bedeutet für Führungsverantwortliche einerseits, Fehler tolerieren zu können und die Zusammensetzung von Teams mit vielseitig kompetenten Mitgliedern zu fördern (vgl. Vonlanthen 1995, S. 114). Die Ideengenerierung ist durch organisatorische Maßnahmen allein noch nicht gewährleistet – ein großzügig ausgestalteter Tätigkeitsspielraum garantiert noch keine Kreativität. Ein kreativer Mensch zeichnet sich aus durch eine hohe Problemsensibilität, Gedankengeläufigkeit, Beweglichkeit, Originalität, Neudefinitionsfähigkeit und Ausarbeitungsfähigkeit (vgl. Vonlanthen 1995, S. 224). Vorbereitende und begleitende Maßnahmen der Personalentwicklung sowie ideenanregende und letztlich innovationsförderliche Anreizsysteme mit materiellen und immateriellen Elementen bieten hierzu die notwendige Hilfestellung.

Als mögliches Anreizinstrument zur Ideenanregung dient das Betriebliche Vorschlagswesen (BVW), worunter „(...) eine Einrichtung zur Förderung und Nutzbarmachung des Einfallsreichtums aller Arbeitnehmer eines Betriebes (...)" verstanden wird (Thom 1996, S. 26). Vom BVW werden vor allem Rationalisierungen, kleinere Verbesserungen, Motivationssteigerung aber auch größere Innovationen erwartet (vgl. Thom 1996, S. 31), wobei die oft beträchtlichen Einreichungshemmnisse durch ein spezifisches BVW-Anreizsystem überwunden werden sollen (vgl. Thom 1996, S. 45 ff. und S. 58 ff.).

Die Phase der Ideenakzeptierung

Die Phase der Ideenakzeptierung verläuft bei den Verantwortlichen für die Implementierung einer Idee beziehungsweise bei den „Innovationsentwicklern" eindeutig vor der Implementierungsphase, kann aber bei nicht unmittelbar von der Konzeption der Innovation betroffenen Personen auch Teil der Ideenimplementierungsphase darstellen. So wird die Akzeptanz von Innovationen beziehungweise des zu implementierenden Konzeptes von einigen Autoren als Teil der Implementierungsproblematik verstanden (vgl. zum Beispiel Reiß 1995, S. 292; Steiger 1987, S. 144 ff.).

Organisatorische Aspekte der Ideenakzeptierung

Die Unterstützung des Topmanagements beziehungsweise der Implementierungsträger kann durch sorgfältige Analyse-, Bewertungs- und Effizienzbetrachtungen der neuen Ideen und ihrer Potentiale erleichtert werden. Die Qualität einer Wertanalyse[2] und auch die spätere Durchsetzbarkeit der Innovation erhöht sich durch eine teamorientierte Durchführung: Kompetente Mitarbeiter/-innen aus unterschiedlichen Fachbereichen können potentielle Problembereiche bei einer möglichen Umsetzung differenziert beurteilen und Lösungsvorschläge entwickeln. Mit der Nutzwertanalyse bietet sich ein weiteres Instrument an, zwischen alternativen Ideen diejenige auszuwählen, welche das größte Potential aufweist und am effizientesten realisiert werden kann. Die Phase der Ideenakzeptierung zeichnet sich durch eine vergleichsweise hohe Aktenmäßigkeit und Strukturformalisierung sowie eine ausgeprägte Entscheidungszentralisierung aus, da es sich bei Innovationen letztlich um eine unternehmerische Entscheidung handelt. In dieser Phase spielen Informationsgruppen und Informationsmärkte ebenfalls eine große Rolle (vgl. Thom 1992, S. 27).

Personalwirtschaftliche Aspekte der Ideenakzeptierung

Eine wesentliche Grundlage für die Akzeptanz von neuen Ideen ist die nachhaltige Unterstützung durch das Topmanagement (vgl. Thom 1994, S. 352). Lippenbekenntnisse werden von den Betroffenen durchschaut und ermutigen nicht zu weiterer Kreativität, geschweige denn zur Akzeptanz auf den unteren Hierarchiestufen. Die breite Beteiligung von verschiedenen Fachverantwortlichen bei der Analyse und Auswahl von Ideen erhöht neben der Beurteilungskraft auch die Akzeptanz und spätere Vertretung einer Idee vor anderen Personen. Allerdings darf es sich hierbei nicht um kostbare Zeit konsumierende „Vernehmlassungsverfahren" (Meinungseinholung bei allen Betroffenen) profilierungsbedachter Manager/-innen handeln, sondern die problemgerechte Beteiligung sollte mit dem Ziel einer klaren qualitativen Verbesserung der Entscheidungsfindung erfolgen. Die Identifikation mit einer Idee beziehungweise einer Innovation bedarf der sorgfältigen Aufdeckung aller Chancen und Risiken und einer Legitimation in den Augen der Betroffenen. Damit zählt ein sorgfältig geplantes Informations- und Kommunikationskonzept zu den wichtigsten Maßnahmen der Akzeptanzförderung von Ideen.

Die Phase der Ideenimplementierung

Begriffsverständnis und Abgrenzung

Jedes Innovationsvorhaben, für welches sich das Unternehmen entschieden hat, zieht einen Implementierungsbedarf nach sich. Im Gegensatz zu einem eher globalen „Change Management" handelt es sich bei dem zu implementierenden innovativen Objekt in der Regel um ein konkretes Konzept, das heißt um eine eher lokale Anpassung (vgl. Reiß 1995, S. 293). Ausgangspunkt einer geplanten, gesteuerten und kontrollierten Veränderung von bestehenden Strukturen (vgl. Thom 1995, S. 870 f.), Prozessen und zum Teil Kulturen ist zumeist eine Unternehmenskrise, während die Implementierung einer Innovation nicht notwendigerweise auf einer Krise beruhen muß. Abzugrenzen ist die Implementierung in diesem Sinne auch vom Business Process Reengineering (BPR) und von einem Organisationsentwicklungsprozeß (OE), die beide Veränderungsstrategien im Sinne des Change Managements darstellen (zur detaillierteren Gegenüberstellung von BPR und OE vgl. Thom 1995, S. 872 ff.).

Dennoch sind Teilkonzepte des geplanten organisatorischen Wandels im Rahmen des Implementierungsmanagements durchaus verwendbar (vgl. zum Beispiel Scholz 1995, S. 293 ff.). Die Implementierung steht am Ende eines in den beiden Vorphasen als erfolgversprechend bewerteten Innovationsprozesses. Damit konzentriert sich das Implementierungsmanagement nicht primär auf ein konkretes Objekt, sondern bezieht sich in erster Linie auf die Art und Weise der Gestaltung eines Realisierungs- beziehungweise Umsetzungsprozesses.

Versteht man die Implementierung als einen Vorgang, durch welchen ein entworfenes Konzept und ein bestehender Kontext integriert werden, sind zwei Implementierungsstrategien denkbar (vgl. Reiß 1995, S. 295.):

▶ *Kontextanpassung:* die bestehenden Strukturen, Prozesse und personellen Gegebenheiten werden dem neuen, zu implementierenden Konzept angepasst. Dieses Vorgehen läßt sich als „klassische" Implementierungsstrategie bezeichnen und wird beispielsweise im Konzept der strategischen Durchsetzung von Steiger (1987) angewandt.

▶ *Konzeptanpassung:* das neu entwickelte Konzept wird dermaßen modifiziert, daß es optimal mit den bestehenden Strukturen, Prozessen und personellen Gegebenheiten des Unternehmens zu vereinbaren ist. Man spricht hier von einer Implementierungsstrategie der Angleichung.

In der Realität dürften diese Extremvarianten der Implementierungsstrategie selten anzutreffen sein. Bestimmungsfaktoren für die Einsatzrichtung der Implementierungsstrategie beziehungsweise die Wahl zwischen Durchsetzung und Angleichung sind nach Reiß die Anzahl der anzupassenden Infrastruktursektoren (Breite der Implementierung), die Tragweite des neuen Konzeptes (Weite der Implementierung), die Diskrepanz zwischen Konzeptidee und Realität (Tiefe der Implementierung), die „Verkrustetheit" der Kontextbedingungen (Rigidität der Implementierung) und der Zeitdruck (Geschwindigkeit der Implementierung) (vgl. Reiß 1995, S. 295).[3]

Organisatorische Aspekte der Implementierung

Die am häufigsten anzutreffende Organisationsstruktur für Implementierungsvorhaben ist jene des Projektmanagements (vgl. zum Beispiel Felchlin 1992, S. 67 ff.), wobei je nach Tragweite des Implementierungsvorhabens zu bestimmen ist, wie das Projektmanagement organisiert wird. Wo es sich um eine größere Ideenrealisierung handelt, ist eher eine reine Projektorganisation angemessen, in welcher der/die Projektleiter/-in die Hauptverantwortung für den Projekterfolg trägt und auch mit den entsprechenden Weisungsbefugnissen ausgestattet ist. Falls das Unternehmen über eine ausgeprägte Kommunikations- und Konfliktkultur verfügt und das Vorhaben sehr breit ist (hohe Anzahl der von der Umstellung betroffenen Bereiche), kann bei größeren, wichtigen Projekten auch die Matrix-Projektorganisation eingesetzt werden. Weniger breite, tiefe und folgenreiche Umgestaltungsprojekte lassen sich durchaus in Form einer Stabsprojekt-Organisation abwickeln. Bei einer Projektorganisation kann es zu Spannungen zwischen Projekt- und Linienverantwortlichen kommen. Es handelt sich hier um einen Konflikt zwischen einer einmaligen Implementierungsaufgabe und der Abwicklung des Tagesgeschäfts, welches trotz des Umstellungsvorganges weiterlaufen sollte. Auch können Konflikte zwischen der Rolle innerhalb der Projektorganisation und den Verantwortlichkeiten im Rahmen der sonstigen Tätigkeiten in der Linie auftreten.

Personalwirtschaftliche Aspekte der Implementierung

Die notwendige Implementierungskompetenz wird bei der Auswahl der Projektverantwortlichen oft unterschätzt (vgl. Reiß 1993, S. 553). Damit ist die Sensibilität für Implementierungsfallen (zum Beispiel Widerstand durch die Betroffenen, mangelhafte Zielvorgaben, unerwartet hoher Zeitaufwand), die managementseitige Lernbereitschaft, der Umgang mit Ängsten der Betroffenen etc. gemeint (eine detailliertere Zusammenstellung von Implementierungsfallen in Literatur und Praxis findet sich bei Bitzer/Poppe 1993, S. 318; Steiger 1987, S. 81 ff.). Den „Machtpromotoren" eines Konzeptes kommt es damit zu, die politische Machbarkeit der Implementierung voranzutreiben,

Diplomatie walten zu lassen und mit ihrer Überzeugungskraft ihren Beitrag zum Erfolg der Implementierung zu leisten. Als „Prozeßpromotor" fungiert ein/e Projektverantwortliche/r. Diese/r kann auf die Projektteammitglieder als „Fachpromotoren" zurückgreifen.

Für Mitarbeiter/-innen, die nach der Implementierung des Konzeptes eher auf der „Gewinnerseite" stehen, ergeben sich allein schon aus dem Implementierungsvorhaben heraus intrinsische Anreize. Potentielle „Verlierer/-innen" der Implementierung können – soweit möglich – mit kompensatorischen und damit eher extrinsischen Anreizen zumindest zur Nicht-Opposition motiviert werden (vgl. Reiß 1995, S. 296 f.), wobei gerade hier das persönliche Gespräch und die Überzeugungsfähigkeit von Führungskräften bestimmend für den Implementierungserfolg sein kann. Veränderungen bewirken Unsicherheit und Ängste, oft zurückzuführen auf einen Informationsnotstand (unzureichende beziehungweise nicht den persönlichen Bedürfnissen entsprechende Information). Mit der Implementierung sind häufig auch personelle Veränderungen verbunden, die allenfalls mit Personalentwicklungsmaßnahmen abgefedert, in manchen Fällen jedoch nicht ohne (sozialverträgliche) Personalfreistellungen abgewickelt werden können.

Wie bereits in der Phase der Ideenakzeptierung sind sorgfältig geplante Informations- und Kommunikationsaktivitäten seitens aller Promotoren während der Implementierungsphase eine absolute Notwendigkeit – auch dann, wenn über den definitiven Ausgang des Implementierungsprozesses noch nicht Klarheit herrscht. Informationsmärkte, die Einrichtung einer Hotline, Workshops und Beratungsgespräche sind Instrumente, die die persönlichen Informationsbedürfnisse der Betroffenen situativ zu berücksichtigen vermögen.

Effizienz der Ideenimplementierung

In der Phase der Ideenrealisierung spielen neben den ökonomischen vor allem Kriterien der sozialen und zeitbezogenen Effizienzdimension eine Rolle (vgl. Thom 1992, S. 13 ff.; zum Effizienzbegriff vgl. Fessmann 1980, S. 25 ff.). Als Globalkriterium für den Implementierungserfolg nennt Reiß das Ausmaß des Fit zwischen der Optimalität (des Konzeptes) und der Kompatibilität (des Kontextes) (vgl. Reiß 1995, S. 294). In zeitlicher Hinsicht geht es darum, durch die Implementierung keine unnötigen Verzögerungen des Innovationsprozesses auszulösen. Bei der Ausgestaltung der Ideenimplementierung sind damit Aspekte der Schnelligkeit gegen den Detaillierungsgrad abzuwägen. Oft kommt es zu Zeitverzögerungen, weil Probleme in der Planungsphase des Implementierungsprojektes ungenügend analysiert worden sind. Überprüfen können die Projektverantwortlichen die zeitliche Effizienz beispielsweise an der Einhaltung von Meilensteinen. Genügend Beachtung finden sollte die soziale Effizienz, denn nur die ganzheitliche Betrachtung aller Effizienzdimensionen verspricht eine seriöse Beantwortung der Frage, ob die Implementierung erfolgreich war. Die Beurteilung des Implementierungserfolges hängt auch vom Zeitpunkt der Erfolgseinschätzung ab (zum Beispiel unmittelbar nach der Einführung, zwei Jahre später). Gerade weil sich Innovationsprozesse durch einen hohen Konfliktgehalt auszeichnen, können Kriterien der sozialen Effizienz Hinweise auf Schwachstellen, beispielsweise in der Informationspolitik, liefern. Hierzu eignet sich auch der Indikator „Zufriedenheit der Mitarbeiter/-innen", wobei die Frage der Zufriedenheit differenziert angegangen werden muß: globale Zufriedenheit ist nicht als soziales Effizienzkriterium geeignet (vgl. Bayard 1996, S. 3 f. und S. 11 f.). Ebenso darf nicht davon ausgegangen werden, daß sich der Implementierungserfolg automatisch in einer Aspektzufriedenheit abzeichnet – vielmehr sind gerade sicherheitsorientierte Menschen durch eine Veränderung der gewohnten Strukturen und Prozesse zutiefst verunsichert, was sich in einer momentanen Unzufriedenheit niederschlagen kann.

Hauptanliegen dieses Beitrages ist der Gestaltungshinweis, organisatorische und personalwirtschaftliche Aspekte im Innovationsprozeß generell, aber insbesondere in der Implementierungsphase keineswegs zu vernachlässigen. Nur dadurch kann eine umfassende Effizienz des Implementierungsprozesses gefördert werden.

Anmerkungen

1 Die Unternehmenskultur wird auch in einer empirischen Befragung von Thom/Vonlanthen als eine der wichtigsten Voraussetzungen für Innovationserfolge genannt.
2 „Bei einer produktbezogenen Wertanalyse geht es darum, Lösungen zu finden, die den vom Abnehmer erwarteten Wert eines Produktes mit den geringsten Kosten erreichen lassen." (Thom 1992, S. 42)
3 Zu den Zeitaspekten der Implementierung vgl. auch Zeyer 1995, S. 283 ff.

Literatur

BAYARD, NICOLE (1996): Unternehmens- und personalpolitische Relevanz der Arbeitszufriedenheit von Mitarbeiterinnen und Mitarbeitern. Ein vierstufiger, qualitiativer Ansatz. Unveröffentlichter Arbeitsbericht Nr. 13 des Instituts für Organisation und Personal, Universität Bern.
BITZER, BERND/POPPE, PETER (1993): Strategisches Innovationsmanagement – Phasenspezifische Identifikation innerbetrieblicher Innovationshemmnisse – In: Betriebswirtschaftliche Forschung und Praxis, 45. Jg., 1993, Nr. 3, S. 309–324.
FELCHLIN, ERNST A. (1992): Konzept zur Implementierung von quantitativen Modellen in der strategischen Unternehmensplanung, Solothurn.
FESSMANN, KLAUS-DIETER (1980): Organisatorische Effizienz in Unternehmungen und Unternehmungsteilbereichen, Düsseldorf.
REISS, MICHAEL (1995): Implementierung. In: Handbuch Unternehmungsführung. Konzepte – Instrumente – Schnittstellen, Hrsg. Hans Corsten/Michael Reiß, Wiesbaden, S. 291–301.
REISS, MICHAEL (1993): Führungsaufgabe „Implementierung". In: Personal, 45. Jg., 1993, Nr. 12, S. 551–555.
SCHOLZ, JÖRG M. (1995): Internationale Personalentwicklung und Change-Management im europäischen Vertrieb eines japanischen Fahrzeugherstellers. In: Internationales Change-Management. Internationale Praxiserfahrungen bei der Veränderung von Unternehmen und Humanressourcen. Pragmatische Ansätze, Realisierungsstrate-

gien, Handlungskonzepte, Projekterfahrungen, Implementierungsschritte, Hrsg. Jörg M. Scholz, Stuttgart, S. 293–329
STEIGER, PETER (1987): Strategisches Durchsetzungskonzept. Entwicklung eines problemorientierten Ansatzes zur Implementierung von Geschäftspolitiken, Bern/Stuttgart.
THOM, NORBERT (1996): Betriebliches Vorschlagswesen. Ein Instrument der Betriebsführung und des Verbesserungsmanagements, 5. Aufl., Bern u. a.
THOM, NORBERT (1995): Change Management. In: Handbuch Unternehmungsführung. Konzepte – Instrumente – Schnittstellen, Hrsg. Hans Corsten/Michael Reiß, Wiesbaden, S. 870–879.
THOM, NORBERT (1994): Innovationen als Gestaltungsaufgabe in einem sich wandelnden Umfeld. Überlegungen zu einem institutionalisierten Innovationsmanagement. In: Unternehmerischer Wandel. Konzepte zur organisatorischen Erneuerung, Hrsg. Peter Gomez u. a., Wiesbaden, S. 321–360.
THOM, NORBERT (1992): Innovationsmanagement. Die Orientierung, Nr. 100, Bern.
THOM, NORBERT (1980): Grundlagen des betrieblichen Innovationsmanagements, 2. Aufl., Königstein/Ts.
TOMINAGA, MINORU (1995): Erfolgsstrategien für deutsche Unternehmer. Erhöhen Sie die Produktivität durch den Einsatz japanischer und deutscher Managementtechniken, Düsseldorf.
VONLANTHEN, JEAN-MARC (1994): Innovationsmanagement in Schweizer Unternehmen. Ausgewählte organisatorische und personalwirtschaftliche Betrachtungen. Konzeptionelle Grundlagen – Drei Explorativstudien, Bern u. a.
ZEYER, ULRICH (1995): Zeitaspekte der Implementierung aktueller Managementkonzepte. In: Zeitschrift Führung + Organisation, 64. Jg., 1995, Nr. 5, S. 283–289.

Kompetenzprofile für die Einführung telekooperativer Technik

Edda Pulst

Die Einführung telekooperativer Technik ist die technische Umsetzung des lokalen Büros in die globale Dimension. Grundlage ihrer Implementierung ist das Erfahrungslernen aus der Office-Welle der siebziger und achtziger Jahre, welches jetzt auf das global office übertragen werden kann.

Telekooperation – Vom Local zum Global Office

Neu am globalen Büro ist neben der ortsunabhängigen Nutzung insbesondere die globale Integration (availability und connectivity):

▶ Gruppen und verteilte Arbeitsplätze werden über Netzwerke hinweg gekoppelt, wobei es unerheblich ist, ob es sich um räumlich getrennte Gruppen innerhalb einer Einrichtung oder um Kooperationen über Arbeitsgruppen und Organisationen hinweg handelt.

▶ Teilgruppen werden über elektronische Sitzungsräume miteinander verbunden. Alle Sitzungsteilnehmer greifen sowohl auf die Informationen im gemeinsamen Arbeitsbereich der Sitzung als auch auf ihre eigenen Informationen zu.

▶ Telebesprechungen über digitale Audio- und Videokommunikation sowie spezielle Eingabe- und Präsentationswerkzeuge unterstützen direkte Diskussion, Präsentation, Abstimmungsprozesse und das gemeinsame Bearbeiten von Daten. Die Terminkoordination findet über elektronische Kalender der Kollegen statt.

Ob das globale Büro so weit gefaßt wird, daß jeder Mitarbeiter tragbare Notebooks und Funktelefone ausleiht und ohne festes Büro Texte, elektronische Mitteilungen, Kundenrechnungen, Ideen und Briefe auf Sofas und Barhockern verfaßt, sei ebenso dahingestellt wie die Forderung, die besonders teuren Büros, die nur vollgestopft sind mit alten Akten, Zeitungen und Yucca-Palmen, aufzulösen. Internet-Cafés lassen diese Vision derzeit bereits Wirklichkeit werden: Hier kommuniziert man mit Kollegen weltweit, versendet Faxe und durchstöbert Datenbanken. Das no name Café in Laax gibt einen interessanten Vorgeschmack auf die Büro- und Hüttenwelt von morgen: Unten an der Talstation lockt das erste Internet-Café der Alpen. Hier kommunizieren die Pistencracks per E-Mail mit amerikanischen Kollegen am Copper Mountain oder surfen über die Datenautobahn.

Fraglich ist, ob eine kleine Arbeitslounge mit Notebook-Anschlüssen reicht, auch wenn die unaufhaltsam steigenden City-Mieten ein gutes Argument dafür bieten: Elektronisches Gerät hingegen wird immer handlicher, kleiner und billiger. Überdies könnten ohne Aktenschränke und Schreibtische ca. zwei Drittel der Arbeitsfläche gespart werden.

Ob nun tatsächlich jeder Dollar, der in einen virtuellen Arbeitsplatz investiert wird, wiederum zwei Dollar Raumkosten spart und nur zwei Drittel der Mitarbeiter Notebook und Telefon benötigt, weil einer der drei normalerweise im Urlaub oder krank ist, muß im Einzelfall überprüft werden.

Basis all dieser Überlegungen ist die rasante informations- und kommunikationstechnische Entwicklung:

▶ Je nach Konfigruation gibt es Lösungen für unter 5 000 DM (Desktop) und bis zu rund 100 000 DM (Gruppenkommunikation). Auch hier geht man von sinkenden Preisen aus. Es wird nicht mehr lange dauern, daß die Fähigkeit für Videoconferencing standardmäßig in den PC – wie heute bereits die CD-ROM-Laufwerke oder die FAX-Mode-Karten – integriert ist.

▶ ISDN als Regelanschluß und neue Datenkompressionstechniken verbilligen bei einer Digitalisierung der Übertragung den Zugriff auf Informationen.

▶ Rein visuell orientierte Konferenzsysteme und die stärker arbeitsplatzorientierten Datenkonferenzsysteme bewegen sich aufeinander zu.

▶ Kämpften die Hersteller bislang vor allem mit dem Problem, daß LANs aufgrund zu geringer Bandbreiten bei Desktop-Videokonferenzen nicht ausreichend sind, planen sie nun verstärkt den Einstieg in die lokalen Netze.

Die Basistechnologie der Zukunft für Applikationen, die eine variable und zeittransparente Übertragung von bewegtem Bild und Sprache benötigen, ist jedoch ATM, der Asynchronous Transfer Mode. Die Nutzung des Netzes wird nicht mehr nach Zeit bezahlt, sondern nach dem zu übertragenden Kommunikationsvolumen. In den Kommunikationspausen werden bei einer Teilnehmerverbindung keine Gebühren berechnet. Ein noch weitergehender Unterschied ist die Tatsache, daß man im Laufe eines Kommunikationsvorganges pro Zeitabschnitt unterschiedlichen Kommunikationskapazität in Anspruch nehmen kann und natürlich auch berechnet bekommt. Blendet sich ein neuer Teilnehmer in eine Videokonferenz ein, entsteht ein kurzzeitig höherer Kommunikationsbedarf. Ist er erst im Bildschirmfenster sichtbar, werden nur noch seine Bewegungen als Änderungen des anzuzeigenden Videobildes mit kleinerem Aufwand übertragen. Ähnliche Kommunikationsstöße treten beim Einblenden eines Dokumentes oder beim Ablaufen einer erläuternden Computeranimation auf.

Jeder Global-Office-Arbeitsplatz erforderte eine aufeinander abgestimmte Kombination von Telekooperationskomponenten. Zunächst muß daher der Frage nachgegangen werden, wie das benötigte Implementierungs-Know-how gleichermaßen bei Herstellern und Nutzern strukturiert und aufgebaut werden kann, damit der Wandel zum global office nicht zur Horrorvision wird, in der die global office worker morgens mit dem Auto einmal um den Block fahren, damit sich auch fernab vom Betrieb die richtige Arbeitslaune einstellt und abends ein Wecker klingelt, um nicht völlig im elektronischen Wust zu versinken.

Implementierungs-Know-how

Implementierungs-Know-how begründet sich aus dem Wechselspiel der Gewinnung theoretischer und technologischer Aussagen, die in Literatur unter dem Ansatz „Forschung durch Entwicklung" subsumiert werden (vgl. Szyperski/Müller-Böling 1979, S. 4).

Die Frage nach dem Einsatzbereich und der sinnvollen Nutzung von Telekooperationssystemen läßt sich zum einen durch die Erfahrungen mit Bürosystemen (Erfahrungslernen), zum anderen durch Artikulation zu organisatorisch-technischen Gestaltungsperspektiven (Zukunftslernen) klären.

Erfahrungslernen

Die vorliegenden theoretischen und technologischen Forschungsergebnisse zum Bürosystem-Einsatz unterstützen die Formulierung organisatorisch-technischer Gestaltungsempfehlungen für Telekooperations-Systeme.

Untersuchungen zum Erfolg des Bürosystem-Einsatzes belegen, daß die Anzahl erfolgreich eingeschätzter Bürosystemimplementierungen gering ist. Die Wahrnehmung organisatorischer Veränderungen ist bislang indifferent; mit dem Einsatz von Bürosystemen wurden bislang kaum neue organisatorische Gestaltungsformen realisiert. Hierfür sind vier Gründe maßgeblich:

1. Der Bürosystem-Einsatz erfolgte in den untersuchten Unternehmen aus der Perspektive der im Einsatz befindlichen operativen DV-Systeme. Es wurden standardisierte Schnittstellen zu vorhandenen Systemen gesucht und Bürosysteme nur als Ergänzung interpretiert. Die Erfolgseinschätzung aus der Sicht eines integrierten Anwendungssystems wurde in den untersuchten Unternehmen noch nicht vorgefunden. Bürosysteme wurden als „Spielerei" eingestuft. Insbesondere in der Finanzdienstleistungsbranche bildete die operative DV die Basis für die Abwicklung von Unternehmensfunktionen. Bürosysteme spielten erst da eine Rolle, wo die Merkmale des Produkts in den Hintergrund rücken und die begleitenden Leistungen an Bedeutung zunahmen.

2. Im flächendeckenden Einsatz befindet sich fast ausschließlich Software wie Textbe- und verarbeitung und elektronische Post, während zur computergestützten Vorgangssteuerung, zur elektronischen Archivierung, zum elektronischen Retrieval oder zur Groupware kaum Einsatzerfahrungen vorliegen.

3. In der Praxis findet immer noch kein konsequenter fortlaufender Soll-Ist-Vergleich des Technik-Einsatzes statt.

4. Das Bewußtsein für realisierte organisatorische Veränderungen und modifizierte Prozesse ist in der Praxis aufgrund fehlender Kennzahlen nicht ausgeprägt. Wirtschaftlichkeitsgrößen versperren den Blick für Wirksamkeitsgrößen. Wirksamkeitsgrößen können jedoch nur auf der Grundlage der zentralen Geschäftsprozesse der Unternehmung entwickelt und kontrolliert werden. Im Gegensatz hierzu wurden bislang die Einschätzungen eher aus der Sicht des isolierten Arbeitsplatzes getroffen (vgl. Pulst 1994, S. 235 f.).

Aus diesen Aussagen folgt für den Einsatz und die sinnvolle Nutzung von Telekooperations-Systemen, daß

▶ die zentralen Geschäftsprozesse definiert sind,

▶ die Einsatzbereiche der Systeme bekannt sind und demzufolge

▶ die Wirtschaftlichkeits- und Wirksamkeitseffekte á priori kontrollierbar gemacht werden.

Zukunftslernen

Die entscheidende Frage für eine Unternehmung lautet nun, welchen Teil ihrer informationstechnischen Vergangenheit sie nutzen und welche sie ablegen kann. So wenig erfreulich die gegenwärtige Situation eines Unternehmung auch sein mag, es wird die Vergangenheit kaum für die Zukunft aufgeben, solange es nicht über eine vielversprechende Vorstellung von den Chancen der Zukunft verfügt – über einen Chancenhorizont, der eine verlockende Alternative zur bloßen Wiederbelebung vergangener Erfolge darstellt (vgl. Hamel/ Prahalad 1995, S. 120 f.). Einige Unternehmungen haben bereits

Erfahrungen gesammelt, wie sich Telekooperations-Systeme kostenmindernd und temposteigernd im betrieblichen Alltag einsetzen lassen.

▶ In der Automobilindustrie entwickeln Teams von Ingenieuren in verschiedenen Entwicklungszentren über räumliche Distanz Produkte bis zur Serienreife.

▶ Im Handel stellen die Kunden sich an einem Kiosksystem ihren Wagen aus den vorhandenen Konfigurationsmöglichkeiten zusammen. Hat der Käufer die Entscheidung für eine bestimmt Ausstattungsvariante getroffen, so kann er direkt am PC mit dem Berater der unternehmensinternen Bank die Einzelheiten der Finanzierung telekooperativ besprechen.

▶ Ein anderer Anwendungsbereich ist die Qualitätssicherung beim Fahrzeughändler. Dieser kann einen Mangel an einem Kundenfahrzeug per Still-Image oder Videokamera aufzeichnen und mit der zuständigen Abteilung besprechen. Ungewöhnliche Geräusche können mit einem Mikrofon aufgezeichnet werden und mit hoher akustischer Qualität in die Datenkonferenz eingebracht werden.

Die technischen Voraussetzungen sind auf breiter Basis geschaffen:

▶ Zur technischen Ausstattung einer Telekooperation gehören neben dem Telefon üblicherweise ein PC, bestehend aus Systemeinheit, Tastatur, Drucker und Bildschirm. Kamera- und Audio-Einrichtungen werden gebraucht, um über Bild und Ton miteinander zu kommunizieren. Für die PC-Kommunikation wird ein Modem oder eine ISDN-Karte benötigt.

▶ Mit Modulen können über Application-Sharing Dokumente gemeinsam bearbeitet werden, auch mit nur einer − auf einer Konferenzseite − vorhandenen Version des Programms.

Neben den technischen Neuerungen der Telekooperations-Systeme treten jedoch auch beim Handling Probleme auf: Es ist mehr Disziplin als bei einem einfachen Telefongespräch oder auch bei einer reinen Videokonferenz ohne Datenanteil erforderlich. Da beide Teilnehmer gleichzeitig Zugriff auf die Maus als Steuerelement besitzen, müssen sie sich einigen, wer jeweils das Zugriffsrecht ausübt. Noch schwieriger wird es bei Multipoint-Verbindungen, die auf Basis akustischer Reize die Zugriffsrechte verteilen.

Trotz technischer Voraussetzungen besteht jedoch zwischen Technikeinsatz und Unternehmenserfolg – wie das Erfahrungslernen zeigt – kein zwingender Zusammenhang. Organisationen, die ineffizient arbeiten, erhöhen durch Technikeinsatz nur die Schnelligkeit und das Ausmaß ihrer Ineffizienz. Eindimensionale lnput-Output-Beziehungen zu Technik-Einsatz und Unternehmenserfolg sind, wie vielfach nachgewiesen wurde (vgl. Pulst 1994, S. 54) nicht möglich.

Nachfolgend wird daher der Versuch gestartet, mit Hilfe der Lernerfahrungen komplexe Szenarien und Lösungen für Anwenderprobleme in globalen Büros zu finden. Für die Klärung der Frage nach sinnvoller Nutzung von Telekooperations-Systemen ist eine mehrdimensionale Betrachtung und Messung über verschiedene Stufen erforderlich (vgl. Szyperski/Pulst 1995, S. 23), die den unterschiedlichen Geschäftsprozessen und differenzierten Anwenderanforderungen Rechnung trägt.

Kompetenzprofile für Telekooperation

Bei der Klärung der Frage nach einem sinnvollen Einsatz von Telekooperations-Systemen kann die (aus Erfahrung und Zukunft) lernende Praxis Kompetenzprofile für ihre zentralen Geschäftsprozesse, den avisierten Anwendungsbereich und schließlich der Wirtschaftlichkeit bilden, damit Telekooperationssysteme eine geeignete Projektierung und den erfolgreichen praktischen Einsatz erfahren.

Kompetenzprofil für Geschäftsprozesse

Das Profil der zentralen Geschäftsprozesse liefert eine dynamische Betrachtungsweise über das Kerngeschäft, in dem das eigene Unternehmen deutliche Wettbewerbsvorteile gegenüber der Konkurrenz aufbaut. Zeit- und erfolgskritische Geschäftsprozesse sind, ausgerichtet auf die Ziele des Unternehmens, dienstleistungsintensiv und binden die Geschäftspartner in die Wertschöpfung ein; wobei jedoch die wertschöpfende Kooperation mit Geschäftspartnern kaum quantifiziert werden kann.

Vorgänge dagegen sind diejenigen Aktivitäten, die ein Scheitern dieser Prozesse verhindern (Hilfsprozesse); sie dienen der Lenkung und Dokumentation von Geschäftsprozessen und sind stark operativ orientiert; in der Regel sind sie standardisiert, verrichtungs- und ablauforientiert. Sie haben meßbaren In- und Output. Statt in Geschäftsprozessen zu denken, werden in der Praxis üblicherweise fast ausschließlich Vorgänge betrachtet (vgl. Szpyerski/Pulst 1995, S. 22).

Mit dem Fokus auf Geschäftsprozesse wird die klassische Ablauforganisation als Konzept von Aufgaben und Leistungszuweisungen – mit immanenten Rechtfertigungsstrategien und strukturierten Schuldzuweisungen – relativiert, das über Stellenbeschreibungen die Struktur des Arbeitsplatzes längerfristig festschreibt. Das Kompetenzprofil für Geschäftsprozesse ist demzufolge definiert durch Merkmale wie ständiger und direkter Kundenkontakt, hohe Zeit- und Erfolgskritizität (Folgeaufträge und Fristen), Internationalität, sowie der Überschreitung traditioneller Unternehmensgrenzen bei hoher Kommunikations- und Koordinationsintensität.

▶ Untersuchungen zufolge kommen in der Industrie in diesem Zusammenhang produktnahe Geschäftsprozesse wie Produkt- und Prototypentwicklung, Auftragsfertigung sowie komplementäre Dienstleistungsprozesse wie zum Beispiel Methodenentwicklung und Management Steering in Frage (vgl. Szyperski/Pulst 1995, S. 22 ff.).

▶ Ein anderes Feld sind Geschäftsprozesse in der Finanz- und Versicherungsdienstleistung. Hier werden laufend neue Finanzierungsformen und Finanzdienstleistungen entwickelt, die sich im wesentlichen durch kürzere Lebenszyklen und ihre Abhängigkeit von den Leistungen der Informationstechnologie auszeichnen und so kundenseitig eine flexible Produktgestaltung, Schnelligkeit und Zuverlässigkeit der Ausführung von Aufträgen und darüber hinaus hochwertige Beratung nachfragen lassen. Stellvertretend für diesen Typ Dienstleistung stehen die Prämiengestaltung von Spitzenrisiken (Sanierung industrielles Feuergeschäft), die individuelle Unfallschadensbearbeitung im Kfz-Bereich (Risiko von Rechts- und Mietwagenkosten) sowie Managementprozesse im internationalen Geschäft.

▶ Einen anderen Dienstleistungstypus bilden Geschäftsprozesse in öffentlichen Verwaltungen und Beratungsunternehmen. Hier werden immaterielle Dienstleistungen mit einem hohen Wertschöpfungsanteil des Kunden produziert. Studien zufolge (vgl. Szyperski/Pulst 1995, S. 22) können dies zum einen auf verschiedene Standorte verteilte Stadtverwaltungen sein, deren zentraler Geschäftsprozeß beispielsweise die Genehmigung eines gewerblichen Bauvorhabens umfaßt. Mögliche Einnahmen aus Grundstücksverkäufen, die Sicherung von Arbeitsplätzen sowie die erwarteten Gewerbesteuereinnahmen profilieren die Erfolgskritizität dieses Geschäftsprozesses für die Stadtverwaltung.

▶ Zum anderen sind internationale Akquisitions- und Beratungsaufträge mit mehreren − geographisch verteilten − Standorten weitere Beispiele für typische Geschäftsprozesse der Dienstleistungsbranche.

Gemeinsames Merkmal aller dargestellten Geschäftsprozesse ist ihre Eignung für den Einsatz von Telekooperations-Systemen. Telekooperative Unterstützung führt in den vorliegenden Fällen in Kombination mit einer differenzierten Anwender- beziehungsweise Benutzerkompetenz zur Steigerung der Wirtschaftlichkeit und Wirksamkeit.

Kompetenzprofil für Anwender

Die Anwenderkompetenz bei Telekooperations-Systemen fokussiert die jederzeit mögliche Zusammenarbeit unterschiedlicher Personen bei beliebiger Kombination von Informationsströmen; hierbei sind zunächst drei Szenarien abgrenzbar: Wissensgewinnung, Wissensnutzung und Wissensvermittlung.

▶ *Telekooperative Wissensgewinnung* ist der (Einzel-)Abruf von externem und internem Know-how im Rahmen gemeinsamer Projektarbeit beziehungsweise gemeinsamer konzeptioneller Entwicklungen von Produkten und Diensten.

Telekooperations-Systeme stellen für den Austausch zwischen den Gegenstellen audiovisuelle Verbindungen zur Verfügung. Projektergebnisse werden übertragen, ausgewertet und abgestimmt. Per Telekooperation wird der Experte hinzugeschaltet, der die Fragen beantwortet sowie Ergebnisse und die gestellten Aufgaben am Bildschirm zusammen mit den Diskussionspartnern löst.

▶ *Telekooperative Wissensvermittlung* erfolgt in der Regel von einem zentralen Standort an mehrere räumlich verteilte Empfängerorte mit der Möglichkeit der sofortigen Rückkopplung. Anwender können Übertragungen von Lehrveranstaltungen empfangen; ihre aktive Teilnahme kann zurückübertragen und in den Ablauf der Veranstaltung integriert werden. Wie an der Universität wird auch Nutzern außerhalb des Netzes die Möglichkeit geboten, sich in Veranstaltungen einzuloggen.

Der Koordinator (in diesem Falle der Professor) kann den Konferenzpartnern die jeweiligen Informationen zuteilen und Änderungen an Dokumenten überwachen. Zusätzlich existieren Koordinationswerkzeuge zur Entscheidungsfindung und Abstimmung der gemeinsamen Arbeiten, wie es anhand der Eröffnungsfeiern für den 34-MBit-Backbone des DFN bereits praktisch vorgeführt wurde: An einer Televorlesung der Universität Nürnberg konnten Studenten aus Erlangen aktiv teilnehmen.

▶ *Telekooperative Wissensnutzung* ist die gleichberechtigte telekooperative Zusammenarbeit. Elektronisch verfügbare/erfaßte Dokumente der beiden Standorte können vom jeweils anderen Standort abgerufen werden. Über das Application sharing können Skizzen, Notizen und Dokumente gemeinsam betrachtet, diskutiert und annotiert werden. Mit Hilfe des Application Sharings können beide Teilnehmer der Konferenz interaktiv die gleiche Datei in der Originalanwendung bearbeiten. Dabei muß die Anwendung nur auf einem der PCs installiert sein. Durch Filetransfer können Dokumente dem Konferenzpartner übertragen werden. Mit Hilfe des OLE können zum Beispiel Zeichnungen, die in den Notizblock importiert worden sind, durch Starten der Quellanwendung verändert werden. Der Notizblock wiederum besitzt für die Konferenz einen privaten Bereich, in den die anderen Konferenzteilnehmer keinen Einblick haben. Die Konferenzdateien können für eine spätere Verwendung abgespeichert oder direkt ausgedruckt werden. Für die Aufnahme einer Konferenz wird nur eine Kopie des Telekooperations-Systems benötigt – der andere Teilnehmer kann die Starthilfe-Datei herunterladen, die eine Konferenz ermöglicht.

– Meetings zwischen Standorten beispielsweise können mittels Telekooperation durchgeführt werden. Alle Partner haben stets Zugriff auf alle – entsprechend freigegebenen – Entwicklungsdokumente, können sie unverzögert gemeinsam bearbeiten und die unmittelbar an allen Plätzen angezeigten Ergebnisse in einem kollektiven Entscheidungsprozeß prüfen und verabschieden.

– Eine solche Informationsvernetzung und die dadurch ermöglichte Telepräsenz führt zu gezielten und abgestimmten Entwicklungsergebnissen. Ebenso führt die multimediale Telepräsenz zu einer Reduzierung des Bedarfs an Geschäftsreisen, auch aus umweltpolitischen Gesichtspunkten eine begrüßenswerte Entwicklung. Im Ortsbereich kostet eine Stunde ISDN-Videokonferenz 4,60 DM; berücksichtigt man noch den erhöhten Arbeitsanfall durch die Abwesenheit am Arbeitsplatz oder die schnellere Entscheidungsfindung, dann kann sich die Investition schnell rechnen.

– Exemplarisch für das Profil der Wissensnutzung ist die Entwicklungsarbeit in der Automobilindustrie: Ein Konferenzteilnehmer übernimmt die Rolle des Fahrers. Die anderen überprüfen und manipulieren mit Hilfe einer Monitor Applikation die internen Zustände des von ihnen spezifizierten Systems zur Laufzeit der Simulation. Zur Verteilung der Simulations- und Testumgebung wird die Technik des Application Sharing verwendet. Nicht die Videoverbindung der beiden Gesprächspartner ist das entscheidende Kriterium, sondern die Datenverbindung. So können sich im Verlauf auch die Konstrukteure im Stammhaus mit ihren Zulieferern per Videokonferenz austauschen, wenn ein Konstruktionsdetail geändert werden muß.

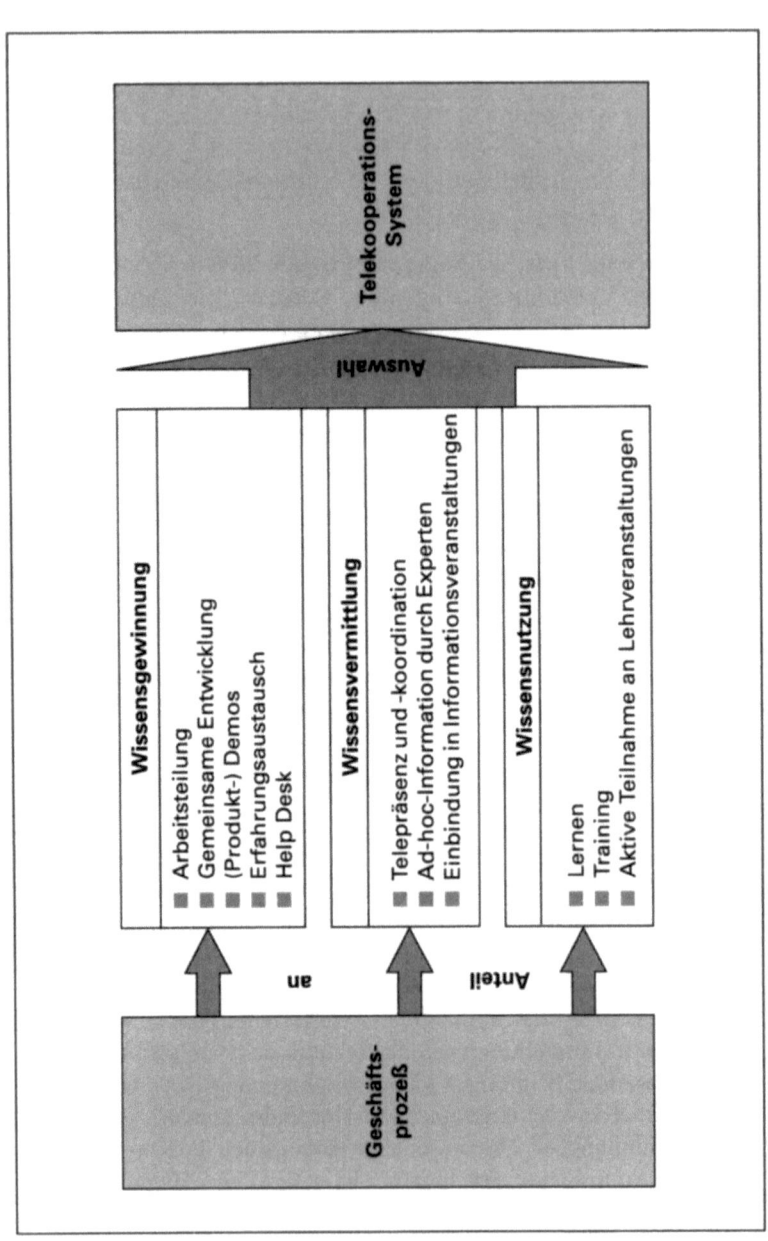

Abbildung 1: Anwenderkompetenzprofil für Telekooperation

- Durch Telekooperationssysteme verringert sich die Distanz der Industriepartner, die lokalen Arbeitsumgebungen werden integriert, Medienbrüche werden vermieden. In einer halben Stunde oder weniger läßt sich regeln, wofür bislang zeitraubende Abstimmungsvorgänge erforderlich waren. Wenn eine Kleinigkeit an einem Stoßfänger geändert wurde, mußte bislang der Konstrukteur des Zulieferers anreisen, die Änderungen wurden im Haus und anschließend im Lieferantenbetrieb besprochen, die Änderung zurückgefaxt – mit allen Qualitätseinbußen, die ein Fax mit sich bringt. Die Dienstreisen dauerten von einem Tag bis zu einem wesentlich größeren Aufwand, wenn sich der Kooperationspartner beispielsweise in den USA befand. Derartige Dienstreisen und Faxaktionen können jetzt weitgehend entfallen, die Reisekosten werden eingespart.

Die Frage nach Nutzung und sinnvollem Einsatzbereich von Telekooperations-Systemen läßt sich vor dem Hintergrund der dargestellten Anwenderkompetenzprofile und zentralen Geschäftsprozesse folgendermaßen verdichten (vgl. Abbildung 1).

Auf die Definition der zentralen Geschäftsprozesse in der Unternehmung folgt die Zuordnung der Anteile an Wissensgewinnung, -vermittlung und -nutzung, um hieraus die telekooperativen Einsatzmöglichkeiten im Hinblick auf die Auswahl des passenden Telekooperationssystems abzuleiten. Mit dieser Zuordnung wird die geforderte laufenden Kontrolle von Wirtschaftlichkeit und Wirksamkeit möglich.

Wirtschaftliche Kompetenz

Die wirtschaftliche Kompetenz basiert auf dem nachfolgenden dreistufigen Wirtschaftlichkeitsmodell (vgl. Szyperski/Pulst 1995, S. 23). Auf der operationalen Wirtschaftlichkeit (Effizienz) bauen die dispositionale und schließlich die strategische Wirtschaftlichkeit (Effektivität/Wirksamkeit) auf (vgl. Abbildung 2):

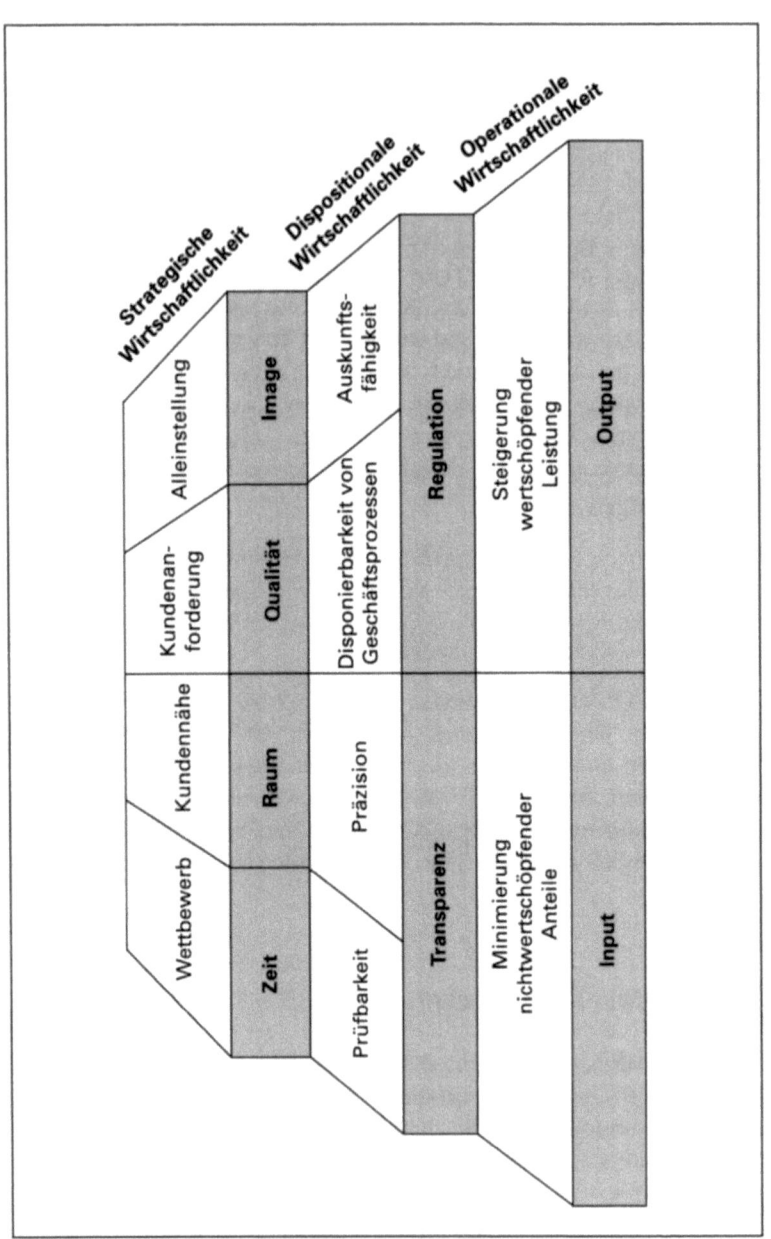

Abbildung 2: Wirtschaftliches Kompetenzprofil für Telekooperation

Die *operationale Wirtschaftlichkeit* ist gekennzeichnet durch die Minderung nicht wertschöpfender Aktivitäten beziehungsweise die Steigerung wertschöpfender Leistungen (vgl. Szyperski/Pulst 1995, S. 23):

> Im Geschäftsprozeß der Unfall-Schadensbearbeitung wird zum Beispiel eine Steigerung der operationalen Wirtschaftlichkeit um 25 Prozent (Durchlaufzeiten-Verkürzung) durch den Einsatz multimedialer Telekooperationssysteme realisiert. Unfallschäden werden sofort in die entsprechend ausgerüsteten Vertragswerkstätten geleitet, das Unfallbild wird mit dem geographisch entfernten Versicherer abgestimmt und der Schaden sofort repariert.

Für die Bestimmung der dispositionalen Wirtschaftlichkeit dient die operationale Wirtschaftlichkeit als Mengenbasis. Das Ausmaß des Dispositionseffektes hängt somit vom Grad der schon erreichten operationalen Wirtschaftlichkeit ab. Dispositionale Wirtschaftlichkeit wird über die Ausprägung der nachfolgeden Merkmale bestimmt: Steuerung und Zuordnung von Kundenfällen in ein gegebenes Regelwerk, Disponierbarkeit von zeit- und erfolgskritischen Geschäftsprozessen, Transparenz und Prüfbarkeit (Präzision, Zuverlässigkeit, Wiederauffindbarkeit).

Die dispositiven Kosten beeinflussen die operationale Wirtschaftlichkeit positiv, wenn durch sie Risiken im operativen Bereich gesenkt beziehungsweise ein Scheitern der geplanten operativen Input-Output-Prozesse verhindert werden (vgl. Szyperski/Pulst 1995, S. 24). Durch Telekooperationsdienste ist das Hinzuziehen von Spezialisten im Bedarfsfall möglich, um vorzeitig Fehler zu vermeiden und die schnellen und effizienten Arbeitsabläufe der operationalen Wirtschaftlichkeitsebene zu sichern (vgl. Szyperski/Pulst 1995, S. 27).

> Die dispositionale Wirtschaftlichkeit wird über die Transparenz der Vorgänge gesteigert. Beispielsweise sind Vorgesetzte mit Hilfe der eingesetzten Technik schneller im Bilde und eher in der Lage, kontrollierend einzugreifen.

Strategische Wirtschaftlichkeit wird in Potentialräumen betrachtet. Sie wirkt ein auf die operationale und dispositionale Wirtschaftlichkeit.

Strategische Kosten fallen an für die Erlangung und Sicherung von Differenzierungsvorteilen sowie für das Auffinden neuer Geschäftsprozeßfelder beziehungsweise der Erfolgspotentiale dieser Felder. Strategische Fehler können grundsätzlich nicht mehr durch dispositionale Bemühungen korrigiert werden; dispositionale Fehler werden meist durch noch so engagierte operationale Maßnahmen nicht ausgeglichen (Kaskadenprinzip der Wirtschaftlichkeit) (vgl. Szyperski/ Pulst 1995, S. 24). Geographisches und zeitliches (weltweites) Zusammenrücken durch Telekooperation ermöglicht neue Dienstleistungen. Gesamtwirtschaftlich ließe sich der Verkehr minimieren, was angesichts der 65 Stunden, die ein Deutscher jährlich im Stau verbringt, auch für den einzelnen unmittelbar spürbar wird.

In den untersuchten Geschäftsprozessen der Versicherungen und Banken werden Telekooperations-Systeme bewußt zur Steigerung der strategischen Wirtschaftlichkeit im Responsewettbewerb eingesetzt: Die schnelle und reibungslose Bearbeitung durch Einsatz von Telekooperations-Systemen im Geschäftsproze der Unfall-Schadensbearbeitung wird – im Sinne der strategischen Wirtschaftlichkeit – als Image-Wirkung vermarktet, so daß mit ca. zehn Prozent Neukunden gerechnet werden kann. Der Kunde assoziiert eine neuartige, jedoch – im Verhältnis zur Konkurrenz – weitaus schnellere Beratungs- und Serviceleistung (vgl. Szyperski/ Pulst 1995, S. 26).

Die wirtschaftlichen Kompetenzprofile für den Einsatz von Telekooperation zeigen mit Bezug zu dem strukturierten Wirtschaftlichkeitsmodell unterschiedliche Effekte in den Wirtschaftlichkeitsstufen (vgl. Abbildung 3).

▶ Operational kann eine Verkürzung der Durchlaufzeit durch den Wegfall nicht-wertschöpfender Tätigkeiten und Parallelisierung wertschöpfender Aktivitäten nachgewiesen werden.

▶ Die dispositionale Wirtschaftlichkeit verändert sich im Baugenehmigungsverfahren der Stadtverwaltung durch (um 90 Prozent) reduzierte Meetings und Dienstreisen zwischen Standorten. Das Telekooperations-System ermöglicht die parallele Bearbeitung von Teilprozesse: Statt auf wöchentliche Sitzungen zu warten, kann die Klärung offener Fragen zu den Bebauungsplänen telekooperativ sofort erfolgen.

▶ Die strategische Wirtschaftlichkeit in Form der „availability" von Beratern wird für den Kunden sichtbar gesteigert, ohne daß das Routinegeschäft dabei zu kurz kommt. Es ist individuelle Kundenberatung rund um die Uhr durch weltweites telekooperatives Einbinden von Experten möglich.

	Geschäftsprozeß	Effekt
Strategisch	Weltweites Einbinden von Experten durch Telekooperation rund um die Uhr vergrößert das Zeitfenster	100 %
Dispositional	Reduzierung der Abstimmungsvorgänge durch Telekooperation bei Baugenehmigung für Gewerbebetriebe	90 %
Operational	Durchlaufzeitenverkürzung durch Telekooperation in der Unfall-Schadens-Bearbeitung einer Versicherung	25 %

Abbildung 3: Wirtschaftlichkeit von Telekooperation in Geschäftsprozessen

Von grundlegener Bedeutung ist nun die Frage, wie die dargestellten Profile den sinnvollen Einsatz von Telekooperations-Systemen in der Praxis unterstützen können.

Die Nutzung von Kompetenzprofilen in der Praxis

Die Auswahl des geeigneten Einsatz- und Anwendungsbereiches von Telekooperations-Systemen im Hinblick auf eine erfolgreiche Nutzung in der Praxis resultiert aus der Kombination der drei Profile: Geschäftsprozeßkompetenz, Anwenderkompetenz und wirtschaftliche Kompetenz. Aus der aktuellen Unternehmungssituation werden die zentralen Geschäftsprozesse abgegrenzt, einer davon ausgewählt und auf seine Anteile an Wissensgewinnung, -nutzung und -vermittlung hin überprüft, bevor die Zuordnung der Wirtschaftlichkeitsstufen (mit der sich daran anschließenden Operationalisierung) erfolgt. Aus dieser Kombination sind die Einsatzeffekte von Telekooperations-Systemen im „global office" vor Installation der Systeme nachvollzieh- und begründbar.

Die größten Effekte durch Telekooperations-Einsatz lassen sich derzeit noch in Geschäftsprozessen mit einem hohen Anteil an Wissensgewinnung und -nutzung erzielen (vgl. Abbildung 4).

Wirtschaftliche Kompetenz \ Anwenderkompetenz	Ausgewählter Geschäftsprozeß		
	Wissensgewinnung	Wissensvermittlung	Wissensnutzung
Strategisch	●	○	●
Dispositional	●	●	●
Operational	●	◐	●

Einsatzbereich der Telekooperation: stark ● mittel ◐ schwach ○

Abbildung 4: Einsatzbereiche der Telekooperation im Global Office

Wissensgewinnung vollzieht sich über die telekooperative Einbindung des Kunden während des gesamten Prozesses, um so die Intangibilität des Produktes zu erhöhen. Wissensnutzung vollzieht sich hingegen über aktive telekooperative Kundenmitarbeit. Strategisch können bei dieser Art der Telekooperation neue Geschäftsideen durch Überschreiten traditioneller Grenzen entstehen.

Dem Anspruch „Globales Büro", das durch Telekooperations-Systeme in Einzelfällen erfolgreich realisiert wurde, steht vor der weiteren Umsetzung jedoch einerseits die traditionelle Unternehmungskultur im Wege, weil das Management noch stark dem Konzept der möglichst großen Kontrolle der Mitarbeiter verpflichtet ist, die sich in telekooperativen Arbeitsformen nicht durchführen läßt.

Andererseits stößt der mit Telekooperation einhergehende tiefgreifende Wandel der täglichen Arbeit und der zu verrichtenden Tätigkeiten auf geringe Akzeptanz bei den potentiellen Benutzern solcher Systeme. Die „Erlebniswelt eigener Schreibtisch mit Wissensgewinnung, -nutzung und -vermittlung durch Buch und Papier" wird auch mit Sicherheit nicht aussterben, sondern bestenfalls durch diese innovativen Möglichkeiten und Medien ergänzt.

Es deutet folglich alles darauf hin, daß die „telekooperative Zurückhaltung" nicht zuletzt auch wegen fallender Hardware- und Software-Preise aufgegeben werden kann, da sich genügend Einsatzfelder in den unternehmungseigenen Geschäftsprozessen finden lassen.

Literatur

HAMEL, G./PRAHALAD, C. K. (1995): Wettlauf um die Zukunft. Wien.
PULST, E. (1994): Kundenorientierter Bürosystem-Einsatz. Bergisch Gladbach.
SZYPERSKI, N./MÜLLER-BÖLING, D. (1979): Empirische Forschung und Forschung durch Entwicklung – Ein Plädoyer zur Nutzung von Ergebnissen und Techniken der empirischen Forschung bei der Verfolgung des technologischen Wissenschaftszieles. BIFOA-Arbeitsbericht Nr. 20, Köln.
SZYPERSKI, N./PULST, E. (1995): Zur Wirtschaftlichkeit aktueller technik-gestützter Geschäftsprozesse. In: IM – Information Management, Nr. 3/95, 10. Jg., S. 22–27.

Erfahrungen und Beispiele aus Reengineeringprojekten

Neue Beratungsanforderungen bei der Implementierung von Reengineeringkonzepten

Jens-Marten Lohse

Beratung unter erweiterten Anforderungen

Die Rolle des Beraters hat in den letzten Jahren einen grundlegenden Wandel erlebt. Heute erwarten Unternehmen mehr denn je eine Art Mit-Unternehmerschaft des Beraters. Er soll in der Phase der Umsetzung der Empfehlungen mit dabeisein und das Unternehmen in jeder Hinsicht bei der Neuorientierung unterstützen und seine Kenntnisse operationalisierbar machen. Damit kommt der Unternehmensberater in eine neue Rolle von Mitverantwortung, die in den Bereich konkreten Handelns tief hineingeht. Die klassische Rollenteilung – hier Berater, dort das Unternehmen – ist damit aufgelöst, die Grenzen verfließen. Die Unternehmenberater werden auf Zeit zu Managern oder Unternehmern, die Umsetzungsaufgaben wahrnehmen und im Dienste ihres Kunden stehen, dessen Sichtweisen teilen und dessen Ziele nicht nur im Denken, sondern auch im Handeln verfolgen.

Vom Berater zum Mit-Unternehmer

Damit ist der Berater von heute weit von dem Bild abgerückt, das eine Art Gutachter im weißen Kittel beschreibt, der fern vom Brennpunkt des Geschehens steht, zwar über Wissen und ein hohes Maß an Expertise verfügt, aber nicht in das Geschehen eingreift und keine Handlungsverantwortung trägt. Diese Wegweiserfunktion reicht heute nicht mehr aus, es ist selten gefragt, daß sich die Rolle des Beraters allein auf die Begutachtung und die Entwicklung von schriftlich erklärten Gedankenmodellen beschränkt. Bildlich gesprochen heißt das: Es wird erwartet, daß der Wegweiser den Weg weist, ihn aber auch mitgeht.

Neue Berater-Qualifikationen

Aus dieser veränderten Rolle erwachsen auch neue Anforderungen an die Qualifikation: Zu den soliden analytischen Fähigkeiten, konzeptionellen Stärken und Branchenwissen muß auch ein Schatz an unternehmerisch nutzbaren Erfahrungen sowie personenbezogenen Fähigkeiten kommen: Vom Berater in konkreter unternehmerischer Projektverantwortung wird erwartet, daß er schnell die richtigen Entscheidungen fällt, im Team enge Verbindungen und Kommunikationskanäle knüpft, überzeugen und mobilisieren kann und in Konfliktsituationen als Moderator und Inbewegungsetzer fungieren kann. Das ist eine ganze Menge mehr als eine rein akademische Ausrichtung – es ist die Orientierung an einem Leitbild eines verantwortungsvollen, kompetenten, erfahrenen und überzeugenden Managers oder Unternehmers.

Die Erweiterung der Strategieberatung

Strategieberatung hat in diesem Umfeld neuer Kundenanforderungen eine neue Wertigkeit bekommen: Sie wird dann von den Kunden geschätzt, wenn sie mit Implementierungsberatung und konkreter Implementierungshilfe verbunden ist. Die Aufgaben des Beraters im Feld der klassischen Unternehmensberatung haben sich damit erweitert: Der Strategieberater muß heute auch Implementierungsleistungen erbringen. Mit dieser für die Strategieberater noch neuen Disziplin wird die alte Dichotomie – hier die Strategen, dort die Umsetzer – aufgehoben. Das bedeutet auch, daß die Arbeit der Implementierer, früher weniger hoch angesehen als die der Strategieberater, eine deutliche Aufwertung erfahren hat. Denn ohne Implementierung ist heute die Strategieberatung unvollständig; beide Bereiche der Beratung sind also aufeinander angewiesen und synergetisch miteinander verknüpft.

Auf der Implementierungsebene entscheidet sich letztlich der Erfolg eines Beratungsprojektes. Denn es geht eigentlich nicht nur um die Qualität und geistige Brillanz der Ideen – das allein genommen hat noch nicht den erwarteten unternehmerischen Nutzen. Erst wenn es sich zeigt, daß zu den entwickelten Ideen auch ein Scharnier gebaut wurde, mit dessen Hilfe die Konzepte in die Praxis umgesetzt werden können, kann auch etwas über den Erfolg des Gesamtprojektes gesagt werden. Denn am Ende soll sich der Ausgang des Projektes in den harten Zahlen des Unternehmens („Bottom Line Contribution") in einem positiven Beitrag nachweisen lassen.

Implementierungsorientierte Beratung

Weiche Faktoren ansprechen und verändern

Insofern kommt der Umsetzungsqualität der Beratung eine entscheidende Bedeutung zu: Ein Projekt setzt immer auf Veränderungen, die durch die dazugehörigen Änderungen im Verhalten der Menschen erst möglich werden: Eine Organisation ist kein durch Mechanik gesteuerter Apparat, wo nur einige Schrauben und Hebelchen verändert werden müssen, um die Arbeitsweise des Apparates insgesamt zu verändern. In der Organisation kommt es darauf an, die Menschen zu erreichen, sie für den neuen Zustand zu gewinnen und die erwünschten Verhaltensänderungen auch zu verankern. Also müssen hier die weichen Faktoren in Rechnung gezogen werden, mit denen der Erfolg eines Projektes steht und fällt: Die gute Idee hat keinen Wert, wenn sie an den Implementierungshürden scheitert und so nur Kosten und Zeitverlust gebracht hat, aber keinen unternehmerischen Nutzen. Der Berater hat also die Aufgabe, die angestammten Verhaltensweisen, die Werte, die täglich geübten Rituale und Handlungsmuster sowie die Unternehmenskultur mit in seine Überlegungen einzubeziehen. Denn Wandel heißt, daß auch bei diesen weichen Faktoren ein Wandel erzeugt wird, das beabsichtigte Projekt also nicht an der Implementierungsmauer scheitert. Der Dreischritt lautet: Wissen vermitteln. Einstellung verändern. Verhalten verändern. In diesen Stufen und in dieser Reihenfolge sollte gearbeitet werden.

Alignment im Topmanagement-Team

Eine weitere Dimension erfolgreicher Implementierungsarbeit ist das Vorgehen innerhalb der Hierarchie des Unternehmens. Ein erfolgreiches Projekt braucht eine sichere Verankerung innerhalb des Topmanagement-Teams des Unternehmens. Anderenfalls sind hier schon hohe Risiken vorprogrammiert, die den Ausgang des Projektes beeinträchtigen können. Es ist Aufgabe des Topmanagements, das Projekt zu tragen, die Ressourcen bereitzustellen und in jeder Phase des Projekts voll hinter den Aktivitäten zu stehen. Also muß der Berater erreichen, daß die Unternehmensleitung eine einheitliche Einschätzung über die Situation und die gewünschte Richtung des geschäftlichen Veränderungsprozesses hat. Es ist darauf hinzuwirken, daß die Agenden der Leitungspersonen im Hinblick auf das Projekt übereinstimmen, also so weit harmonisiert sind, daß keine kontraproduktiven oder demotivierenden Gegenbewegungen entstehen. Über die Ressortziele hinweg muß eine gemeinsame Ausrichtung erzeugt werden, eine strategische und implementierungsbezogene Aufgabe, der hohe Bedeutung beikommt. Erst wenn dieses „Alignment" im Topmanagement erreicht ist, kann von einer dauerhaften und erfolgversprechenden Verankerung des Projektes gesprochen werden.

Alignment des Topmanagement-Teams ist eine wichtige Voraussetzung für das Gelingen von Reengineering-Projekten, denn hier geht es um einen weitreichenden methodischen Ansatz: Reengineering ist das umfassende Überdenken des Unternehmenszwecks und der Prozesse und das fundamentale Redesign von Prozessen und Praktiken im Unternehmen im Rahmen einer tiefgreifenden Neuausrichtung mit dem Ziel, unternehmerische Eckdaten maßgeblich zu verbessern. Reengineering in diesem Sinne ist gleichzeitig tief und breit angelegt, und in der Zeitdimension soll erreicht werden, daß sich der große Wandel schnell vollzieht – „Big Change fast", das ist ein Leitmotto der Reengineering-Methode. Hier geht es also um das

Infragestellen des Hergebrachten, um tiefe Eingriffe in das Gefüge des Unternehmens mit dem ausdrücklichen Ziel, Quantensprünge an Verbesserungen zu erreichen: Durchlaufzeiten, Kosten und Qualität etwa sollen um deutlich zweistellige Prozentraten verbessert werden – Reengineering erzeugt deshalb bewußt Diskontinuitäten und peilt nicht nur inkrementale Verbesserungen an.

Neue Aufgaben für das Management

Das geht auch an die Rolle des Managements. Die Manager sind als Führungspersonen und Kompetenzträger im Unternehmen auch eine Schlüsselgruppe, die mit dem Reengineering-Projekt erreicht werden muß – wohlgemerkt alle Manager, nicht nur das Topmanagement in seiner herausragenden Rolle. Dazu sagt James Champy, Präsident der Unternehmensberatung CSC Index und Autor des Buches „Reengineering im Management": „Manager müssen sich selbst ändern. Sie müssen als erste zu dieser Reise ins Ungewisse aufbrechen; sie müssen als erste den starren Perfektionismus ablegen und unermüdlich nach Verbesserungen streben; sie müssen an die Fähigkeiten ihrer Mitarbeiter glauben; sie müssen auf die Stimme des Volkes hören; sie müssen lernen, sich duch ‚persönliche Bestleistungen' zu verbessern; sie müssen auf die Sicherheit sauber gezeichneter Organisationspläne verzichten; sie müssen sich einer durch persönliches, informiertes Engagement gekennzeichneten Unternehmenskultur und der Verantwortlichkeit des Individuums verschreiben, sie müssen letztlich ihre Macht ausbauen, indem sie sie aus der Hand geben. Manager, die sich nicht von den alten Verhaltensweisen verabschieden und den Übergang zu den neuen bewältigen können, werden sich nicht mehr lange in ihrer Führungsposition halten können" (Champy 1995, S. 48).

Kommunikationsverhalten in Projekten

Die geforderten Veränderungen sind in erster Linie mentaler und verhaltensbezogener Art. Darauf ist auch das Kommunikationsverhalten abzustellen: Kein Manager, auch nicht oben an der Unternehmensspitze, kann sinnvoll mit allen Mitarbeitern und unterstellten Managern gleichzeitig und glaubwürdig in Verbindung treten, um die Ziele des Projektes zu kommunizieren. Es hat sich vielmehr in erfolgreichen Reengineering-Prozessen herausgestellt, daß Mitarbeiter am besten zu erreichen sind, wenn der unmittelbare Vorgesetzte die Botschaft sendet.

Welche Konsequenzen hat das? Führungspersonen sollten die Art und Weise, wie Wandel kommuniziert wird, überdenken. Die bisher geübte Praxis sieht oft so aus – beschrieben in der Studie „Communicating Change – Reaching and changing frontline Employees" (Larkin Communication Consulting):

> Zeit für große Ankündigungen. Die Cafeteria füllt sich langsam mit den Mitarbeitern. Die Senior-Manager haben auf einem erhöhten Podium Platz genommen, jeder bereit, seinen Part des anstehenden Restrukturierungsprogramms zu präsentieren. Das neue Mission Statement ist das Bindeglied zwischen den Präsentationen. Die Reden werden per Satellit direkt in die Fabriken und Büros übertragen, die im Land verteilt sind. In direkter Verbindung können auch die Zuschauer an den Aussenstandorten ihre Hand heben und Fragen an die Manager stellen. Im Anschluß an dieses Treffen erhalten alle Mitarbeiter eine Sonderausgabe der Firmenzeitschrift, die allein dem Restrukturierungsprogramm gewidmet ist. Poster mit der neuen Mission hängen alsbald in den Eingangshallen der Firma. Das Logo des Programms wird als kleines Pappmodell auf den Schreibtisch jedes Mitarbeiters gestellt.

Alles wirkungslos, sagen die Autoren der Studie. Wer die Frontline-Mitarbeiter wirkungsvoll erreichen will, um Reengineering zu kommunizieren, sollte andere Wege gehen. Denn: Oberste Führungskräfte sind nicht die glaubwürdigsten Absender von Veränderungsbotschaften. Videos, Gedrucktes oder Meetings sind nicht die besten Kanäle, um Veränderungsbotschaften zu kommunizieren. Ein neues Mission Statement allein macht noch keinen guten Veränderungsprozeß.

Vorurteile, die an der Basis gegenüber dem Topmanagement gehegt werden, lauten etwa so: „Sie können nicht führen. Sie haben keine

Richtung. Sie arbeiten nicht gut zusammen. Sie haben keinen Kontakt mit den Wünschen des Kunden" (US-Kosmetikhersteller). „Senior-Manager sind autoritär. Sie behandeln ihre Leute nicht gut. Sie verlangen mehr als sie zu geben bereit sind. Sie können nicht zuhören" (Britisches Bankhaus). „Wir vertrauten ihnen damals nicht. Wir vertrauen ihnen heute nicht" (Haushaltsgeräte-Hersteller).

Wie die Botschaft herübergebracht wird

Das sind Stereotypen, die unzutreffend sein mögen. Bei denen, die sie hegen, lösen sie aber Kommunikations-Blockaden aus. Der Weg der Wahl, um Veränderungsbotschaften herüberzubringen, ist deshalb der über Vertrauenspersonen: Die unmittelbaren Vorgesetzten der Frontline-Mitarbeiter sind dafür verantwortlich, die Botschaft über das Veränderungsprojekt zu kommunizieren. Dafür wählen sie den Weg des persönlichen Gesprächs: Sie erläutern Fakten, Hintergründe und Konsequenzen der geplanten Maßnahmen auf den Arbeitsplatz. Auf diese Weise werden die Mitarbeiter von der Führungsperson in Reengineering eingeführt, die sie am besten kennen und der sie erfahrungsgemäß am meisten vertrauen. Damit wird auch das typische Mißtrauen überwunden, daß die Mitarbeiter oft gegenüber der Firmenzentrale haben – denn viel, was von ganz oben kommt, wird mit Zynismus und Skepsis angesehen. Das Topmanagement hat nicht immer das beste Ansehen bei den einfachen Angestellten, besonders in turbulenten Zeiten.

Die Empfehlung geht deshalb in diese Richtung: Eine Organisation sollte 80 Prozent von Zeit, Anstrengung und Geld dafür verwenden, mit den Vorgesetzten der Frontline-Mitarbeiter zu kommunizieren. Denn diese Zielgruppe muß unbedingt glaubwürdig erreicht werden; es ist für den Reengineering-Prozeß von hoher Priorität, daß sich die Angesprochenen mit den Zielen des Prozesses verbünden können.

Wie sollten diese Erkenntnisse umgesetzt werden? Das Senior Management wendet sich direkt an die Vorgesetzten der Frontline-Angestellten. Aus dem Reengineering-Team des Senior Managements heraus werden Briefings veranstaltet, auf denen die Vorgesetzten exklusiv und als erste die für den Prozeß nötigen Informationen erhalten. Ein Senior-Manager wird jeweils Bezugsperson für acht bis zehn Vorgesetzte und führt diese durch den Veränderungsprozeß. Es wird über Ziele und Maßnahmen informiert. Es wird Rückmeldung und Kommentierung von den Vorgesetzten erbeten; dieses Feedback wird in die Maßnahmen eingearbeitet. Aus diesem revolvierenden Informationsfluß wird ein „Handbuch des Wandels" erarbeitet, das für die Umsetzung des Prozesses und die Information der Frontline-Mitarbeiter eingesetzt wird.

Die 20 Prozent Restbudget sollten, so die Empfehlung der Larkin-Studie, für die Kommunikation mit den anderen Zielgruppen im Unternehmen verwendet werden, also vornehmlich den Managern auf den mittleren Ebenen. Diese Gruppen sind es gewohnt, ihre Informationen aus den typischen Firmenmedien zu beziehen: Rundschreiben, Videos, Konferenzen, Firmenzeitungen und Firmennewsletter.

Erfolgsorientiertes Projektmanagement

Nur mit auf solche Art konsequent betriebener Kommunikation kann die Implementierungsmauer durchbrochen werden – neue Realitäten lassen sich schließlich nur schaffen, wenn die Systemzwänge überwunden werden. Den Managern und Mitarbeitern sollte die Erfahrung vermittelt werden, daß der neue Zustand des Unternehmens oder das Ziel des Projektes attraktiv für alle ist, weil sich die Profitabilität erhöht, neue Arbeitsformen entstehen, neue Karrierewege geschaffen werden, dynamische Mitarbeiter schnell neue Aufgabenfelder erhalten, Arbeitsplätze sicherer werden und die Kundenbindung und die Servicequalität erhöht werden. Freilich müssen auch Widerstände überwunden werden, denn ein konsequent betriebenes Reengineering-Projekt ist keine Schönwetterfahrt: Die Eingriffe in die Organisation sind tief, es werden schnelle Verhaltensänderungen erwartet, die Arbeitsplatzbeschreibungen werden neu geschrieben. Nicht jeder begrüßt ein solches Umfeld auf Anhieb – um so wichtiger ist ein konsequent erfolgsorientiertes Projektmanagement. Es sollte darauf angelegt sein, schnell erste Erfolge sichtbar zu machen, damit die Richtung des Prozesses allgemein klar wird und Motivation für die Bewegung geschaffen wird. Außerdem sollten gezielt Meilensteine im Projektverlauf eingebaut werden, damit die Orientierung für alle möglich ist, und, vielleicht noch wichtiger, das Fortkommen des Projektes auf einfache Weise sichtbar gemacht werden kann.

Reengineering-Laboratorium

Die Schlüsselrolle in der implementierungsorientierten Beratung spielt das Reengineering-Laboratory, kurz Reengineering-Lab. Hier wird im Projektverlauf eine unternehmerische Labor-Situation hergestellt, wo die beabsichtigten Veränderungen im kleinen Maßstab geprobt werden. Hier wird all das vorab entwickelt und getestet, was später die neue Realität des gesamten Unternehmens bestimmen soll. Das Lab bildet die unternehmerische Idealsituation ab: Hier soll ohne die Restriktionen durch bestehende Strukturen, ohne die durch das laufende Geschäft verursachten Zwänge und ohne Bindung an das Althergebrachte wirklich ein neues Unternehmen erfunden werden.

Alles Veränderbare soll mit einbezogen werden, wenn es um das Neudenken und Neubauen der Firma geht, auch die bisherigen Tabus, das, was sich bisher keiner anzurühren traute. Das heißt: Die Führenden werden sich, als Ergebnis der Arbeit im Lab, auf eine neue Rolle einstellen und werden sich darauf vorzubereiten haben, daß es weniger Routine geben wird. Kastendenken gibt es nicht mehr, die traditionelle Oben-Unten-Welt wird im Lab erst einmal aufgelöst, Kontrolle wird zu Coaching, Delegieren zu Empowerment.

Das Unternehmen auf der grünen Wiese neu erfinden

Die Ergebnisse der Lab-Arbeit laufen darauf hinaus, daß später das Innenleben des gesamten Unternehmens verändert wird, duch Reengineering vielleicht so stark wie nie zuvor duch eine andere Maßnahme. James Champy und Michael Hammer, die die Methode durch ihr Buch „Business Reengineering – Die Radikalkur für das Unternehmen" weltbekannt gemacht haben, sagen dazu: „Wir setzen voraus, daß die Unternehmen einen Großteil der Weisheiten über

Bord werfen, die im Lauf der letzten 200 Jahre im Industriemanagement überliefert wurden. Es bedeutet, daß die Unternehmen die Arbeitsweise des Zeitalters der Massenmärkte vergessen und sich überlegen, welche Vorgehensweise optimal wäre. Beim Business Reengineering spielen alte Titel und tradierte Organisationsstrukturen – Abteilungen, Geschäftsberichte, Gruppen etc. – keine Rolle mehr. Sie sind Artefakte eines vergangenen Zeitalters." Knapp und deutlich fassen die beiden Autoren zusammen: „Wie Menschen und Unternehmen gestern gearbeitet haben, ist im Business Reengineering nicht mehr von Belang." (Hammer/Champy 1994, S. 13 f.)

Also heißt es: Mut aufbringen! Das Gewohnte ist nicht deshalb gut, weil es das Gewohnte ist. Es mag manchmal sogar eher ein Hindernis sein, das Unternehmen wirklich zukunftstauglich zu machen. Ganz neue Fragen müssen also an das Warum und Wohin des Unternehmens gestellt werden. Es geht nicht mehr um Fragen wie „Wie können wir das schneller erledigen?" oder „Wie können wir das besser machen?" oder „Wie können wir unsere Arbeit bei niedrigeren Kosten verrichten?" Für ernsthaftes Reengineering spielen sich die Fragen auf einer viel radikaleren Ebene ab – die zentrale Frage muß lauten: „Warum machen wir das überhaupt?" Es wird also zu nichts weniger ausgerufen als zur Revision und Überprüfung des Unternehmenszwecks. Denn: Wenn die Verantwortlichen das Ziel ihres Unternehmens heute nicht überdenken, kommt in einem sich schnell ändernden Umfeld der Zeitpunkt, an dem alles zu spät ist.

Der Weg zur zukünftigen Marktstellung

In der Laborsituation sind die Hürden nicht sehr hoch, das Neue zu denken und das Neue zu wagen. Hier geht es zunächst um einen begrenzten Raum, in dem innoviert und getestet werden kann. Hier kann sukzessive ein neues Unternehmensmodell („Operating Model") aufgebaut werden. Dieses wird einer Verifikation unterzogen und mit einigen Referenzkunden ausprobiert. So wird nach und nach die neue Wertestrategie („Value Proposition") des Unternehmens aufgebaut, die die zukünftige Marktstellung verankern soll. Für alle die Elemente des Unternehmensmodells, die sich in der Lab-Arbeit bewährt haben, kann anschließend die Erweiterung des neuen Konzepts auf das ganze Unternehmen vorgesehen werden („Roll out"). Der neue Geschäftsplan wird aufgestellt, das vorerst im Kleinen gewonnene Operating Model auf das gesamte Unternehmen vergrößert. Für erfolgreiches Reengineering ist es dabei von entscheidender Bedeutung, daß möglichst kein Unternehmensbereich ausgespart wird. Es sollte keine Inseln geben, die sich dem Reengineering entziehen, denn hier können sich sonst Störfelder und kontraproduktive Altlasten entwikkeln, die den Erfolg des Gesamtprojektes unterminieren. Für eine konsequent erfolgsorientierte Umsetzung des Projektes wird der alte Geschäftsplan („Business Plan") aus der Situation vor dem Projektbeginn mit dem neuen Plan gemäß Reengineering-Lab verglichen. Aus dem Vergleich der Zahlen und strukturellen Daten ergibt sich eine Abweichungsanalyse, aus der eine konkrete Handlungsanleitung folgt, wie das Modell aus der Laborsituation auf das Gesamtunternehmen abzubilden ist.

Die Implementierungsqualität eines Projektes hängt freilich auch davon ab, inwieweit der Anwender der Methode in der Lage ist, Disziplin zu üben. Geht es doch darum, für das Unternehmen mit dem Projekt den großen Wurf an Fortschritt, Verbesserung und Zukunftsfähigkeit zu erreichen, der mit anderen Methoden bisher oft versagt blieb. Projekte nach den Prinzipien von Business Reengineering führen dann zu den gewünschten Ergebnissen, wenn die Quantensprünge an Verbesserungen wirklich unternehmerisch ernsthaft angestrebt werden, ein exzellentes Projektmanagement installiert wird und die Unternehmensleitung sich stark engagiert. Befragungen von Reengineering-Anwendern zeigen, daß Unternehmen, die sich mit bescheidenen Zielsetzungen zufrieden geben, auch weitaus weniger Erfolg haben (CSC 1994). Sie bleiben dann offensichtlich in der betriebswirtschaftlichen Beliebigkeit der Umorganisation stecken, ohne den großen Durchbruch zu erzielen.

Echte Reengineering-Projekte sind der Lakmus-Test für die Fähigkeiten des Managements – die Mitglieder des Topmanagements, des Projektteams und schließlich alle Mitarbeiter des Unternehmens begeben sich in einen Crashkurs, in dessen Verlauf immer neue und ambitionierte Veränderungen umgesetzt werden. In fast allen Fällen wird, vielleicht seit langer Zeit wieder, echtes Neuland im Unternehmen betreten, es werden Dinge getan, die vorher nie angegangen wurden. Prozesse werden drastisch verändert, ohne Rücksicht auf die von der vorhandenen Organisation gesteckten Grenzen. Arbeitsplatzbeschreibungen werden umgeschrieben oder einfach abgeschafft, alte Belohnungssysteme einfach aufgehoben und durch vollständig neue ersetzt. Durch die Konsequenz des Ansatzes und den Imperativ des umfassenden Neudenkens hat Reengineering als Methode Erfolge gezeigt, die viele Anwender in eine Erfolgszone deutlich höherer Qualität gebracht hat. Die Methode ist interessant für Unternehmen, die sich revitalisieren wollen und das Wachstum und den Erfolg in der Zukunft sichern wollen. Reengineering-Projekte werden stets implementierungsnah gestartet und bieten die Chance, gemäß dem Motto „Big Change fast" in überschaubarer Zeit nachhaltige unternehmerische Erfolge zu erzielen.

Literatur

CHAMPY, JAMES (1995): Reengineering im Management, Frankfurt am Main/New York.
CSC INDEX, Hrsg. (1994): State of Reengineering Report, Cambridge/Mass.
HAMMER, MICHAEL/CHAMPY, JAMES (1994): Business Reengineering. Die Radikalkur für das Unternehmen, Frankfurt/New York, 5. Aufl.

Business Process Reengineering bei der Süddeutschen Klassenlotterie

Michael Hild / Markus Schwarzgruber / Gerhard Rombach

Das Glücksspiel, eine der ältesten Leidenschaften des Menschen, ist ein bedeutender Wirtschaftsfaktor. Sucht man nach dem Ursprung, so muß man weit in die Geschichte zurückgehen. Der römische Adel und später die Feudalherren in Europa vertrieben sich die Zeit mit verschiedenen Glücksspielen, auch mit Vorformen der Lotterien. Die erste staatliche Lotterie wurde zur Aufbesserung der Staatsfinanzen 1520 in Frankreich – unter Federführung Casanovas – ins Leben gerufen. Die Einnahmen aus dem Verkauf der Lose waren in der Folge ein fester Bestandteil im königlichen Budget. Im Jahr 1776 vereinnahmte der König die privaten Lotterien, gliederte sie der staatlichen Lotterie zwangsweise an.

Das Unternehmen

Die erste deutsche Lotterie fand 1610 erstmals in Hamburg statt. Anfang des 18. Jahrhunderts zog Preußen nach. Neben der preußischen Klassenlotterie entwickelten sich im deutschsprachigen Raum weitere staatliche Lotterien. 1911 wurden die Klassenlotterien der süddeutschen Länder mit der preußischen Klassenlotterie zur „Preußisch-Süddeutschen-Klassenlotterie" vereinigt. Rechtliche Grundlage der folgenden staatlichen Klassenlotterien waren die „Staatsverträge" der beteiligten Trägerländer. Nach 1949 wurden in Deutschland zwei Klassenlotterien ins Leben gerufen, die Nordwestdeutsche Klassenlotterie (NKL) und die Süddeutsche Klassenlotterie (SKL).

Im Gegensatz zum schnellen Glück bei Lotto und Toto ist das Spielsystem auf langfristige Spielteilnahme angelegt. Eine Lotterie dauert ein halbes Jahr und ist unterteilt in sechs Klassen mit je vier wöchentlichen Ziehungen, mit Ausnahme der sechs Ziehungen in der sechsten Klasse. Der Spieler erwirbt eine oder mehrere feste Losnummern, mit denen er mindestens eine Lotterie spielen soll, denn die Gewinnchance steigt von Klasse zu Klasse. Er zahlt seinen Spieleinsatz je Klasse und Losanteil (das Los ist als ganzes Los, als halbes, viertel oder achtel erhältlich – doch wer teilt schon gerne seinen Gewinn?). Die Lose werden über eine Vertriebsorganisation – die „Staatlichen Lotterieeinnehmer" – verkauft. Sicherlich haben Sie in Ihrem Briefkasten in regelmäßigen Abständen Briefe von dem einen oder anderen gefunden.

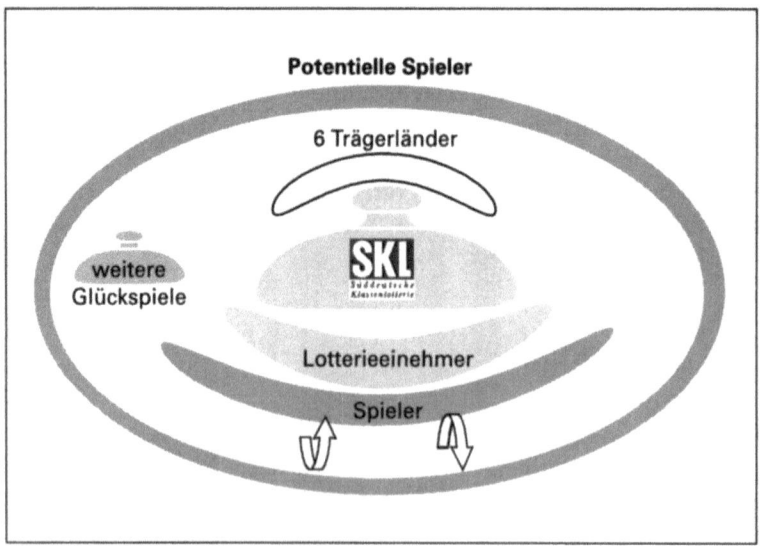

Abbildung 1: Das Umfeld der SKL

Die SKL ist eine Anstalt des öffentlichen Rechts und wird getragen von den beteiligten Bundesländern: Bayern, Baden-Württemberg, Rheinland-Pfalz, Hessen, Sachsen und Thüringen. Nach der letzten Neufassung des Staatsvertrags ist die SKL ein eigenständiges und selbstverwaltendes Unternehmen, dessen Geschäftszweck die Durchführung einer Klassenlotterie ist.

Der Anlaß

Die Gründe ...

Die SKL, mittlerweile durch das Glücksrad in SAT 1 in Deutschland ein bekannter Name im Glücksspielmarkt, stand Anfang 1993 vor der Herausforderung, den künftigen Anforderungen des Marktes zu begegnen. Wurden bislang nur wenige Aufgaben von Software auf einem Großrechner unterstützt, so sollte nun innerhalb kurzer Zeit ein gewaltiger Sprung in organisatorischer und DV-technischer Hinsicht gemacht werden:

▶ Die SKL ist zwar seit langem rechtlich selbständig, in Teilbereichen jedoch eng mit der Staatlichen Lotterieverwaltung verbunden: EDV-Dienstleistungen und Personalverwaltung wurden dort für die SKL erbracht.

▶ Mit dem Zugang zweier neuer Bundesländer, Thüringen und Sachsen, und der damit einhergehenden Neufassung des Staatsvertrages, sollte die SKL mit einer Übergangsfrist alle Leistungen selbst erbringen, eine eigene EDV mußte binnen kurzer Zeit aufgebaut werden.

▶ Das stetige Wachstum des Geschäfts ging einher mit einer vergrößerten Organisation. Um das enge Zeitraster der Lotterieabwicklung im wöchentlichen Rhythmus auch bei erheblich gesteigertem Absatz halten zu können, galt es die Arbeitsteilung von Großrechneranwendungen und händischer Abwicklung abzulösen.

... und die Aufgaben

Bereits zu Projektbeginn erarbeitete die Führung der SKL zusammen mit den Beratern eine klare Vorstellung der Ziele:

Ziel des Projektes ist
■ das Umsetzen einer an den Unternehmenszielen und Erfolgsfaktoren der SKL ausgerichteten, optimalen Unternehmensstruktur,
■ mit einer innovativen DV-technischen Unterstützung der Abläufe,
■ unter Einbinden der bisher von der Staatlichen Lotterieverwaltung erbrachten Dienstleistungen,
■ um in Zukunft flexibel, schnell, kundenorientiert und kostengünstig am Markt zu agieren und
■ damit die Wettbewerbsfähigkeit der Süddeutschen Klassenlotterie langfristig zu sichern.

Aus den Zielen wurden Aufgabenstellungen, die mit Hilfe des Beratungsunternehmens gelöst werden sollten:

▶ Analyse der bestehenden Organisation und ihrer Abläufe;
▶ Business Reengineering:
  – Aufzeigen von Potentialen bei Strategie, Organisation, Kultur und Technik,
  – Einbinden der bisher von der Staatlichen Lotterieverwaltung erbrachten Dienstleistungen; Aufzeigen des Unterstützungspotentials einer leistungsfähigen IT-Infrastruktur,
  – Konzept für ein prozeßorientiertes Neugestalten der Aufbau- und Ablauforganisation, unterstützt durch eine ablauforientierte Systemumgebung für eine zeitnahe Abwicklung der Lotterie,
  – Umsetzen der organisatorischen Maßnahmen;
▶ Begleiten des Wandlungsprozesses:
  – Etablieren eines teamorientierten Führungs- und Mitarbeiterverhaltens,

- Initiieren von Arbeitskreisen zur Selbstgestaltung des Wandels,
- Coaching der Direktion bei Entscheidungsfindung und Umsetzen von Maßnahmen,
- Schulungskonzept für die Mitarbeiter.

Siemens Business Services als Partner

Nach der Ausschreibung wurde die Fa. Sietec Consulting aus München, deren Rechtsnachfolger die Fa. Siemens Business Services (SBS) seit Oktober 1995 ist, als Partner gewählt. Ausschlaggebendes Kriterium war, daß Sietec Consulting das komplette Dienstleistungsangebot der Systemintegration, also von der betriebswirtschaftlichen Beratung über die DV-Konzeption bis hin zur Realisierung und Service, aus einer Hand anbieten konnte. Das Ineinandergreifen der einzelnen Dienstleistungsstufen sowie umfangreiches Know-how im Bereich Business Reengineering gekoppelt mit der Bereitschaft, die Lösungsverantwortung der organisatorischen und DV-technischen Maßnahmen mit zu tragen, waren wesentliche Entscheidungskriterien.

Das Phasenkonzept

Startet man ein Projekt, ohne sich zuvor Gedanken über ein ganzheitliches Vorgehen zu machen, so läuft man Gefahr, mitten im Projekt die Orientierung zu verlieren. Bindet man sich aber zu sehr an einen „ausgetüftelten" Projektplan, so kann man auf Änderungen nicht mehr flexibel reagieren. Beide Extreme galt es zu umschiffen. Ausgehend vom „roten Faden des Projektes", der Gesamtsicht, wurde das Projekt in Phasen unterteilt.

Die Detailplanung der einzelnen Phase erfolgte erst nach Abschluß der vorhergehenden Phase. So konnten neue Ergebnisse berücksichtigt werden, eine eine größere Flexibilität bei gleichzeitigem Beibehalten des „roten Fadens" war die Folge. Stabil blieben die anfangs definierten Ziele, die immer wieder als Meßlatte dienten. Aus dieser übergreifenden Sichtweise entwickelten Kunde und Berater ein Phasenkonzept. In den vier Phasen *Analyse, Konzeption, Realisierung und Change-Management* sollte der Projekterfolg in abgestufter Weise sichergestellt werden.

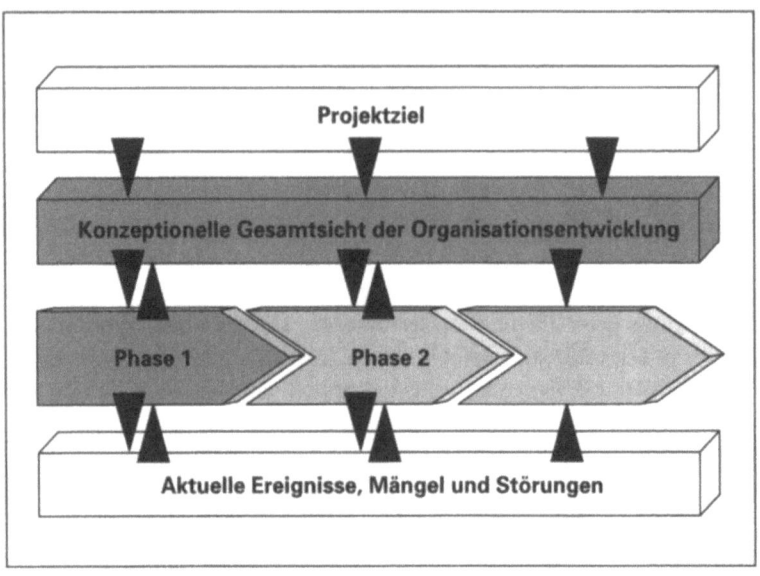

Abbildung 2: Gesamtsicht des Vorgehens

> Wichtiger Punkt waren die Reviews von Kunde und Berater nach jeder Phase, in denen rückblickend die bisherigen Ergebnisse bewertet, aber auch das weitere Vorgehen angepaßt, „feinjustiert" wurde.

Das sinnvolle Verzahnen von organisatorischen und DV-technischen Schritten ist einer der wesentlichen Erfolgsfaktoren beim Business Reengineering. Kein Part darf unabhängig arbeiten, ohne den Gesamterfolg zu gefährden.

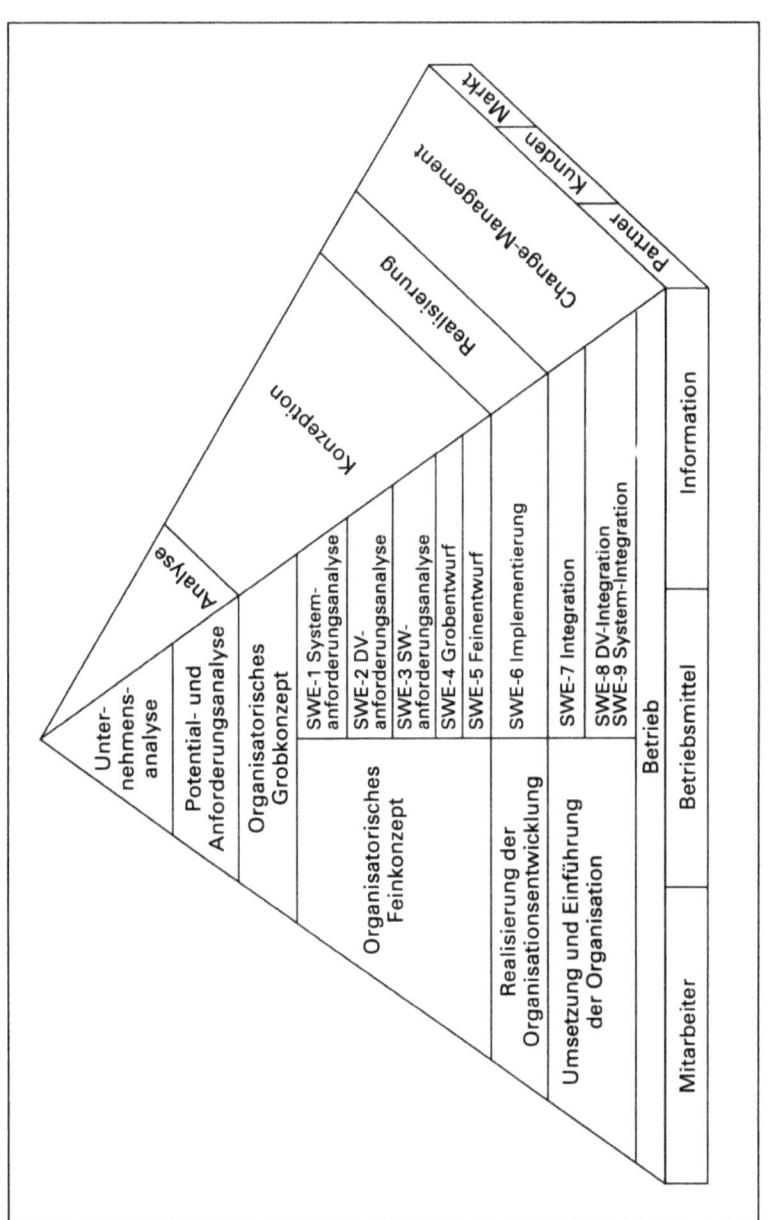

Abbildung 3: Die vier Projektphasen

Der Projektverlauf

Phase 1: Die Analyse

Zu Beginn stand die Aufnahme aller Aufgaben mit den zugehörigen Bearbeitungsschritten, den Kapazitäten und den Bearbeitungsmerkmalen in Einzelinterviews. In Workshops wurden anschließend die gegenwärtigen Prozesse ermittelt. Basisauswertungen, mittels der Methodik und Toolunterstützung von MOSAIK®, waren:

- Klassifizieren der Aufgaben und Zuordnen der zugehörigen Kapazitäten. Darstellen in der Kapazitätsmatrix.

- Ermitteln von Arbeitsfolgen und Identifizieren der gegenwärtigen Kernprozesse und ihres DV-Unterstützungsgrades mit Hilfe der MOSAIK®-Prozeßuntersuchung.

- Aufnahme der Anforderungen an der Schnittstelle zur Vertriebsorganisation.

Wichtige Ergebnisse:

- Hohe Durchlaufzeiten mit hoher Kapazitätsbindung und Rückkopplungsschleifen bei den Prozessen durch heterogene Aufgabenverteilung.

- Gewachsenes Formularwesen, keine EDV-Unterstützung am Arbeitsplatz.

- Konzentration auf administrative Aufgaben, Vernachlässigen von wertschöpfenden Aufgaben.

- Hohes Druckvolumen durch lange Vorlaufzeiten und alte Drucktechnik.

Sofortmaßnahmen führten zu ersten Erfolgen. Die Mitarbeiter konnten Vertrauen gewinnen.

> Jeder Mitarbeiter erhielt einem PC mit entsprechender Standardsoftware. Nach kurzer Schulung ging es weiter mit dem „training on the job". Bald waren die ersten Profis am Werk. Eine schnelle Arbeitserleichterung beim Schriftverkehr und der Aufbau der später benötigten DV-Kenntnisse waren die Motivation zum Weitermachen.

Phase 2: Die Konzeption

Jetzt ging es in die Gedankenarbeit. Auf der Basis der gewonnenen Erkenntnisse erarbeiteten die Berater mit dem Feld ein Konzept für die Ablauf- und Aufbauorganisation. Durch eine prozeßorientierte Sichtweise – statt der „Funktionsbrille" – sollte in Verbindung mit dem AKV-Prinzip durch Delegieren von Aufgabe, Kompetenz und Verantwortung an eine Person, die Prozeß- und Ergebnisverantwortlichkeit erreicht werden. Die Prozesse müssen dabei effektiv durch eine integrierte DV-Lösung unterstützt werden. Voraussetzung ist allerdings, daß die Mitarbeiter entsprechend ihrer Neigungen und Fähigkeiten eingesetzt werden.

Ergebnis mehrerer Workshops waren drei Prozeßebenen:

▶ *Lotteriebezogene Prozesse* mit hoher Wertschöpfung und Kritikalität.

▶ *Lotterienahe Prozesse* mit sekundärer Wertschöpfung.

▶ *Lotterieunabhängige Prozesse*, die die Unternehmensinfrastruktur begründen.

Diese drei Prozeßebenen waren die Basis für die neue Aufbauorganisation:

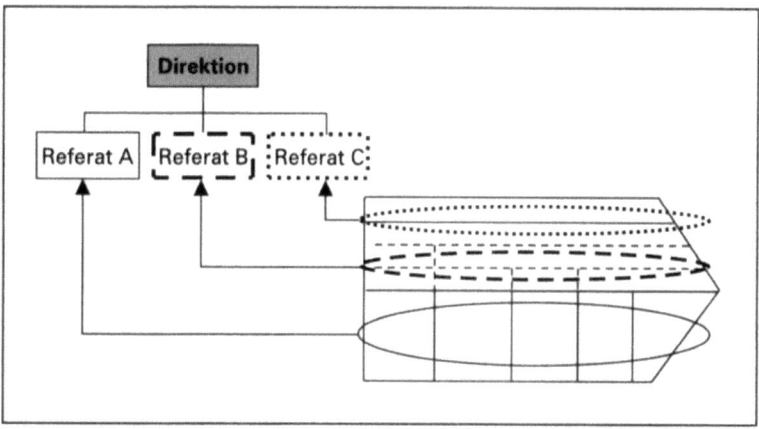

Abbildung 4: Organisatorische Umsetzung der Prozeßorientierung

Gleichzeitig begann die Konzeption des DV-Systems. Ein völlig neues System mußte konzipiert werden. Es gab keine Standardlösung für Klassenlotterien, und das EDV-System der Staatlichen Lotterieverwaltung konnte nicht übernommen werden.

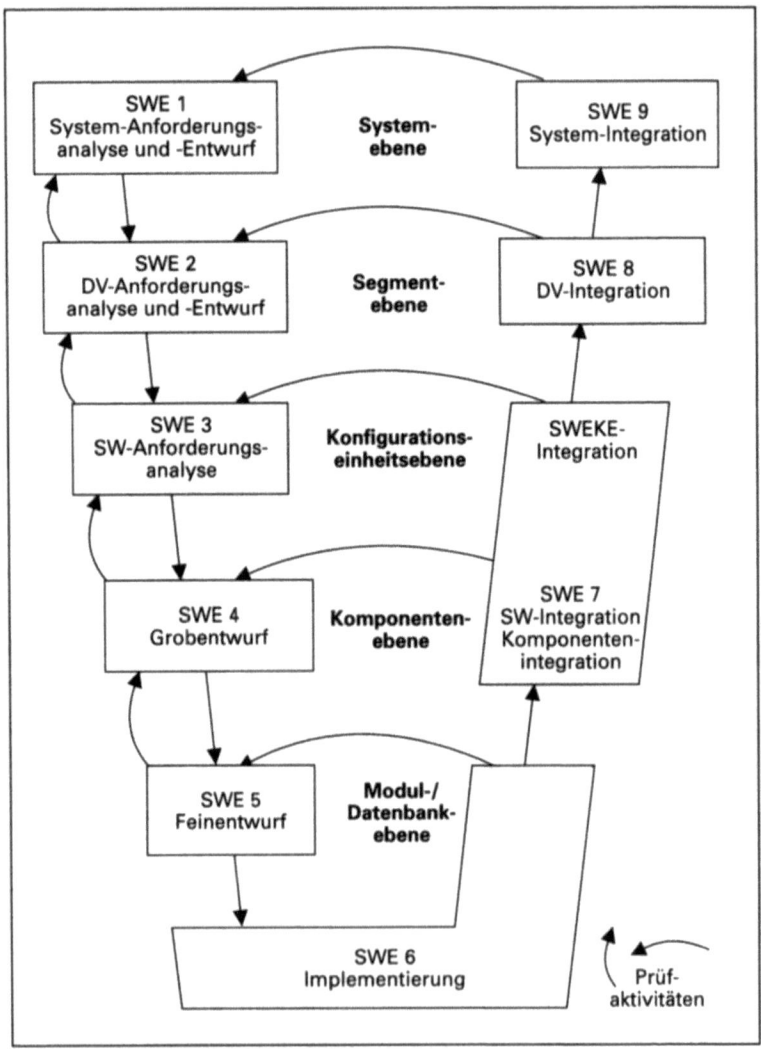

Abbildung 5: Schematische Vorgehensweise beim „V-Modell"

Der Anforderungskatalog:

▶ Die Lotteriedaten müssen ständig verfügbar sein.
▶ Die Datenintegrität und -sicherheit muß in hohem Maße sichergestellt werden.
▶ Die kontrollierbare Prozeßdefinition nach Phasen, Tätigkeiten und Aufgaben.
▶ Die Wartbarkeit und Offenheit des Systems.

Das V-Modell des Bundesministeriums des Inneren erschien geeignet, diese hohen Anforderungen an die Softwareentwicklung zu gewährleisten. Das Vorgehen bedingte zwar einen höheren projektbegleitenden Aufwand, verbesserte aber die Softwarequalität. Das grobe Vorgehensraster des V-Modelles gliedert sich in neun Stufen (SWE 1 bis SWE 9), die bei Projektstart an das Projekt angepaßt wurden.

SWE •	Inhalte
■ SWE 1	– Erstellen einer maßgeschneiderten Projektstruktur – Auswahl der Plattform: CSA-Architektur auf Basis der Datenbank Oracle
■ SWE 2	– Identifizieren und grobes Beschreiben der Funktionalitäten (Losedruck, Ziehung, Gewinnauszahlung •), die die Kernprozesse unterstützen – Definieren der Schnittstellen zu externen DV-Systemen
■ SWE 3	– Spezifizieren der Systemkomponenten
■ SWE 4	– Modellieren der einzelnen Systemkomponenten mittels GRADE
■ SWE 5	– Erstellen des Feinkonzeptes auf Basis der Entwicklungsplattform Oracle Forms V4.0 – DV-Konzeption für das Outsourcing des Losedruckes

In Phase 2 wurden die Module SWE 1 bis 5 abgearbeitet, das heißt, mit Abschluß dieser Phase war das Feinkonzept erstellt und abgenommen.

Phase 3: Die Realisierung

Umsetzen der organisatorischen Maßnahmen

Nach der Konzeptarbeit ging es an das Umsetzen:

▶ Die Organisation neu zu gestalten und damit die kritische Hürde für den gesamten Projekterfolg zu meistern.

▶ Die grundlegende Schrittfolge „Auftauen-Verändern-Stabilisieren" der Organisation war der Leitfaden.

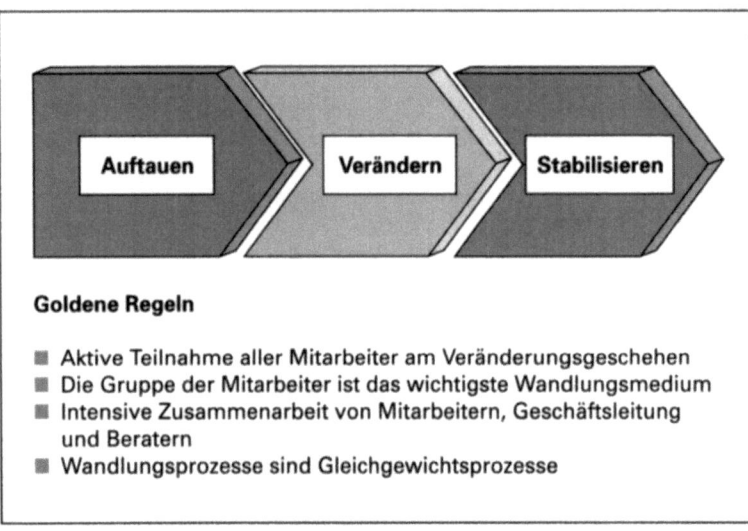

Abbildung 6: Verändern der Organisation

Um eine reibungsarme Umstellung zu erreichen, wurden weit vor dem Tage der Umstellung Maßnahmen eingeleitet, diesen Veränderungsprozeß bei Mitarbeitern und Führungskräften zu initiieren.

Zunächst ging es um umfassende und laufende Information aller Mitarbeiter über den aktuellen Projektstatus mit der Möglichkeit zur Diskussion. Jeder Mitarbeiter sollte bezüglich der Umstellung den gleichen Informationsstand haben, die Ziele verstehen und eigene Ideen einbringen können.

Dies war notwendig, um im nächsten Schritt themenbezogene Teams
– die Arbeitskreise – zu bilden.

Im Arbeitskreis „*Controlling*" kamen Mitarbeiter aus allen Referaten und Hierarchieebenen zusammen, um gemeinsam in mehreren moderierten Sitzungen ein Controllingsystem für die SKL zu entwerfen. Nachdem ein gemeinsamer Konsens – nach manchmal hitzigen und langen Diskussionen – gefunden war, konnte der grundlegende Ansatz rasch referatsübergreifend eingeführt werden.

Aus anfänglichen Diskussionsforen zu bestimmten Themen entwickelten sich mit der Zeit Teams, die in der Lage waren, die ihnen gestellten Probleme zu lösen.

Vorteile:

▶ Die Informationen wurden erheblich besser und schneller gestreut, da mehrere Mitarbeiter beteiligt waren.

▶ In den Diskussionen lernten die Mitarbeiter nicht nur mit dem ihnen gestellten Problem umzugehen, sondern auch neue Methoden und Techniken der Problemlösung zu finden und anzuwenden.

Von Anfang war es wichtig, in diesen Arbeitskreisen eine Kultur der Gleichberechtigung, des gegenseitigen Respekts und der Akzeptanz neuer oder anderer Standpunkte zu leben. Je reifer die Arbeitsgruppen, je besser ihre Problemlösungen und je eigenständiger und verantwortungsvoller sie mit den ihnen gestellten Aufgaben umgingen, desto mehr Entscheidungsfreiheit und -vollmacht räumte ihnen die Unternehmensführung ein. Gewollter Nebeneffekt: Viele Mitarbeiter konnten sich Wissen der grundlegenden Moderationstechniken aneignen.

Realisieren der DV-Lösung

Parallel zum Umsetzen der organisatorischen Maßnahmen mußte aus dem DV-Konzept ein reales System geschaffen werden, der gemeinsame Erfolg war das Ziel: Prozesse, Organisation, Mitarbeiter und DV-Technik sollten eine Einheit werden. Viele kleine und große Hürden galt es zu meistern.

Problem bei der Auswahl des Servers und der Datenbank-Plattform war besonders die im vornherein schwer abschätzbare Echtzeitperformance. Für die Ausschreibung wurde ein Benchmarktest entwickelt, der einen zeitkritischem Ablauf im Lotteriebetrieb mit entsprechendem Datenvolumen darstellt. An der folgenden Ausschreibung beteiligten sich mehrere namhafte Hersteller. Besonderes Augenmerk galt dem Erfüllen des Benchmarktestes. Die Laufzeiten lagen bei den Angeboten zwischen 30 Minuten und neun Stunden. Die Auswahl selbst erfolgte anhand einer zweistufigen Nutzwertanalyse in moderierten Workshops, um so eine objektive Auswahl zu erreichen. Nach der Vorauswahl der ersten Stufe anhand von definierten K.o.-Kriterien kamen noch zwei Anbieter in die Endauswahl. Die Entscheidung fiel zugunsten eines UNIX-Spiegelsystems von HP mit der relationalen Datenbank Oracle 7.0 aus. Als Clients wurden die Öko-PCs von SNI mit Oracle-Client und entsprechender Standardsoftware gewählt.

Ein Softwarehaus übernahm die Programmierung der Anwendung. Das Sicherstellen der qualitativen Anforderungen nach dem V-Modell erfolgte durch regelmäßige Reviews, von Sietec Consulting moderiert. Ebenso lag die Bereitstellung einer Testumgebung und das Durchführen der Tests bis hin zum Integrationstest in den gleichen Händen. Durch dieses „Vier-Augen-Prinzip" konnte eine hohe Qualität der Software bei gleichzeitig schneller Entwicklung erzielt werden. Auch der Übergang in den laufenden Betrieb verlief durch frühzeitig initiierte Maßnahmen weitgehend reibungslos.

Kritischer Punkt ist oftmals der Übergang vom Projekt zum Tagesbetrieb. Ein bereits zu Projektbeginn eingestellter, junger Informatiker war während der gesamten Konzeption und Realisierung mit in das Projekt integriert und konnte sich so ein profundes Know-how des Systems aneignen. Der Transfer des Wissens zur SKL war erreicht.

Weiteres Element beim Verwirklichen einer schlanken Organisation war das Neugestalten der technischen Abwicklungsaufgaben. Hierzu gehörte auch der Druck der Gewinnlose, bislang durch eine lange

Vorlaufzeit, hohes Druckvolumen und alte Drucktechnik gekennzeichnet. Am folgenden Beispiel sind die Potentiale eines Zusammenspiels von organisatorischen und technischen Maßnahmen deutlich zu erkennen.

Beispiel: Outsourcing Losedruck

Gefordert war ein zeitnaher Druck mit hoher Druckleistung in kurzen Zeitfenstern: 2,5 Millionen Abschnitte in 72 Stunden. Dies jedoch nur einmal pro Monat. Die Frage lautete: „Lohnt sich die Investition in eigenes Equipment – oder gibt es sinnvolle Alternativen, die die hohen Anforderungen an Sicherheit, Datenschutz etc. absolut zuverlässig erfüllen?"

Antwort: Als sinnvolle Alternative kam das Outsourcing des Losedruckes in Betracht. Es erfolgte eine Ausschreibung an Druckereien und DV-Dienstleister. Die Auswahl erfolgte wie beim DV-System anhand einer Nutzwertanalyse in moderierten Workshops, nicht eine einzelne Meinung sollte die Auswahl treffen. Die Wahl fiel auf die Fa. SBS. Als einzige Anbieter konnte SBS Druck-, Programmier- und Sicherheits-Know-how aus einer Hand anbieten.

Ein Arbeitsteam setzte anschließend das Konzept in die Praxis um. Der Losedruck konnte nach einer kurzen Anlaufphase bald in den Regelbetrieb überführt werden.

Ergebnis: Das Druckvolumen konnte um mehr als 50 Prozent gemindert, das zeitliche Fenster von sechs Wochen auf drei Tage verkürzt werden. Sofort realisierte Einsparungen in fünfstelliger Höhe je Lotterie waren die Folge.

Phase 4: Der Wandel – die kritische Hürde

Nichts ängstigt so sehr wie der Wandel. Denn der Wandel ist am Anfang immer von Unsicherheiten und Problemen begleitet, die das Leben zunächst schwerer machen, bevor durch gemeinsame Anstrengung und Anpassung der angestrebte Erfolg erreicht wird.

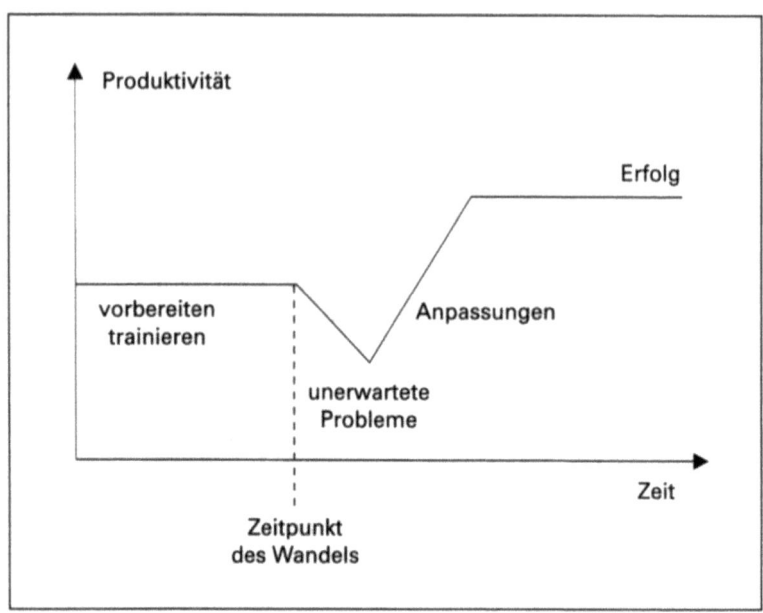

Abbildung 7: Zeit und Wandel

Auch bei der SKL wurde zu einem vorab definierten Zeitpunkt die neue Organisation und Technik eingeführt. Und man mußte damit rechnen, daß dies nicht ohne Schwierigkeiten durchgeführt werden konnte. Bei Problemen waren aufgrund des wöchentlichen Ziehungsrhythmus – wer wartet schon gerne auf Fortuna – schnelle Lösungen erforderlich, die nicht mehr von Einzelpersonen, sondern nur noch von Teams gewährleistet werden konnten. Die Teams sollten nicht nur ausreichend kompetent sein, sondern auch die Ziele und die erwarteten Ergebnisse verstanden haben. Gleichzeitig mußte diesen Teams der Raum für ihre Entscheidungen und Lösungen zur Verfügung gestellt werden. Dies war nur durch eine entsprechende Führungskultur möglich. Die Erfahrungen der Mitarbeiter aus den Arbeitskreisen flossen in die tägliche Arbeit ein, so daß sich in den Abteilungen die Teamkultur durchsetzte.

Parallel zu den Arbeitskreisen unterstützte ein Coach das Management, sich in der neuen Kultur zu positionieren. Trotz der anfänglich ungewohnten, da neuen Führungsrolle konnten sehr schnell die

Vorteile dieser Führungskultur für das Management erlebt werden. Je mehr die Teams lernten, eigenständig und verantwortungsvoll die täglichen Probleme zu lösen, desto weniger Belastung hatten die Führungskräfte in diesem Bereich. Sie konnten sich wieder verstärkt den klassischen Führungsaufgaben (Strategy, Business, Administration, Staff) widmen.

Durch die gezielte Förderung der Eigenverantwortlichkeit und Eigenständigkeit vor dem Wandlungsprozeß, konnte die Kompetenz und Motivation der Mitarbeiter soweit gesteigert werden, daß sie die Probleme nach der Umstellung gut meistern konnten. Denn trotz einiger Probleme während der Umstellung fand jeden Samstag pünktlich die Ziehung der SKL statt – Fortuna blieb den Gewinnern treu.

Resultate und Erfolgsfaktoren

Ergebnisse des Projektes

Wie im Projektverlauf immer wieder geschehen, sollen die Ergebnisse an den zu Projektbeginn gesteckten Zielen gemessen werden.

Ziel	Ergebnis
■ optimale Unternehmensstruktur	– Prozeßorientierte Organisation mit Konzentration auf Tätigkeiten mit Wertschöpfung
■ DV-technische Unterstützung	– Integration von Organisation und Technik durch schnellen und effektiven Produktivbetrieb
■ unter Einbindung der ...	– Vollständige DV-technische Unabhängigkeit
■ flexibel, ... und kostengünstig	– Prozeßverantwortlichkeit
■ Wettbewerbsfähigkeit sichern	– Strategischer Vorteil durch schlanke Prozesse und teamorientierten Arbeitsstil

Doch keine Ergebnisdarstellung ohne Blick auf die der Kostenseite: Bei der SKL konnten die reinen Abwicklungskosten der Lotterie um ca. 30 Prozent per anno gesenkt werden. Doch welches waren aus Sicht der Berater die „ausschlaggebenden Faktoren" für den Erfolg des Projektes? Diese Frage soll abschließend aus subjektiver Sicht des Beraters beantwortet werden.

Faktoren des Projekterfolges

Alles Handeln während des Projektes war an den *gemeinsamen Zielen* orientiert. Berater und Kunde vergegenwärtigten sich immer wieder dieses grundlegende Prinzip, hielten sich die Ziele vor Augen und bewerteten die Handlungen daran.

Die *Gesamtsicht* und das *Phasenkonzept* waren die Grundlage für eine kontrollierte Ziel- und Ergebnissicherung. In den Reviews nach jeder Phase stand der Vergleich von Ergebnissen und Zielen auf der Tagesordnung.

Innerhalb der einzelnen Phasen sorgte das Konzept der *„series of small successes"* für permanente Erfolge im Feld und hielt somit die Motivation permanent hoch.

Die klare *Definition von Zuständigkeiten* von Berater *und* Kunde im Projektverlauf ermöglichte eine eindeutige Aufgabenverteilung und Ergebniskontrolle.

Die teilweise *„Selbststeuerung des Wandels"* über Arbeitskreise, von den Mitarbeitern selbst gestaltet, sorgten für eine breite Akzeptanz der erarbeiteten Ergebnisse. Somit umging man typische Umsetzungsbarrieren, die Teamarbeit fand über die Referate hinweg Akzeptanz.

Neben all diesen Faktoren gibt es noch einen grundlegenden Erfolgsfaktor – die *„zwischenmenschliche Chemie"* – die sich in gegenseitiger Akzeptanz und Vertrauen zwischen Kunde und Berater äußert.

Seit Abschluß des Projektes ist mehr als ein Jahr vergangen. Wie sehen die erzielten Ergebnisse heute aus? Der Berater kann an dieser Stelle nicht unbefangen antworten, der Kunde muß mit dem Erreichten tagtäglich arbeiten. Herr Dr. Gerhard Rombach, Direktor der Süddeutschen Klassenlotterie, wird auf den nächsten Seiten seine Sicht der Ergebnisse schildern.

Kritische Reflexion

Die altehrwürdige Anstalt Süddeutsche Klassenlotterie befand sich Anfang 1993 grundlegend im Wandel:

Die Neuaufnahme der zwei Mitgliedsländer Sachsen und Thüringen bedingte einen neuen Staatsvertrag. Räumliche und personelle Engpässe führten zum Erwerb eines neuen Gebäudes; die vormalige Direktion ging in den verdienten Ruhestand; die durch die räumliche Nähe zur Staatlichen Lotterieverwaltung gegebene Nutzungsmöglichkeit der dort vorhandenen EDV und die vollständige Geschäftsbesorgung durch diese war nicht länger möglich: Die Zeichen standen auf Wandel. Die Vielfalt der zu lösenden Aufgaben barg Risiken und Chancen. Wir betrachteten die Aufgabenstellung als „grüne Wiese", ohne daß diese als „Spielwiese" betrachtet werden durfte, auf der eine moderne Unternehmensstruktur errichtet werden sollte. Dennoch: Der laufende Geschäftsbetrieb mußte ungestört weiterlaufen. Es lag ein schwieriger Weg vor uns.

Eine gewachsene Mitarbeiterstruktur, die bis dato die für den Unternehmensablauf notwendigen EDV-Dienstleistungen von außen – in Form von ausgedruckten Listen – geliefert bekam und hierauf aufbauend die weiteren Geschäftsprozesse erledigte, die zudem bis dato nicht einmal mit PCs arbeitete, reagiert auf die Mitteilung der Einschaltung einer Unternehmensberatungsfirma zunächst menschlich, nämlich skeptisch. Die erste Hürde der externen Berater war sicher eine der schwierigsten, nämlich Vorurteile und emotionale Barrieren abzubauen. Dies gelang erstaunlich schnell. In diesem ersten Schritt spielte die menschliche Qualität der Berater eine entscheidende Rolle. Offenlegung der Ziele und Interesse für die tägliche Arbeit waren wesentlich. Das Stigma des Job-Killers war angesichts des ohnehin knappen Personalkörpers bald überwunden. Gegenseitiger Respekt und Akzeptanz der jeweiligen Kompetenzen war nach relativ kurzer Zeit gegeben. Nur so konnten die vielen weiteren notwendigen Schritte erfolgreich ablaufen.

Die methodische Umsetzung der Problemlösung mittels Einführung von Arbeitskreisen bewirkte gerade in einem bislang hierarchisch geführten Betrieb nach Überwinden anfänglicher Skepsis eine Initialzündung für die Arbeits- und Unternehmenskultur. Trotz der mit Verantwortung immer verbundenen höheren Arbeitsbelastung konnte die Umstellung damit im Zeitplan erfolgen. Erfreulich ist, daß die für die Umstellungsphase gelernte Arbeitsweise auch weitergelebt wird. Das Instrument der Arbeitskreise löste damit nicht nur gruppendynamische Prozesse aus, sondern trug auch zur Selbstverwirklichung, zur Bildung von Selbstvertrauen und zu Eigeninitiativen bei.

Erfreuliches Nebenprodukt dabei ist, daß auch die Umsätze um zweistellige Prozentsätze gestiegen sind. Um das Bild der Wiese abschließend nochmals aufzugreifen: Die Saat geht auf.

Anwendung von Wertkettenkonzept und Conjoint-Analyse beim Reengineering öffentlicher Unternehmen

Stephan Oldenburg/Heinrich Seidlmeier

Die Implementierung als Wertschöpfungsprozeß

Wettbewerb und Restrukturierung privater und öffentlicher Unternehmen

Nahezu alle privaten und öffentlichen Organisationen (letztere auf Bundes-, Landes- und Gemeindeebene) spüren einen aktuellen, enormen Veränderungsdruck. Die Privatwirtschaft hat auf neue Wettbewerbsbedingungen, wie die zunehmende Internationalisierung der ökonomischen Beziehungen, den Markteintritt neuer, vor allem östlicher Industrieländer, die steigende Komplexität von Sach- und Dienstleistungen und die Dynamik der Kundenanforderungen, eher reagiert. Eine Reihe von Management- und Beratungskonzepte, wie Business Reengineering, Lean Production/Management, Total Quality Management, Time Based Management und ähnliche wurden entwickelt und mit mehr oder weniger großem Erfolg eingesetzt. Deutliche Personalreduzierungen waren jedoch fast immer die Konsequenz.

Öffentliche Verwaltungen sind heute noch nicht so weit. Zwar entsteht auch im öffentlichen Bereich zunehmend eine gewisse Rivalität; beispielsweise im kommunalen Sektor bezüglich der knappen Kauf- und Steuerkraft von privaten Unternehmen und Haushalte. Die

„druckauslösende" Veränderungsnotwendigkeit, vor allem in Form einer teilweise erschreckenden Haushalts- und Finanzlage, entstand sichtbar erst in letzter Zeit. Nicht wenige Verwaltungstheoretiker und -praktiker sehen zudem erhebliche Barrieren, in der Privatwirtschaft erprobte Methoden auf öffentliche Unternehmen zu übertragen – teilweise sicherlich zu Recht. Ein „New Public Management" (in den deutschen Sprachraum mit inhaltlichen Unterschieden unter der Bezeichnung „Neue Steuerungsmodelle" eingeführt), im Sinne einer modernen, betriebswirtschaftlich orientierten Verwaltungslehre, hat es nach wie vor schwer, ihr Gedankengut zur praktischen Anwendung zu führen.

Unabhängig vom zeitlichen Fortschritt der Anpassung von Strukturen und Prozessen haben privatwirtschaftliche und öffentliche Unternehmen prinzipiell die gleichen Ansätze zur Verfügung, sich bei nachhaltigen Veränderungen weiterhin zu behaupten. Kostensenkung, Optimierung von Leistungstiefe, -breite, -qualitäten und -zeiten, Reorganisation, Änderung der Personal- und Eigentümerstruktur sind die wesentlichen Restrukturierungsansätze (vgl. Picot, 1990). Unterstützende Informations- und Kommunikationstechniken drängen in den Vordergrund. Instrumente, Methoden und Konzeptgestaltungsschritte dazu sind bekannt.

Vielfach wird die derzeitige Krise der öffentlichen Verwaltung auch als Chance bezeichnet (vgl. zum Beispiel Steger, 1994) – analog zu den unternehmerischen Chancen (und Risiken) des Wandels. Spezifische Reformbarrieren kommunaler Verwaltungen müssen beachtet werden, lassen in der Regel aber auch Raum für Verbesserungsansätze. Haushaltssperren, Aufgabenkritik, Zielorientierung, Verwaltungsprozeß-Optimierung, neue Anreizsysteme sowie Privatisierung von bislang öffentlichen Aufgaben sind wiederum geläufige und spezifische Möglichkeiten für öffentliche Organisationen.

Im privaten wie im öffentlichen Bereich bieten die bekannten Konzepte an sich keine Differenzierungsvorteile gegenüber Wettbewerbern. Das Potential der Chance – und die Reduktion von entsprechenden Risiken – wird erst durch die Umsetzung von Konzepten in tatsächliche Verbesserungen realisiert. Entscheidend ist die Implementierung, denn in Zeiten des ständigen Wandels sind Implementierungsvorteile eine der wesentlichen Quellen von Wettbewerbsvorteilen.

Implementierungsaktivitäten als Quellen von Wettbewerbsvorteilen

Echte Wettbewerbsvorteile für Unternehmen erzeugen tatsächliche Nutzenvorteile für Kunden. Im Falle von Restrukturierungen muß durch die Umsetzung entsprechender Maßnahmen für das Unternehmen ein Nutzen erzeugt werden, der als Kundennutzen an die Abnehmer weitergegeben werden kann. Letztlich handelt es sich immer um die Wettbewerbsvorteile „geringerer Preis", „höhere Qualität" oder „kürzere Zeit".

Das Modell der Wertkette oder Wertschöpfungskette nach Porter ist ein bewährtes Analyseinstrument, um Stärken und Schwächen von Unternehmen einer bestimmten Branche differenziert zu untersuchen. Durch die Aufteilung eines Unternehmens in strategisch relevante „Wertaktivitäten" können die Ursachen von Wettbewerbsvorteilen verifiziert werden.

Im folgenden soll gezeigt werden, daß die ursprünglich auf Industrieunternehmen ausgerichtete Wertkette auch auf (öffentliche) Dienstleistungsunternehmen angewendet werden kann. Weiterhin wird als Rahmenkonzept eine prinzipielle Wertkette nicht für den Produktions- sondern für den Implementierungsprozeß entworfen. Insgesamt verdeutlichen die Ausführungen, daß die Faktoren „Anwender beziehungsweise Mitarbeiter" und „Anwender- beziehungsweise Mitarbeiterbetreuung" als zentrale Erfolgsfaktoren zu betrachten sind. Ein konkretes Praxisbeispiel zeigt die praktische Relevanz dieses Ansatzes.

Grundstruktur der Wertkette

Unter Wertschöpfung versteht man die Differenz aus Endleistung oder Gesamtwert für den Kunden (ausgedrückt in Umsatzerlösen, inklusive Gewinn) und bezogenen Vorleistungen (Rohstoffe, Sach- oder Dienstleistungen). Eine Wertkette ist generell eine Menge von betrieblichen, werterzeugenden Tätigkeiten, die zur Leistungserstellung und -verwertung benötigt werden. Porter unterscheidet primäre und unterstützende Aktivitäten (vgl. hierzu und zum folgenden Porter 1992, S. 59–92).

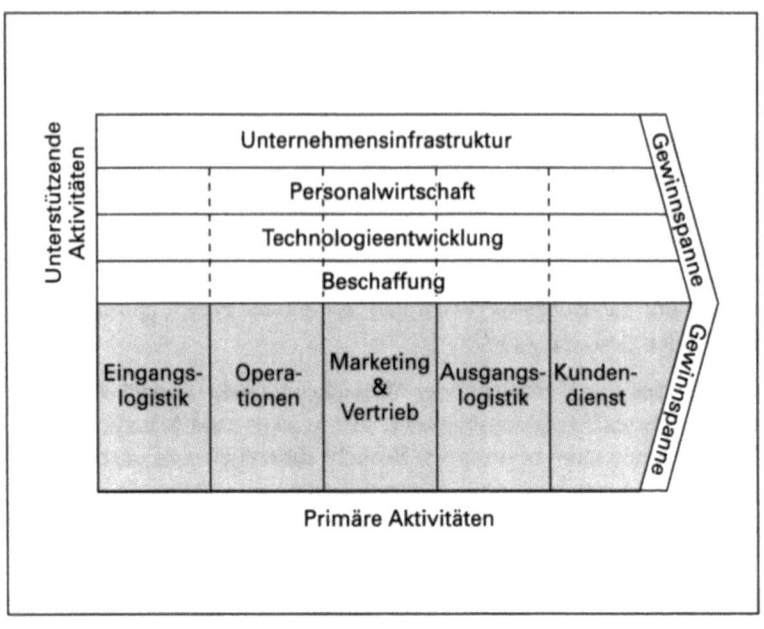

Abbildung 1: Die Wertkette nach Porter (vgl. Porter 1992, S. 62)

Primäre Aktivitäten sind produktnahe Tätigkeiten. Sie führen zu physischen (Produktion), räumlichen (Transport) oder zeitlichen (Lagerung) Veränderungen von Erzeugnissen. Diese Aktivitäten führen zur eigentlichen Wertschöpfung. Zur Aufrechterhaltung dieser Vorgänge werden unterstützende Vorgänge benötigt. Für jedes Unternehmen ist eine individuelle Wertkette zu erarbeiten. Dies beeinhaltet:

1. Definition der einzelnen Wertaktivitäten und Differenzierung in Teilaktivitäten,
2. Berücksichtigung von horizontalen und vertikalen Interdependenzen zwischen den einzelnen Aktivitäten,
3. Zuordnung von Organisationseinheiten und Ressourcen zu diesen Aktivitäten,
4. Ermittlung der Einflußgrößen für Wettbewerbsvorteile in den einzelnen Wertaktivitäten.

Die Implementierungswertkette

Im folgenden wird gezeigt, wie das produktionsprozeßorientierte Wertkettenkonzept auf Implementierungsprozesse angewendet werden kann.

Die Erzeugung eines Produkts in der traditionellen Wertkette wird durch die Erlangung einer wettbewerbsfähigeren Organisationsform ersetzt. Als primäre Aktivitäten sind alle Maßnahmen zu betrachten, die unmittelbar struktur- und prozeßverändernd wirken (zum Beispiel Modifikation der Aufgabenzuordnung und -bearbeitung, der Arbeitsmittel, von Entscheidungskompetenzen usw.). Unterstützende Aktivitäten dienen der Aufrechterhaltung der primären Aktivitäten.

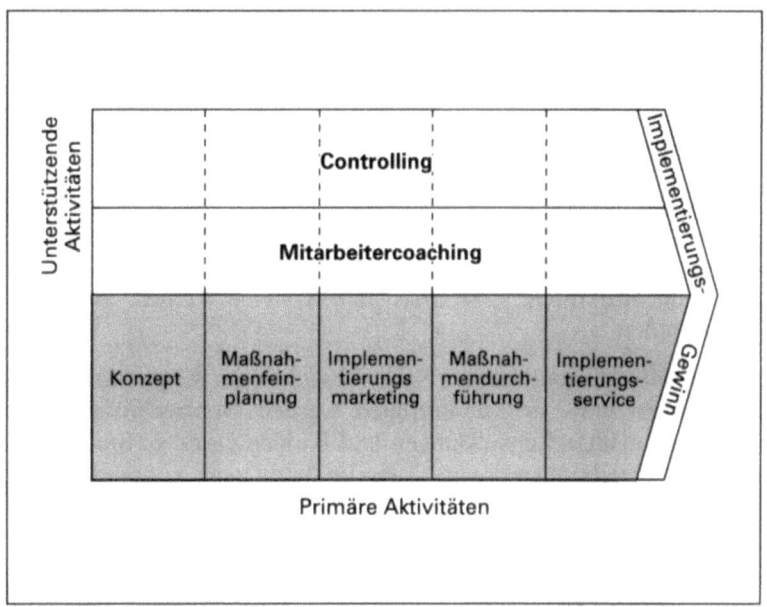

Abbildung 2: Prinzipdarstellung zur Implementierungswertkette

Primäre Aktivitäten

1. *Konzept*: Das „Ausgangsmaterial" einer Implementierung stellt bei jeder Reorganisation das intern oder extern erstellte Konzept dar. Hier müssen die Gestaltungsvorschläge möglichst genau und nachvollziehbar beschrieben werden. Von Vorteil ist, wenn bereits in dieser Konzeptphase potentielle spätere Implementierungshürden mit berücksichtigt werden. Bestandteil des Konzepts sollte schon eine erste grobe Maßnahmenplanung sein.

2. *Maßnahmenfeinplanung*: Aus der ersten Aktivität sind die konkreten Maßnahmen abzuleiten. Inbesondere sind genaue Aufgabenpakete, Zeitvorgaben, verfügbare Ressourcen und Verantwortlichkeiten zu definieren.

3. *Implementierungsmarketing*: Die Aktivierung der Bedürfnisse nach Innovationen, das Brauchen und Wollen neuer Verhältnisse, und letztlich die Umwandlung in nachhaltige Akzeptanz ist eine wesentliche wertschöpfende Aktivität im Rahmen der Implementierung. Nicht ein Überreden, ein Überzeugen ist zu fordern.

4. *Maßnahmendurchführung*: Hierbei handelt es sich um die Umsetzung im engeren Sinne; Organisationsanweisungen sind zu erstellen, Mittel neu zu verteilen, Personal zu versetzen und vieles mehr. Strukturen, Ressourcen und Systeme werden tatsächlich verändert.

5. *Implementierungsservice*: Nach Abschluß der Umsetzungsmaßnahmen muß vielfach korrigiert werden. Vernachlässigte oder unplanmäßige Entwicklungen und Probleme sind zu berücksichtigen beziehungsweise zu lösen. Im Sinne eines kontinuierlichen Verbesserungsprozesses muß zudem über die ursprünglichen Schritte hinaus weiterhin optimiert werden.

Unterstützende Aktivitäten

1. *Controlling*: Die Aufgabe dieser Aktivität liegt in der Verarbeitung von Informationen über die Implementierungseffizienz und -effektivität. Controlling unterstützt damit die Steuerung der Implementierung durch die Unternehmensführung.

2. *Mitarbeitercoaching*: Wichtig ist ebenfalls die permante fachliche und soziale Unterstützung der aktivtätigen und passivbetroffenen Mitarbeiter. Hierbei ist oft auf besonders geschulte, externe Trainer zurückzugreifen, die den Implementierungsprozeß kontinuierlich begleiten.

Vorteile des Ansatzes

Die Betrachtung der Implementierung als Wertkette zwingt zu einem ganzheitlichen, systematischen Denken. Das Augenmerk wird auch auf die vielfach vernachlässigten unterstützenden Aktivitäten gerichtet.

Sehr schnell deutlich wird auch, daß Implementierungsprozesse, wie generell alle kreativen, innovativen Vorgänge, sehr stark personenzentrierte Prozesse sind. Eine maschinelle Unterstützung ausführender oder dispositiver Arbeiten ist nur im begrenzten Maße möglich. Die Schaffung und Erhaltung von Akzeptanz ist zudem ein ausschließlicher sozialer Aspekt.

Die erfolgskritische Bedeutung des Faktors „Anwender beziehungsweise Mitarbeiter" wird für die primären Aktivitäten in den Ausführungen zum nachfolgenden Implementierungsbeispiel POLIVEST verdeutlicht. Weiterführende Überlegungen zu einem Implementierungscontrolling und zum Mitarbeitercoaching beziehungsweise zur Prozeßberatung werden an dieser Stelle vernachlässigt.

POLIVEST – ein Praxisbeispiel

Die vorstehenden Darstellungen sollen im folgenden anhand des konkreten Praxisbeispiels POLIVEST vertieft werden. Das Beispiel soll dazu benutzt werden, im Rahmen von Implementierungsprojekten eingesetzte Methoden und Instrumente sowie praktische Erfahrungen zu beschreiben. Nach einer Kurzbeschreibung des Projektes, in dem es im wesentlichen um die Gestaltung und Einführung von Telekooperationssystemen geht, soll zunächst jedoch in einer eher allgemeinen Darstellung auf die Rolle des Mitarbeiters eingegangen werden. Gegenstand des dann folgenden Kapitels ist im wesentlichen eine aus der Marketingforschung adaptierte konkrete Methode, die es erlaubt, die Präferenzstruktur der Anwender bezogen auf die Leistungsmerkmale eines Telekooperationssystems zu errechnen, um somit Hinweise auf seine konkrete Ausgestaltung zu erhalten.

POLIVEST: Anwendungsfeld Beratungsverfahren des Bundesrates

Vor dem Hintergrund der Förderinitiative POLIKOM ist es Ziel des Projektes POLIVEST (vgl. Reichwald et al. 1997) im Bereich Bundesrat ein modernes Telekooperationssystem für die Dokumentenbearbeitung zwischen räumlich verteilten und unabhängigen Organisationen der öffentlichen Verwaltung zu entwickeln und zu erproben.[1] Zunächst sollen Einsatzmöglichkeiten von neuen Telekooperationssystemen nur in einem Teilbereich des Bundesrates, im Ausschuß für Innere Angelegenheiten und den mit ihm zusammenarbeitenden Institutionen, untersucht werden.

Betrachtet man die heutige Verwaltungslandschaft, so stellt man einen Trend von streng monolithischen Behörden zu einer Entflechtung und Deregulierung fest, die zu aufgelockerten Organisationsformen mit kleineren Einheiten führt. Diese zeichnen sich vor allem dadurch aus, daß sie sich auf typische, zusammenhängende und genau bezeichnete Kernaufgaben konzentrieren und daß ihre Mitarbeiter mit einem relativ hohen Grad an Autonomie und Autarkie ausgestattet werden, indem die heute typische Trennung von Fach- und Ressourcenverantwortung aufgehoben wird (vgl. Reinermann 1995).

In solchen modularen Organisationen basiert Telekooperation im wesentlichen auf drei Prinzipien (vgl. Reichwald/Hermens 1994):

▶ der Verfügbarkeit eines breiten Spektrums von Werkzeugen der Informationsverarbeitung und Kommunikationsunterstützung an jedem Arbeitsplatz durch Telemedien,

▶ der Vernetzung aller Arbeitsplätze innerhalb einer autonomen Organisationseinheit unter Zugriff auf alle aufgabenrelevanten Informationen innerhalb und außerhalb der Organisationseinheit und

▶ der Vernetzung aller autonomen Organisationseinheiten und deren Koordination durch Telemedien.

Insbesondere im Rahmen der Realisierung und Ausgestaltung solcher modularen Organisationskonzepte kommt der Telekooperation, verstanden „als mediengestützte arbeitsteilige Leistungserstellung zwischen standortverteilten Aufgabenträgern, Organisationseinheiten und Organisationen" (vgl. Reichwald/Möslein 1996) und den sie unterstützenden technischen Systemen eine wichtige Rolle zu (vgl. Picot et al. 1996).

Betrachtet man vor diesem allgemeinen Hintergrund das durchaus als hochkomplex zu beschreibende Handlungsgefüge im Rahmen des Beratungsverfahrens des Bundesrates etwas eingehender, so zeigt sich, daß dieser Prozeß geprägt ist durch den Austausch und die Bearbeitung von sehr umfangreichen Dokumenten sowie durch die Zusammenarbeit zwischen räumlich verteilten Personen, die oft unterschiedlichen Organisationen angehören – neben den (heute noch) in Bonn angesiedelten Bundes- und Landesbehörden sind alle dezentralen Landesbehörden in den Hauptstädten der Länder beteiligt.

Mitarbeiterorientierung als zentraler Erfolgsfaktor

Von vielen anderen Prozessen in der öffentlichen Verwaltung unterscheidet sich das Beratungsverfahren des Bundesrates dahingehend, daß in vielen Prozeßabschnitten keine übergeordnete Organisation die Zusammenarbeit regelt oder steuert, sondern daß sich „Beziehungen" zwischen Organisationen beziehungsweise Organisationseinheiten herausbilden. Die Gestaltung vieler Verfahrensabläufe geht auf gegenseitige Absprachen zwischen den Beteiligten zurück, die keinem gemeinsamen Vertrags- oder Regelwerk (zum Beispiel einer Geschäftsordnung) unterliegen oder in einem solchen dokumentiert sind. Die sich daraus ergebenden Beziehungen müssen nicht unbedingt den Charakter eines Netzwerkes aufweisen, sondern es kann sich auch um Tauschbeziehungen nach Regeln des Marktes oder um institutionalisierte Verhandlungsbeziehungen handeln (vgl. Benz 1995, S. 186). Organisatorische Innovationen mit dem Ziel der effizienteren Gestaltung der Aufgaben in diesem Gefüge, müssen diesen Rahmenfaktoren differenziert Rechnung tragen. Nur dann können technische Systeme zur Unterstützung der Prozeßabläufe sich auch langfristig im Anwendungsfeld etablieren (vgl. Lenk 1994, S. 305–324).

Schon deshalb wird im Rahmen des Projektes POLIVEST bei der Gestaltung und Einführung von neuen Telekooperationstechnologien sowohl ein partizipativer Ansatz, der die frühe und intensive Einbindung der betroffenen Anwender in den Projektverlauf voraussieht, als auch ein evolutionärer Ansatz verfolgt, der es ermöglicht, während der gesamten Projektlaufzeit Analyse-, Gestaltungs- und Implementierungsphase mehrmals zyklisch zu durchlaufen.

Als wichtige Voraussetzung für die Sicherung der Nutzeranforderung bei dem Entwurf von Telekooperationssystemen wird von einigen Autoren in der frühen Einbeziehung oder Partizipation der Anwender bei der Systemgestaltung gesehen (vgl. Kißler 1988; Greenbaum/ Kyng 1991). Die Vorteile der Partizipation liegen nicht nur in der Berücksichtigung des ausführlichen und detaillierten Fachwissens der Anwender, sondern auch in der frühzeitigen Akzeptanzsicherung bei den Beteiligten, die bei ihrer täglichen Arbeit mit dem Telekooperationssystem umgehen müssen. „Eine Vielzahl (in dieser Hinsicht wichtiger) ... Erkenntnisse ergeben sich ... häufig erst dann, wenn auf die prospektive Technikforschung hin Implementierungen stattgefunden haben, da viele Anwendungseffekte erst in der praktischen Erprobung offenbar werden" (Klein/Rhode 1994, S. 173).

Methoden, Instrumente und Erfahrungen im Rahmen von POLIVEST

Das Beispiel POLIVEST soll nun dazu benutzt werden, insbesondere die in den primären Wertaktivitäten „Konzept", „Implementierungsmarketing", „Maßnahmendurchführung" und „Implementierungsservice" eingesetzten Methoden und Instrumente (vgl. Abbildung 3) sowie praktische Erfahrungen zu beschreiben. Weiterhin wird die Bedeutung des Erfolgsfaktors „Mitarbeiter- beziehungsweise Anwenderbeteiligung" nochmals betont.

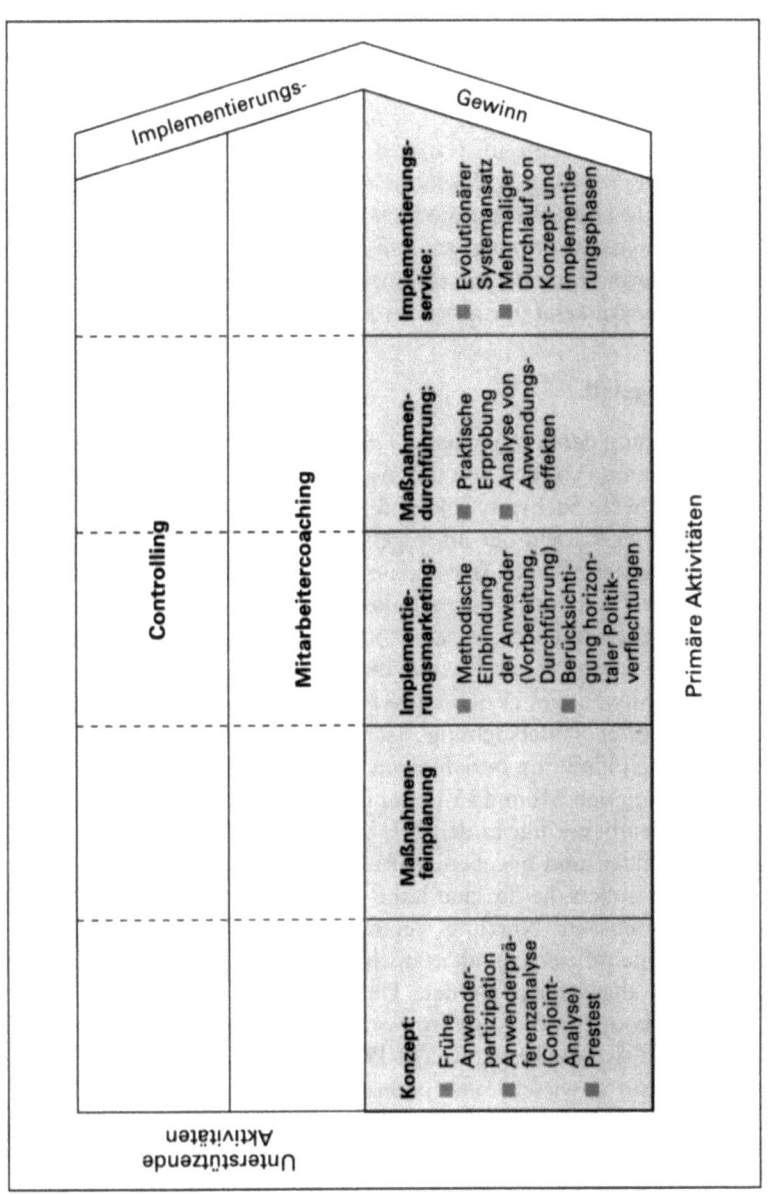

Abbildung 3: Beispielhafte Methoden und Instrumente in der Implementierungswertkette für POLIVEST

Ermittlung von Leistungsmerkmalen – die Conjoint-Analyse

Im folgenden soll eine im Rahmen des zuvor beschriebenen Vorgehensmodells angewandte Methode vorgestellt werden, die es erlaubt, quantifizierte Hinweise auf die konkrete Ausgestaltung eines Telekooperationssystems bezogen auf seine Leistungsmerkmale zu erhalten, das den relevanten Präferenzstrukturen der Anwender beziehungsweise einzelner Anwendergruppen im Mittel am nächsten kommt.

Anwendungsfall

Die Bedeutung der verschiedenen Leistungsmerkmale von Telekooperationssystemen werden von den Anwendern äußerst unterschiedlich beurteilt. Dieser Sachverhalt konnte bereits im Rahmen explorativer Interviews im Vorfeld der im folgenden vorgestellten Untersuchung feststellt werden. Da die Auswahl und Gestaltung der Leistungsmerkmale unter Umständen einen hohen Einfluß auf die Nutzung des Systems haben könnten, ist man im Hinblick auf eine anwendergerechte Gestaltung bestrebt, die unterschiedlichen Präferenzen der einzelnen Anwendern beziehungsweise der einzelnen Anwendergruppen (Bei einer Untersuchung nach Gruppen können diese zum Beispiel nach Funktion beziehungsweise Stellung der Anwender [nur Referenten in den MI und LV] oder nach Organisationen [Referenten und Sachbearbeiter nur in den MI] gebildet werden.) herauszufinden und abzubilden und gegebenenfalls Interessensgegensätze aufzudecken. Dabei sollen die für eine hohe Anwenderakzeptanz als Voraussetzung intensiver Nutzung verantwortlichen Leistungsmerkmale nicht nur identifiziert, sondern auch ihre relative Bedeutung für die Anwender abgeschätzt werden. Unterstellt man, daß die Nutzung eines Telekooperationssystems von den Leistungsmerkmalen abhängt, stellt sich die Frage, welche Präferenzstrukturen die Anwender besitzen und inwiefern die unterschiedlichen Leistungsmerkmale diesen entsprechen.

Für die Erhebung und Abbildung solcher Präferenzstrukturen wird ein häufig für die Produktneugestaltung (vgl. Wittink/Cattin 1989, S. 91 ff.) verwendetes multivariates Verfahren aus der Marketing-Forschung, die Conjoint-Analyse (Eine Einführung in die Conjoint-Analyse geben Backhaus et al. 1994, S. 498 ff. Eine detailliertere Darstellung zur Conjoint-Analyse im Rahmen des Projektes POLIVEST geben Hertel/Oldenburg 1997), ausgewählt. Obwohl das Verfahren bereits außerhalb der Marketing-Forschung (vgl. hierzu zum Beispiel Tscheulin 1992) angewendet worden ist, findet es in der Organisationsforschung noch selten Anwendung.

Kompositions- versus Dekompositionsansatz

Bei der Durchführung einer Anwenderpräferenzanalyse stellt sich die grundsätzliche Frage, auf welche Weise diese zu geschehen hat. Unterstellt man, daß die Eigenschaften eines Telekooperations-Systems die Präferenzen eines Anwenders beeinflussen, diese demnach Variablen seiner Präferenzfunktion sind, so steht man vor der Entscheidung, welchem Ansatz man zur empirischen Analyse des Einflusses mehrerer Variablen auf eine Entscheidung, das heißt, die Entscheidung des Anwenders, ein Telekooperations-System einem anderen vorzuziehen, folgt. Grundsätzlich unterscheidet man zwischen sogenannten Kompositionsansätzen und Dekompositionsansätzen.

Bei der Untersuchung im Rahmen des Projekts POLIVEST (Bundesrat) wurde dem Dekompositionsansatz gefolgt. Er besitzt den Vorteil, daß er sich durch eine hohe Vorhersagevalidität auszeichnet. Dies unter anderem deshalb, weil alle wesentlichen Variablen auf einmal betrachtet werden, so daß man zu einer realistischeren Gewichtung der einzelnen Variablen als beim Kompositionsansatz (zum Beispiel durch Befragung) kommt (vgl. Schrader 1990, S. 165 ff.).

Eine Befragung (Kompositionsansatz) der Anwender wäre insbesondere deshalb weniger geeignet, weil die Anwender bei jeder Variablen die bestmögliche Ausprägung wählen würden. So könnten die Anwender bei der Variablen eines Telekooperations-Systems, wie „Aktualität" die höchste Aktualität, bei der Variablen „Nutzungsmöglichkeit" die weitreichendste wählen, ohne daß aus der Befragung die Gewichtungen der einzelnen Variablen untereinander realistisch zu schätzen wären. Es läßt sich in jedem Fall festhalten, daß eine nach einzelnen Variablen getrennte Befragung unter Umständen nicht zu einem realistischen Schätzungsergebnis führen könnte.

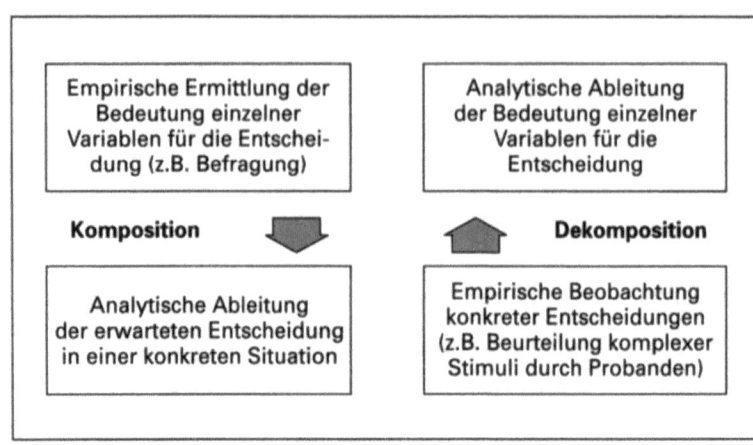

Abbildung 4: Kompositions- und Dekompositionsansatz
(vgl. Schrader 1990, S. 165)

Der Dekompositionsansatz kann diese Nachteile vermeiden. Der Anwender wird nicht mehr nach einzelnen Variablen befragt, sondern nach einer Vielzahl (sogenannte Stimuli als Kombination von Variablenausprägungen mehrerer Variablen). Aus der Bewertung dieser Stimuli werden die Präferenzen und damit auch die Gewichtungen der Variablen geschätzt. Ein probates Analyseverfahren hierfür ist die Conjoint-Analyse.

Ein wesentlicher Vorteil der Conjoint-Analyse besteht darin, daß der Anwender nicht einzelne Leistungsmerkmale, sondern komplette Systeme bewertet. Demgegenüber steht eine entscheidende Einschränkung: es können nicht beliebig viele Variablen beziehungsweise Systemeigenschaften bei diesen Verfahren untersucht werden, da der Bewertungsaufwand für den Probanden mit der Anzahl der Variablen sehr stark ansteigt. Somit ist eine umfassende Systembeschreibung nur begrenzt möglich.

Die Conjoint-Analyse im Überblick

Mit Hilfe der Conjoint-Analyse ist es möglich, Präferenzen zu schätzen; es handelt sich deshalb um ein Schätzverfahren. Da im Projekt POLIVEST ein Telekooperations-System installiert werden soll, das den Präferenzen der Anwender entspricht, bietet es sich an, eine Conjoint-Analyse durchzuführen. Dabei werden nicht nur Präferenzen bezüglich einer Funktion (oder Eigenart) des möglichen Systems geschätzt, sondern mehrere Präferenzen gleichzeitig. Die Conjoint-Analyse schätzt konjunkte Präferenzen und zählt deshalb zu den multivariaten Analyseverfahren. Dabei wird davon ausgegangen, daß sich die Präferenzen des Anwenders in seinem empfundenen Gesamtnutzen ausdrücken. Dieser Gesamtnutzen wird nun durch die Conjoint-Analyse in Teilnutzen aufgespalten. Dies geschieht, indem die Teilnutzen so geschätzt werden, daß sie den Gesamtnutzen widerspiegeln können.

Wie bei jedem Analyseverfahren bedarf es vorbereitender Überlegungen, einer Durchführung und einem daran anschließenden analytischem Teil. Sodann kann eine Interpretation erfolgen, sofern die Validität der Daten als ausreichend beurteilt wird.

Die Conjoint-Analyse vollzieht sich in folgenden Verfahrensschritten (vgl. Schrader 1990, S. 167 f.):

1. *Bestimmung der zu untersuchenden Variablen und Variablenausprägungen:*

    Im ersten Schritt werden die Variablen und ihre Ausprägungen bestimmt. Variablen sind in diesem Zusammenhang die möglichen Eigenschaften eines konkreten Telekooperations-Systems mit ihren jeweiligen Ausprägungen (im Rahmen des Projektes wurden folgende Eigenschaften gewählt: zeitbezogene Zugriffsmöglichkeit auf Informationen, Aktualität der Informationen, Recherchemöglichkeit nach Informationen, Bearbeitbarkeit beziehungsweise Nutzung der Information).

2. *Festlegung des Erhebungsdesigns, das heißt Definition der Stimuli:*

    Sind die Variablen festgelegt, so stellt sich die Frage, wie das Erhebungsdesign ausgestaltet sein soll, das heißt auf welche Weise dem Anwender die Variablenausprägungen präsentiert werden.

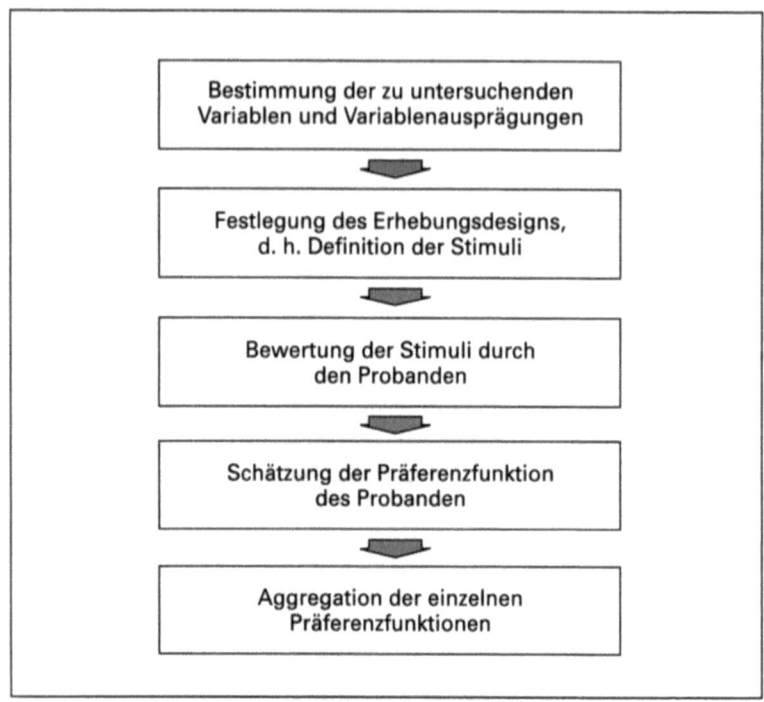

Abbildung 5: Vorgehen bei der Conjoint-Analyse
(vgl. Schrader 1990, S. 168)

3. *Bewertung der Stimuli durch den Probanden:*
   Sind die Systeme zusammengestellt und deren Anzahl gegebenenfalls zur leichteren Handhabung reduziert worden, so wird die Methode der Präferenzbefragung beim Anwender festgelegt.
4. *Schätzung der Präferenzfunktion des Probanden:*
   Hat der Anwender seine Präferenzen innerhalb des festgesteckten Variablenmodells abgegeben, so werden die Präferenzen mittels mathematisch-statistischer Schätzmethoden quantifiziert.
5. *Aggregation der einzelnen Präferenzfunktionen:*
   Da bei der Untersuchung im Rahmen des Projektes POLIVEST eine Vielzahl von potentiellen Anwendern befragt wurden, stellt

sich die Frage, wie eine sinnvolle Aggregation der Schätzergebnisse durchgeführt werden soll.

Validität und Güte der Ergebnisse

Sowohl die Schätzergebnisse einzelner Anwender als auch die aggregierten Schätzergebnisse sollten einer Überprüfung bezüglich ihrer Abbildungsgüte, das heißt ihrer Fähigkeit, die abgefragten Präferenzen quantitativ abzubilden, unterzogen werden. Ist das Ergebnis zufriedenstellend, so sollte geprüft werden, ob sie sich für verallgemeinernde Aussagen sinnvoll heranziehen lassen (Frage der Validität [Zum Thema Validität von Conjoint-Analysen vgl. Müller-Hagedorn et al., 1992, allgemein zum Thema Validität siehe auch Nachreiner 1994]).

Anwendungsvoraussetzungen

Um eine Conjoint-Analyse sinnvoll durchführen zu können, müssen die Anwendungsvoraussetzungen geklärt werden. Dabei ist zu fragen,

- ob die Prämissen eingehalten werden können,
- wie die Variablen und ihre Ausprägungen auszusehen haben,
- wie das Erhebungsdesign aussieht und
- auf welche Weise der Proband seine Präferenzen mitteilen soll.

Voraussetzung für die Anwendung einer Conjoint-Analyse ist die Annahme, daß sich der Gesamtnutzen eines Systems additiv aus dem Nutzen der einzelnen Leistungsmerkmale (Teilnutzen) zusammensetzt Dem Anwender werden dazu mehrere fiktive Systeme mit jeweils unterschiedlichen Ausprägungen der Systemeigenschaften vorgelegt. Seine Aufgabe ist es, diese zu bewerten, indem er die Systeme in eine Rangfolge bringt. Anhand der Rangfolge lassen sich anschließend die Teilnutzen der Variablen (beziehungsweise Systemeigenschaften) und deren Beitrag zum Gesamtnutzen errechnen. Die Leistungsmerkmale sollten dabei jeweils mindestens zwei Ausprägungen aufweisen und auf einer nominalen Skala meßbar sein. „Die Auskunftsperson gibt also *ordinale Gesamtnutzenurteile* ab, aus denen durch die Conjoint-Analyse *metrische Teilnutzenwerte* abgeleitet werden. Damit wird es außerdem möglich, durch Addition der Teilnutzenwerte auch metrische Gesamtnutzenwerte zu ermitteln" (Backhaus 1994, S. 500).

Weitere Prämissen sind (vgl. Backhaus 1993, S. 503 f.):

1. Der zu ermittelnde Gesamtnutzen für den Anwender eines Telekooperations-Systems setzt sich aus Teilnutzen additiv zusammen.
2. Die befragten Anwender können die verschiedenen „Beispiel"-Systeme in eine Reihenfolge bringen, die ihre Präferenzen für die einzelnen Systeme widerspiegelt, das heißt, der Gesamtnutzen der einzelnen Systeme ist ordinal meßbar.
3. Die Eigenschaften des Systems haben einen Einfluß auf die Entscheidungen der Anwender, das heißt, sie sind relevant.
4. Die Eigenschaftsausprägungen sind bei der Gestaltung der Systemkonfiguration beeinflußbar und lassen sich realisieren.
5. Die Eigenschaften sind unabhängig voneinander, das heißt, der Teilnutzen für eine Eigenschaft beeinflußt nicht den Teilnutzen einer anderen Eigenschaft (sonst wäre die Annahme eines additiven Gesamtnutzen nicht gegeben, es beständen somit Korrelationen zwischen den einzelnen Eigenschaften).
6. Die einzelnen Eigenschaftsausprägungen stehen in einer kompensatorischen Beziehung zueinander, das heißt, die Gesamtbeurteilung eines möglichen Systems ergibt sich aus der Summation aller Einzelurteile der als gegenseitig substituierbar angesehenen Eigenschaftsausprägungen.
7. Die Anzahl der Eigenschaften und Ausprägungen ist so begrenzt, als daß eine Abfrage beim Anwender noch möglich ist. Die Anzahl der Eigenschaften läßt die Anzahl der möglichen Systeme und damit auch der abzufragenden Systeme (reduziertes Design) exponentiell steigen. Eine zu große Zahl an abzufragenden Systemen läßt die Akzeptanz der Befragung stark sinken.

Anwendungserfahrungen und Ausblick

Im Projekt POLIVEST wurde im Rahmen eines „Pretest" das hier beschriebene Verfahren zunächst in sieben Interviews bei den Anwendern erprobt. Dabei hat sich gezeigt, daß der Anwender raschen Zugang zu der Methodik findet und die auf einzelnen Karten jeweils beschriebenen fiktiven Systeme ohne große Schwierigkeiten in eine Reihenfolge bringen kann. Bei den Individualanalysen hat sich weiterhin gezeigt, daß die abgeschätzten Präferenzstrukturen gut mit den zu Testzwecken zusätzlich protokollierten Äußerungen der Anwender übereinstimmen.

Anhand der abgegebenen Rangfolge wurden anschließend die Gesamt- und Teilnutzenwerte abgeschätzt. Das ordinale Zusammenhangsmaß „Kendalls Tau" (vgl. Bortz et al. 1990, S. 422 zeigt dabei an, wie gut die Reihenfolge, die der Befragte angegeben hatte, durch die Reihenfolge aus den errechneten Gesamt- und Teilnutzenwerten abgeleitet werden kann. Ein hohes Kendall Tau kann somit als Hinweis auf die Validität der Präferenzfunktion gewertet werden.

Zwar ist eine ausführliche Interpretation der Ergebnisse aufgrund des geringen Umfangs der vorliegenden Datenmenge des Pretests nur eingeschränkt möglich. Auch eine Aufteilung der Anwender in unterschiedliche Gruppen bedarf eines erweiterten Datenumfangs. Dennoch ist für exemplarische Zwecke nachfolgend die Präferenzstrukturen von zwei Anwendergruppen, Sachbearbeiter und Referenten, mit einer Gegenüberstellung der vier Leistungsmerkmale dargestellt.

Hier zeigt sich, daß das Leistungsmerkmal „Aktualität" für die Referenten am wichtigsten ist, wohingegen das Merkmal „Nutzung" von den Sachbearbeitern als wichtigstes identifiziert wurde. Im direkten Vergleich zwischen den beiden Gruppen lassen sich bezüglich der Variablen „Recherche" und „Nutzung" auf der einen Seite und der Variablen „Aktualität" und „Zugriff" auf der anderen Seite Unterschiede in der Präferenz erkennen. Diese sind vermutlich auf die unterschiedlichen Aufgaben der beiden Gruppen zurückzuführen. Die Referenten sind im allgemeinen stärker an einer schnellen Deckung des für ihre Koordinationstätigkeiten wichtigen Informationsbedarfs interessiert. Hingegen steht bei den Sachbearbeitern, die überwiegend administrative Aufgaben wahrnehmen, die lokale Bearbeitung der Informationen und die Anbindung an andere Stellen im Vordergrund. Genauere (validere) Aussagen über die Präferenzstrukturen der Anwender im allgemeinen und der verschiedenen Anwendergruppen im besonderen sind jedoch erst auf Basis eines erweiterten Datenmaterials, also nach weiteren Erhebungen, möglich. Es zeigt sich aber, daß das Verfahren grundsätzlich praktikabel ist und gut interpretierbare Ergebnisse liefert und somit die Basis für eine weitere Implementierung sowie Systemanwendung erzeugt.

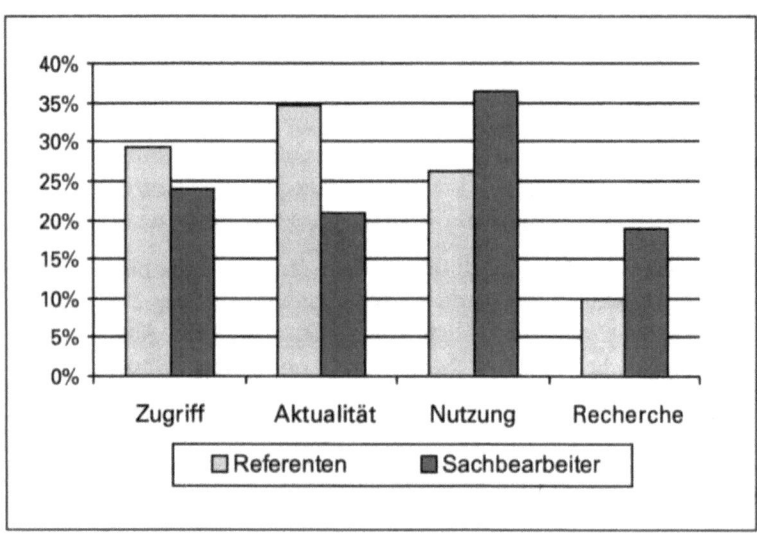

Abbildung 6: Gemeinsame Conjoint-Analyse nach Funktion der Befragten

Implementierungspraxis zwischen Rationalität und Kreativität

In den zurückliegenden Ausführungen wurde versucht, durch das generelle Konzept der Implementierungswertkette und die Beschreibung eines konkreten Beispiels (mit dem Schwerpunkt Conjoint-Analyse), einen Beitrag zu einem „rationalen" Implementierungsmanagement zu leisten. Systematische Methoden und Instrumente, ergänzt um praktische Erfahrungen gehören dazu. Es darf jedoch nicht vergessen werden, daß jede Implementierungssituation anders ist, eine starre „1:1-Übertragung" der Ansätze von einem Projekt auf ein anderes deshalb nicht empfehlenswert erscheint. Notwendig sind oft ergänzende innovative Lösungen, die Intuition, Fingerspitzengefühl, Improvisationstalent und ähnliches, kurz Kreativität, erfordern. Diese Differenzierung in „Wissenschaft" und „Kunst" muß zudem auf einer instrumentellen und einer sozialen Ebene erfolgen. Weder ein strengrationales Vorgehen beim Einsatz von Methoden und Instrumenten sowie bei der Berücksichtigung sozialer Aspekte, noch ein ausschließlich kreativ-chaotischer Ansatz, sondern ein ausgewogener Mix sorgt für Implementierungseffektivität und -effizienz.

Anmerkung

1 Das vom BMBF geförderte Projekt POLIVEST umfaßt insgesamt zwei Anwendungsfelder: das Beratungsverfahren des Bundesrates und das Baugenehmigungsverfahren des Rhein-Sieg-Kreises. Als Verbundpartner sind die Siemens-Nixdorf AG (Projektleitung), die Siemens AG, die Sietec, die GMD und die BPU GmbH beteiligt.

Literatur

BACKHAUS, K./ERICHSON, B./PLINKE, W./WEIBER, R. (1994): Multivariate Analysemethoden – Eine anwendungsorientierte Einführung, 7. Aufl., Berlin u. a.

BENZ, A. (1995): Politiknetzwerke in der Horizontalen Politikverflechtung, S. 185–204. In: Jansen, D./Schubert, K. (Hrsg.) (1995) Netzwerke und Politikproduktion – Konzepte, Methoden, Perspektiven, Marburg.

BORTZ, J./LIENERT, G. A./BOENKE, K. (1990): Verteilungsfreie Methoden in der Biostatistik, Berlin u. a.

GREENBAUM, G./KYNG, M. (Hrsg.) (1991): Design at work, Hillsdale.

HERTEL, G./OLDENBURG, S. (1997): Gestaltung organisationsübergreifender Telekooperationssysteme (in Vorbereitung).

KISSLER, L. (1988): Computer und Beteiligung – Beiträge aus der empirischen Partizipationsforschung, Opladen.

KLEIN, L./ROHDE, M. (1994): Der Szenariobogen – Herleitung und Evaluation software-ergonomischer Gestaltungsanforderungen, S. 173–193. In: Hartmann, A./Herrmann, T./Rohde, M./Wulf, V. (Hrsg.) (1994), Menschengerechte Groupware – Software-ergonomische Gestaltung und partizipative Umsetzung, Stuttgart.

LENK, K. (1994): Information systems in public administration: From research to design, Informatization and the Public Sector, Vol. 3, No. 3/4, S. 305–324.

MÜLLER-HAGEDORN, L./SEWING, E./TOPOROWSKI, W. (1992): Zur Validität von Conjoint-Analysen, Arbeitspapier – Universität zu Köln, Köln, S. 1–52.

NACHREINER, F. (1994): Methodenprobleme der Software-Ergonomie, S. 51–63. In: Hartmann, A./Herrmann, T./Rohde, M./Wulf, V. (Hrsg.) (1994), Menschengerechte Groupware – Software-ergonomische Gestaltung und partizipative Umsetzung, Stuttgart.

PICOT, A. (1990): Strukturwandel und Wettbewerbsdruck, zfbf 42 (2/1990), S. 119–134.

PICOT, A./REICHWALD, R./WIGAND, R. (1996): Die grenzenlose Unternehmung, Wiesbaden.

PORTER M. (1992): Wettbewerbsvorteile, Frankfurt.

REICHWALD, R/HERMENS, B. (1994): Telekooperation und Telearbeit, Office Management, Nr. 10, S. 25–30.

REICHWALD, R./MÖSLEIN, K. (1996): Telearbeit und Telekooperation. In: Bullinger, H.-J./Warnecke, H.-J. (Hrsg.) (1996), Die neue Unternehmensorganisation – Ein Handbuch für das moderne Management, Berlin u. a. (im Druck).

REICHWALD, R./MÖSLEIN, K./OLDENBURG, S. (1997): Telearbeit, Telekooperation und die Virtuelle Unternehmung (in Vorbereitung).

REINERMANN, H. (1995): Vernetzte Verwaltung, Die Verwaltung, No. 1, S. 1–16.

SCHRADER, S. (1990): Zwischenbetrieblicher Informationstransfer – Eine empirische Analyse kooperativen Verhaltens, Berlin.

STEGER U. (Hrsg.) (1994): Lean Administration, Frankfurt.

TSCHEULIN, D. K. (1992): Optimale Produktgestaltung – Erfolgsprognose mit Analytic Hierarchy Process und Conjoint-Analyse, Wiesbaden.

WITTINK, D. R./CATTIN, P. (1989): Commercial Use of Conjoint Analysis: An Update, Journal of Marketing, Vol. 53, S. 91–96.

Die Konzeptphase als kritischer Erfolgsfaktor organisatorischer Veränderungen in der öffentlichen Verwaltung

Manfred Erdtmann/Ralf Tost/Jürgen T. Knauf

„Wenn Du ein Schiff bauen willst, fang nicht an Holz zusammenzutragen, Bretter zu schneiden und die Arbeit zu verteilen, sondern wecke in den Männern die Sehnsucht nach dem großen weiten Meer."

Antoine de Saint-Exupéry

Die Stadt Kamen

Die Stadt Kamen – am Südrand der westfälischen Tieflandsbucht, ca. 15 Kilometer östlich von Dortmund gelegen – ist mit rund 47 000 Einwohnern fünftgrößte Kommune und mit ca. 1 150 Einwohnern pro Quadratkilometer nach Lünen die dichtbesiedelste Gemeinde des Kreises Unna. Kamen weist in den letzten ca. 25 Jahren eine absolute Bevölkerungszunahme von knapp acht Prozent auf. Demgegenüber steht eine absolute Bevölkerungszunahme des Landes Nordrhein-Westfalen von ca. 0,8 Prozent. Dieser, aus wirtschaftlichen Gesichtspunkten positive Prozeß hat jedoch auch Auswirkungen auf die Stadtverwaltung: mehr Einwohner bedeuten mehr Arbeit im Rathaus. Die Stadt Kamen hat derzeit ca. 510 städtische Bedienstete, von denen ca. 220 zur sogenannten Kernverwaltung zählen.

Die Rahmenbedingungen der Kommunalverwaltungen ausgangs des 20. Jahrhunderts

Kommunalverwaltungen wie die Stadt Kamen stehen gegenwärtig vor einem Dilemma:

Einerseits werden ihnen durch Bund und Länder immer neue Aufgaben übertragen, zu deren Wahrnehmung sie verpflichtet sind. Andererseits geraten sie aufgrund der Verknappung öffentlicher Gelder in eine zunehmende Finanznot, die langfristig weder mit klassischen Sparmaßnahmen wie zum Beispiel „Stellenbesetzungs- und Haushaltssperre", noch mit einem radikalen, unkontrollierten Abbau von Leistungen zu bewältigen ist.

Somit sind auch die Kommunalverwaltungen gezwungen, langfristig greifende Veränderungen im Sinne eines Administrations-Reengineerings, also eine umfassende Reorganisation der Verwaltung, durchzuführen.

Bei allen angestrebten Veränderungen und Verbesserungsprozessen müssen einige Besonderheiten der Kommunalverwaltungen im Gegensatz zu privaten Unternehmen berücksichtigt werden. Der Privatunternehmer bietet Produkte oder Dienstleistungen an, die er beispielsweise anhand von Marktanalysen speziell auf die Bedürfnisse seiner Kunden zugeschnitten hat. Er wird Produkte vom Markt nehmen, die den Ansprüchen des Marktes nicht genügen beziehungsweise nicht mehr nachgefragt werden.

Eine Kommunalverwaltung muß vielfach jedoch restriktive Maßnahmen wie Ordnungsverfügungen, ablehnende Leistungsbescheide oder die Erhebung von Steuern und Gebühren „anbieten", die der Kunde – der Bürger – kaum als wünschenswerte Dienstleistung sieht, die seinen Bedarf befriedigt, sondern vielmehr als Eingriff in seine persönlichen Angelegenheiten – als auferlegten Zwang. Eine Kommunalverwaltung bietet nahezu ausschließlich unrentable – und dazu noch unpopuläre – Produkte/Leistungen an, die oftmals mit Kosten oder Einschränkungen für den Kunden verbunden sind. Sie befindet sich also im Gegensatz zum Privatunternehmen in einem Zwiespalt bezüglich Bürgerorientierung (Kundennähe) und Wahrnehmung ihrer Pflichtaufgaben.

Der Zwiespalt kommunaler Verwaltungen

Wie kann der Bürger dazu bewegt werden, Abfall grundsätzlich zu vermeiden und anfallende Wertstoffe getrennt zu sammeln und zu entsorgen (was mit zusätzlichem Aufwand verbunden ist), wenn ihm gleichzeitig mitgeteilt wird, daß sich der Preis für die Restmüllentsorgung aufgrund der – durch seine eigenen Bemühungen entstandenen – geringeren Auslastung der Müllverbrennungsanlage wieder einmal erhöht?

In einem erheblichen Zwiespalt befindet sich auch die Politik. Der hohe Anteil an Personalkosten am Gesamtetat einer Kommune zeigt jedem deutlich den Weg zum anscheinend größten Einsparungspotential. Aufgrund der Einstellung der Bürger zu „ihren Beamten", ist einerseits jede Personaleinsparung auf Seiten der Verwaltung positiv zu verkaufen, solange sie nicht zur Einschränkung von Leistungen führt zum Beispiel durch weniger Sporthallen, Bäder, Kulturveranstaltungen oder in Form von längeren Wartezeiten. Andererseits ist die Kommunalverwaltung aber auch ein wichtiger regionaler Arbeitgeber – diese Stellung beinhaltet selbstverständlich auch eine Vorbildfunktion für die Politiker. Wie soll ein Politiker ein Unternehmen davon überzeugen, statt Arbeitsabbau eine offensive Beschäftigungspolitik zu betreiben und mehr Ausbildungs- und Arbeitsplätze mit Zukunftsperspektive bereitzustellen, wenn er gerade unter dem Beifall seiner Wähler einem Stellenplan der Kommunalverwaltung zugestimmt hat, in dem in erster Linie Stellen abgebaut wurden?

Weiterhin bieten den Verantwortlichen in den Rathäusern die über viele Jahre entwickelten rechtlichen Bestimmungen und tarifvertraglichen Regelungen, die unbestritten ihre Berechtigung zum Schutz der Rechte von Bürgern und Arbeitnehmern in Kommunalverwaltungen haben, in bezug auf Leistungsorientierung und Mitarbeitermotivation kaum Unterstützung.

Diese Besonderheiten kommunaler Verwaltungen müssen bei allen angestrebten Veränderungen stets berücksichtigt werden.

Die Situation der Stadtverwaltung Kamen

Die Stadt Kamen hat den Handlungsbedarf für langfristig greifende Verbesserungsprozesse frühzeitig erkannt und das Projekt PORTIKA ins Leben gerufen. PORTIKA steht für „*P*ersonal, *O*rganisation und *T*echnik *i*m Rathaus *Ka*men" und verfolgt die drei wesentlichen Ziele: Verbesserung der Verwaltungseffizienz, Mitarbeiterzufriedenheit und Bürgernähe. Es stellt den ersten Schritt Kamens in Richtung einer Verschlankung des Verwaltungsapparates im Sinne eines „Lean Public Managements" dar. Ein weiterer Schritt in Richtung „Lean Public Management" war die Abschaffung der Doppelspitze im Dezember 1994. Seitdem nimmt ein hauptamtlicher Bürgermeister die Aufgaben wahr, die bisher von einem Stadtdirektor – als Chef der Verwaltung – und von einem ehrenamtlichen Bürgermeister – als Ratsvorsitzender – wahrgenommen wurden.

Das Reformprojekt PORTIKA

Das Projekt PORTIKA ist ein Forschungsvorhaben basierend auf dem Förderprogramm „Arbeit und Technik" des Bundesministeriums für Bildung, Wissenschaft, Forschung und Technologie (BMBF) und liefert einen Beitrag zur Verwaltungsreform „New Public Management" auf kommunaler Ebene. PORTIKA hat Modellcharakter für viele vergleichbare Kommunen in den alten und neuen Bundesländern. Es öffnet gewissermaßen die Tür zu effizienten und bürgernahen Verwaltungsleistungen.

Ausgangspunkt des Projektes war der Einsatz moderner Informations- und Kommunikationstechniken in der Stadtverwaltung Kamen. Bereits bei der Entwicklung dieses Reformprojektes durch die BPU · Betriebswirtschaftliche Projektgruppe für Unternehmensentwicklung GmbH wurde deutlich, daß ein isolierter Technikansatz problematisch ist. Der Einsatz moderner Informations- und Kommunikationstechniken setzt zum Teil organisatorische Veränderungen voraus und ermöglicht weiterhin innovative, flexible Organisationsformen (Stichwort: Telearbeit beziehungsweise -kooperation). Beide, technische

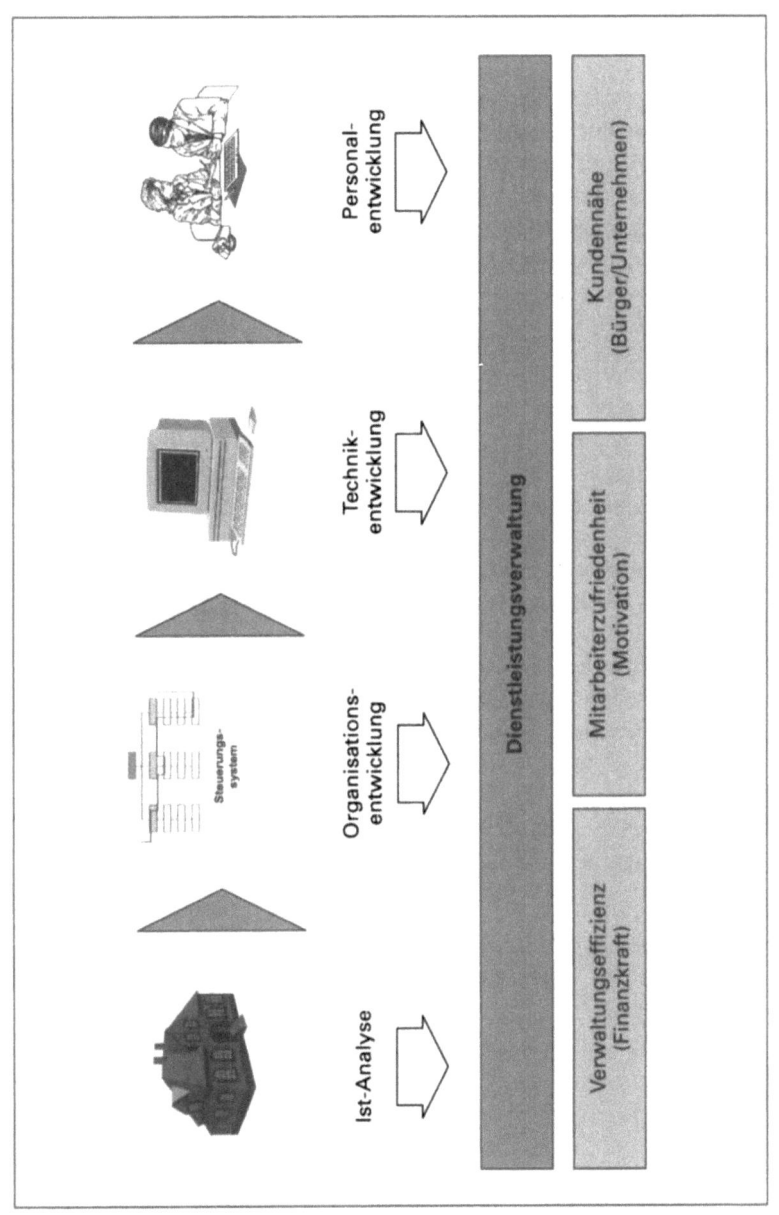

Abbildung 1: Der Weg zur modernen Dienstleistungsverwaltung

und organisatorische Veränderungen lassen sich jedoch nur dann erfolgreich umsetzen, wenn der personelle Aspekt stets berücksichtigt wird. Voraussetzung für eine erfolgreiche Implementierung ist somit ein ganzheitlicher Ansatz der alle Rahmenbedingungen und Auswirkungen geplanter Veränderungen berücksichtigt (siehe dazu Abbildung 1). Bei sämtlichen, im Rahmen von PORTIKA erarbeiteten, Verbesserungsmaßnahmen wurde die Verknüpfung der drei Bereiche Personal, Organisation und Technik stets berücksichtigt.

Die erarbeiteten Veränderungen haben jedoch nicht nur Auswirkungen auf die Verwaltungseffizienz: Durch die Reduzierung der Arbeitszeit fallen Überstunden weg beziehungsweise bisher an private Anbieter vergebene Leistungen können selbst erbracht werden. Auch die Qualität der Leistung nimmt durch steigende Zufriedenheit der MitarbeiterInnen am Arbeitsplatz zu, da zum Beispiel häufige Nachfragen bezüglich Stand eines Vorgangs bei anderen Ämtern entfallen und Motivationsfaktoren wie Job Enlargement, Job Enrichment, Empowerment greifen. Die Bürgernähe erhöht sich direkt durch eine Verkürzung der Bearbeitungszeit von Anträgen und indirekt durch die Reduzierung der Verwaltungskosten. Bei allen angestrebten Veränderungen ist jedoch stets zu berücksichtigen, daß im öffentlichen Sektor die Politik eine ausschlaggebende Rolle spielt. Bei den Forderungen nach einer schlanken Verwaltung darf die Politik nicht vergessen, daß eine schlanke Verwaltung auch nur eine schlanke Politik bedienen kann. „Lean Administration" und „Lean Politics" bedingen sich gegenseitig und sind die Voraussetzung eines „Lean Public Managements".

PORTIKA gliedert sich in eine Konzeptions- beziehungsweise Modellphase und eine Implementierungs- beziehungsweise Realisierungsphase. Die einjährige Modellphase bestand aus vier Modulen (vgl. Abbildung 2).

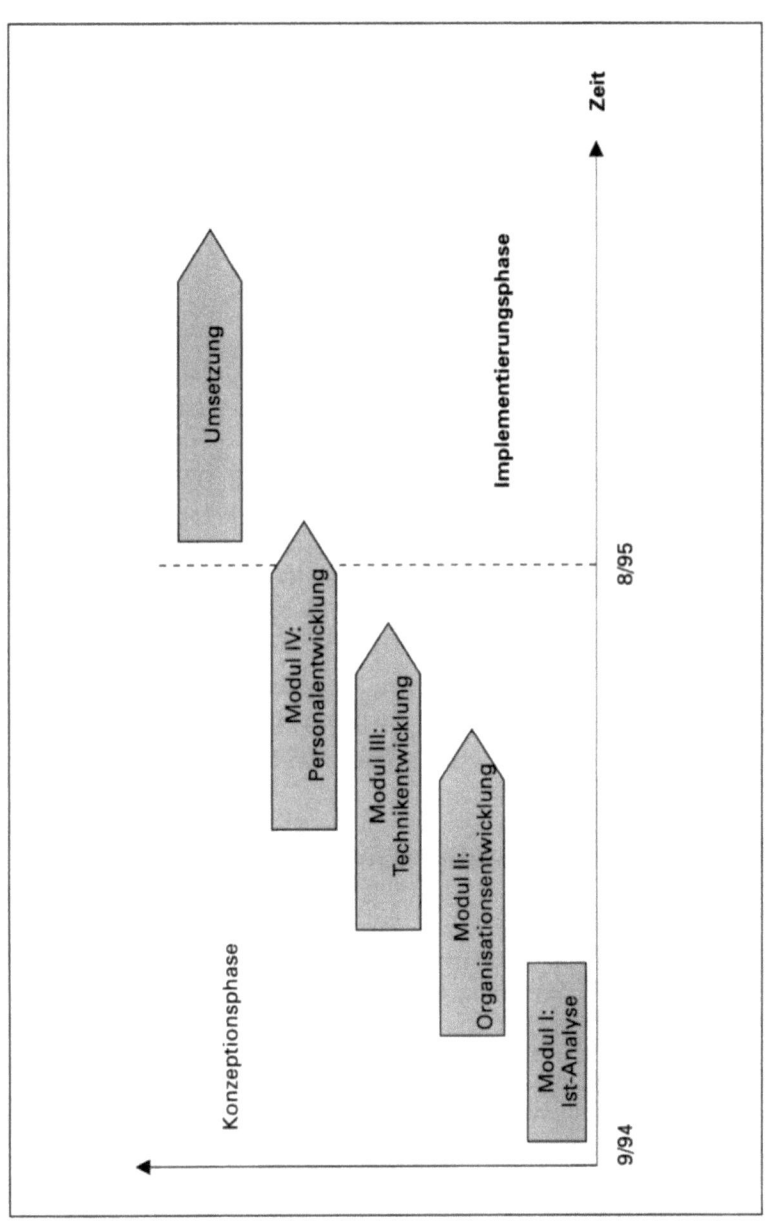

Abbildung 2: Zeitplan von PORTIKA

Modul I: Die Ist-Analyse

Zu Beginn des Projektes wurden persönliche Gespräche mit allen Amtsleitern und allen Sachbearbeitern der betroffenen Ämter durchgeführt. In Abhängigkeit von der zeitlichen Verfügbarkeit wurden Einzel- und Gruppeninterviews geführt. Das primäre Ziel der Interviews bestand darin, die Mitarbeiter der betroffenen Ämter kennenzulernen, ihnen das Projekt PORTIKA näherzubringen, sie also über Ziele und Vorgehen intensiv zu informieren und damit ein Vertrauensverhältnis zwischen den MitarbeiterInnen und dem Projektteam aufzubauen. Des weiteren dienten die Interviews dazu, sich einen ersten Eindruck über die Aufgaben der einzelnen MitarbeiterInnen im jeweiligen Amt zu verschaffen, Erwartungen an das Projekt und Barrieren, die es behindern könnten, zu ermitteln sowie Schwachstellen und erste Verbesserungsansätze zu identifizieren. Bereits in den ersten Gesprächen wurde eine gewisse Unzufriedenheit bezüglich gefestigter Strukturen und bestehender rechtlicher Bestimmungen deutlich. Demgegenüber stand eine hohe Motivation aller MitarbeiterInnen, diese Strukturen aufzubrechen und Neues zu schaffen.

Die mündlichen und schriftlichen Mitarbeiterbefragungen wurden komplettiert durch eine Fragebogenaktion bei den „Kunden" (Bürger und Unternehmen), die weitere Verbesserungsansätze lieferte.

Modul II: Die Organisationsentwicklung

Die Organisationsentwicklung vollzog sich in vier Stufen. Basis war die Analyse der organisatorischen Ausgangssituation (Aufbauorganisation, Aufgabenverteilung etc.). In der ersten Stufe wurden ausgewählte Verwaltungsprozesse optimiert, das heißt kürzer und schlanker gestaltet (Verwaltungsprozeßoptimierung). Um die erforderliche Transparenz aller Aktivitäten bezüglich Kosten, Qualität und Zeit zu erhalten, wurde in der zweiten Stufe ein Schema zur Beschreibung von Leistungen (Leistung als Output eines Verwaltungsprozesses) erarbeitet. Unter Berücksichtigung der bisherigen Ergebnisse erfolgte in der dritten Stufe eine prozeßorientierte Verlagerung und Bündelung der Leistungen. Auf Basis dieser drei Stufen wurden in Stufe vier

Anforderungen an die Informations- und Führungsstrukturen erarbeitet (Prozeßbasiertes Steuerungssystem).

Modul III: Die Technikentwicklung

Oberstes Ziel war die Entwicklung eines umfassenden, integrierten, modularen Programmpakets für die Umwelt- und Bauverwaltung, das alphanumerische Fachdaten über ihren Raumbezug mit graphischen Daten (digitale Katasterkarte) verknüpft und das auf das gesamte Rathaus erweitert werden kann.

Aus verschiedenen Anwendungen sollen alle benötigten Informationen der jeweiligen Verwaltungsprozesse für den Mitarbeiter verfügbar sein. So können die erarbeiteten Soll-Prozesse technisch optimal unterstützt werden. Die Arbeitsplatzqualität wird erhöht und eine Steigerung der Arbeitseffizienz erreicht. Durch freiwerdende Arbeitskapazitäten kann der Bürgerservice ergänzt und verbessert werden. Auskünfte an den Bürger über Verfahrens- und Bearbeitungsstand können einfach und schnell über EDV gegeben werden. Ein modernes, dem Stand der Technik entsprechendes DV-Konzept ermöglicht es der Verwaltung, flexibel und schnell auf zukünftige Aufgaben zu reagieren – wie private Unternehmen.

Modul IV: Die Personalentwicklung

Die unter den Modulen Organisations- beziehungsweise Technikentwicklung erarbeiteten Verbesserungsansätze können nur dann erfolgreich umgesetzt werden, wenn die von den Veränderungen betroffenen Mitarbeiter auch über das notwendige Know-how verfügen. Voraussetzung dafür ist die Gewährleistung und Erhöhung der Leistungsfähigkeit der Mitarbeiter mittels gezieltem Fortbildungssystem. Wie kann zum Beispiel ein Mitarbeiter eine Sanierungsmaßnahme „effizient" und kostengünstig planen, wenn er nicht auf dem neuesten Stand der Technik ist? Mittels Qualifikationsbedarfsanalyse, basierend auf den geplanten Veränderungen, wurde im Rahmen von PORTIKA ein Maßnahmenplan zur Anpassung der Qualifikation an die neuen Anforderungen erarbeitet.

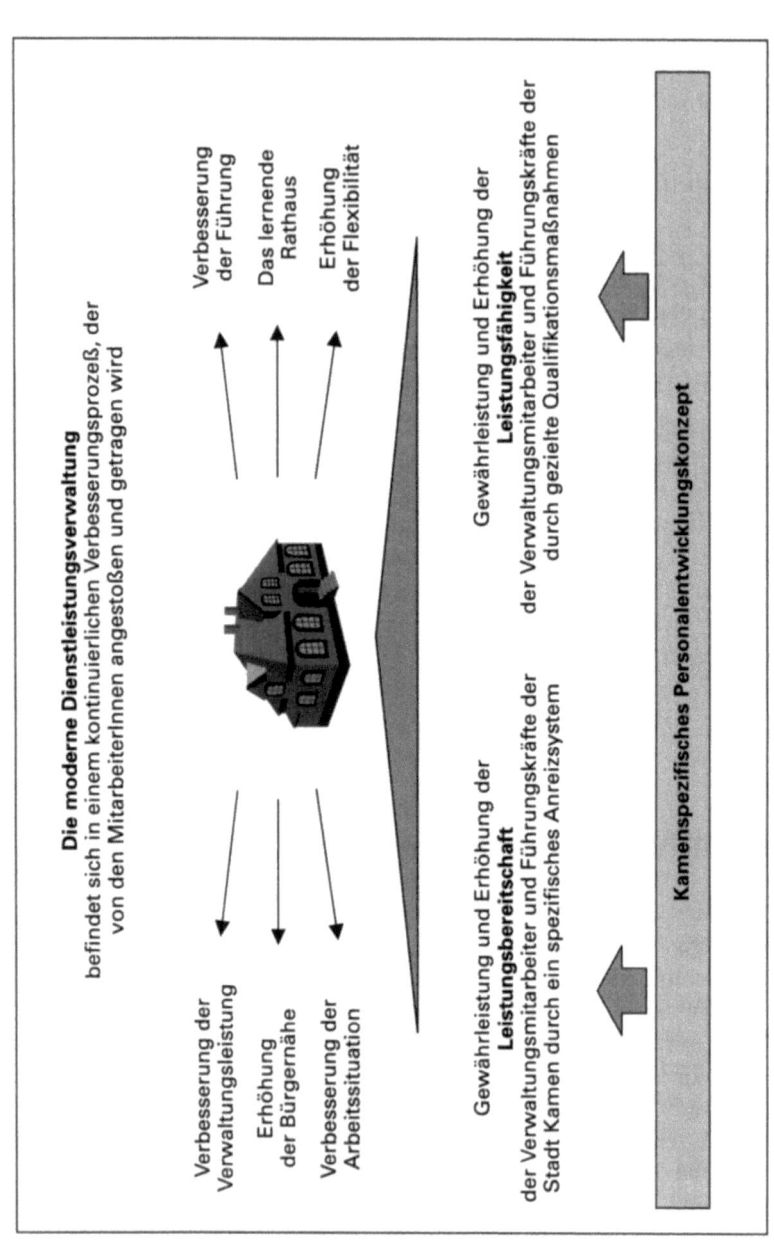

Abbildung 3: Spezifisches Personalentwicklungskonzept

Vor allem im Bereich der Dienstleistungen sind die MitarbeiterInnen die Träger beziehungsweise „Erfolgsfaktoren" einer Organisation. Das heißt, die Verwaltung muß sich an den individuellen Bedürfnissen, Erwartungen und Wünschen der MitarbeiterInnen orientieren und ein individuelles Anreizsystem schaffen. Wie soll ein Mitarbeiter motiviert sein, gute Leistungen zu erbringen, wenn er keinen Handlungsfreiraum hat, kein positives Feedback für sein Engagement bekommt und aufgrund starrer Strukturen keine beruflichen Perspektiven sieht? Gerade das Anreizsystem hat sehr großen Einfluß auf die Zufriedenheit (durch befriedigte Bedürfnisse), auf die Motivation (durch Identifikation mit der Arbeit, erlebtes Selbstwertgefühl, Kompetenz und Anerkennung), auf das Verhalten (Absentismus und Fluktuation sinken, Interesse an der Arbeit und die Einsatzfreudigkeit steigt) und dadurch auch auf die Leistung.

Ohne qualifiziertes und motiviertes Personal ist ein Dienstleistungsunternehmen nicht in der Lage, effizient, effektiv und kundenorientiert Leistungen zu erbringen. Die individualisierte Organisation wird zur „lernenden Organisation", wenn sie es schafft, die MitarbeiterInnen zu motivieren, an einer kontinuierlichen Verbesserung des Arbeitsergebnisses zu arbeiten.

Kritische Erfolgsfaktoren für die Implementierung nachhaltig greifender Verbesserungsprozesse

Vor der Implementierung steht die Konzeption. Erfolg kann der Implementierungsprozeß nur haben, wenn er von den MitarbeiterInnen, die mit den geplanten Veränderungen konfrontiert werden, getragen wird – insbesondere in einem Dienstleistungsunternehmen. Die MitarbeiterInnen müssen nicht nur die Notwendigkeit der geplanten Veränderungen sehen, sondern diese auch wollen. Es muß also ein möglichst hoher Grad an Akzeptanz erreicht werden.

Es stellt sich nun die Frage, wie erreicht werden kann, daß die MitarbeiterInnen in jeder Hinsicht hinter den geplanten Veränderungen stehen. Die Antwort ist einfach: Indem die MitarbeiterInnen den Veränderungsprozeß mitgestalten, das heißt, die Lösungen gemeinsam miterarbeiten. Somit ist die Konzeptionsphase, als erster Teil eines Projektes, als richtungsweisend anzusehen. Durch eine aktive Partizipation aller MitarbeiterInnen wird der Grundstein für den Erfolg der Implementierung gelegt. Voraussetzung hierfür ist eine offene Informationspolitik von Beginn an – die MitarbeiterInnen müssen über die Ziele des Projektes und die Lösungsansätze genau informiert sein und diese mitgestalten können.

Leitbild von PORTIKA

Will man gemeinsam ein Ziel erreichen, so ist es nicht ausreichend alle ins Boot zu bekommen. Nur wenn alle rudern und zwar in die gleiche Richtung und im gleichen Takt, wird man das Ziel erreichen. Dabei darf niemand den Eindruck haben, auf einer Galeere voller Strafgefangener zu rudern.

Der Prozeß der Einbindung der MitarbeiterInnen wird im folgenden dargestellt und anhand einiger Beispiele aus der Konzeptionsphase von PORTIKA verdeutlicht.

Zu Beginn der Modellphase wurde eine Veranstaltung für alle MitarbeiterInnen durchgeführt, bei der PORTIKA, die Projektziele, die einzelnen Projektphasen und die eingesetzten Methoden kurz vorgestellt wurden. Die MitarbeiterInnen hatten die Möglichkeit, Fragen zu stellen und sich in das Projekt einzubinden. Ziel der Veranstaltung war es, latente Ängste der MitarbeiterInnen abzubauen und ein Vertrauensverhältnis zu den externen Projektmitarbeitern der BPU aufzubauen. Bereits hier verdeutlichte die Verwaltungsleitung ihr Vertrauen gegenüber den externen Beratern und rief zu einer aktiven Unterstützung und Beteiligung auf – ein sehr wichtiges Zeichen für die MitarbeiterInnen. Verstärkt wurde dieses Vertrauen durch eine absolut offene Informationspolitik, durch die regelmäßige Einbeziehung des Personalrates und durch die kontinuierliche Anwesenheit der Berater vor Ort.

In den anschließend geführten Interviews wurde das Vertrauensverhältnis weiter ausgebaut und erneut auf individuelle Fragen und

Probleme eingegangen. Wie zu erwarten war, stellte sich heraus, daß die tatsächlichen Ängste, Probleme und Fragen erst hier offen angesprochen wurden. Grund dafür ist die natürliche, persönliche Hemmschwelle jedes einzelnen Mitarbeiters vor einem großen Kreis zu sprechen und sich eventuell zu blamieren. In diesen Interviews konnten Erkenntnisse gewonnen werden, aus denen sich weitere Schwerpunkte und Projektschritte ableiten ließen. Daher erwiesen sich diese Interviews und die Einbeziehung externer Berater als neutrale Anlaufstelle von großem Vorteil.

In der, auf Basis der Interviews erarbeiteten, schriftlichen Befragung hatten die MitarbeiterInnen erneut Gelegenheit, Probleme und Verbesserungsansätze aus ihrer Sicht aufzuzeigen. Die Unterlagen wurden vertraulich behandelt und dementsprechend bereitwillig bearbeitet. Durch die Befragung mittels Fragebogen konnten weitere Schwachstellen und Ansatzpunkte im Rathaus erkannt und operationalisiert werden.

Der nächste Schritt war die Organisationsentwicklung, bei der der Schwerpunkt auf der Optimierung ausgewählter Verwaltungsprozesse lag.

Die Verwaltungsprozeßoptimierung

Die durchgeführten Mitarbeiterbefragungen zeigten, daß fast alle MitarbeiterInnen mit dem internen Postweg unzufrieden waren. So dauerte es zum Teil über eine Woche, bis ein Brief vom Posteingang bis zum Sachbearbeiter gelangte. Gemeinsam mit den MitarbeiterInnen aller Ebenen wurde der Ablauf der internen Postverteilung neu gestaltet. Die in der „Theorie" erarbeiteten Verbesserungspotentiale wurden durch die Umsetzung bereits während der Modellphase bestätigt.

Daneben konnte jedoch noch eine andere Feststellung gemacht werden: Aufgrund der schnellen Umsetzung des neuen Postweges konnte ein Motivationsschub seitens der MitarbeiterInnen festgestellt werden, am Projekt PORTIKA noch intensiver mitzuarbeiten. Den MitarbeiterInnen wurde deutlich, daß sich ihr Engagement lohnte: Hier werden nicht nur Konzepte erstellt, sondern auch erfolgreich umgesetzt. Diese schnelle Umsetzung unterstützt den erfolgreichen Implementierungsprozeß enorm.

Bei der Optimierung der Verwaltungsprozesse war zum Teil der Einsatz neuer DV-Technik Voraussetzung. Gerade bei der Auswahl von Technik ist die konsequente Einbeziehung der MitarbeiterInnen relevant. Die MitarbeiterInnen müssen ihre Anforderungen klar formulieren, da sie es sind, die mit der neuen Technik arbeiten müssen. Nur sie wissen, wie ihre tägliche Arbeit durch den Einsatz moderner Informations- und Kommunikationstechnik (IuK) sinnvoll unterstützt werden kann.

Der partizipative Ansatz

Nachdem ein Anforderungskatalog erarbeitet wurde, wurden wiederum gemeinsam mit einigen MitarbeiterInnen DV-Verfahren anderer Kommunen hinsichtlich des erarbeiteten Anforderungskataloges begutachtet. Daraufhin konnten weitere Kriterien formuliert werden.

Die im Rahmen des Personalentwicklungskonzeptes notwendigen Maßnahmen konnten nur unter Einbeziehung der MitarbeiterInnen erarbeitet werden, da hier ein sehr spezifisches Vorgehen erforderlich ist. Nur auf Basis individueller Qualifizierungsbedarfsanalysen können konkrete Maßnahmen im Bereich der Leistungsfähigkeit erarbeitet werden. Weitere Maßnahmen leiten sich von den geplanten organisatorischen und technischen Veränderungen ab.

Gleiches spiegelt sich im Bereich der Leistungsbereitschaft wider. Der Mensch ist ein Individuum. Daher müssen auch die Leistungsanreize individuell gestaltet werden. Da der öffentlichen Verwaltung vor allem im Bereich der monetären Anreize kaum Spielräume gegeben werden, müssen die nichtmonetären Anreize sehr individuell gestaltet werden, um ihr Ziel tatsächlich zu erreichen.

Der Qualifikationsbedarf

Da Kamen in den nächsten Jahren aufgrund der angespannten Haushaltslage weniger Neubaumaßnahmen als Sanierungen haben wird, ist es sicherlich sinnvoll, die MitarbeiterInnen im Bereich neuer Sanierungstechniken weiterzuqualifizieren und nicht in Bereichen, die den Neubau betreffen.

Ein weiteres Beispiel beinhaltet zwei Aspekte, die den Erfolg von Reformprojekten positiv beeinflussen.

Die Idee leben!

Der Fuhrpark der Stadt Kamen war deutlich überlastet. Die MitarbeiterInnen beklagten häufig, daß sie keine Dienstwagen bekommen und somit häufig ihre Privat-PKWs dienstlich nutzen müssen. Im Haushaltsplan für das Jahr 1995 war die Anschaffung eines neuen Dienstwagens für den Verwaltungschef angesetzt. Aufgrund der knappen Haushaltsmittel entschied der Bürgermeister, das im Haushaltsplan angesetzte Budget für „seinen" Dienstwagen nur zum Teil in Anspruch zu nehmen und für den Rest einen zusätzlichen Dienstwagen für den Fuhrpark zu beschaffen.

Dadurch wurden zwei Effekte erreicht: Zum einen wurde der Fuhrpark erweitert und zum anderen sahen die MitarbeiterInnen, daß auch die Verwaltungsleitung bereit ist zu sparen und mit gutem Beispiel voranzugehen.

Die Voraussetzungen für die Implementierung eines kontinuierlichen Verbesserungsprozesses:

▶ Die MitarbeiterInnen wollen und können sich auf die Komplexität immer neuer Aufgaben kompetent einstellen.

▶ Fachliche Kompetenzen allein reichen nicht mehr aus. Zusätzlich ist heute ein erweitertes Lernverständnis wichtig – auch das Lernen will gelernt sein.

- Innerhalb des Hauses muß ein Wissenstransfer herrschen – einmal erarbeitetes Wissen darf nicht verlorengehen.
- Konstruktive Kritik muß gefördert werden – sie darf nicht als persönliche Kritik aufgefaßt werden.
- Schlüsselqualifikationen müssen gefördert und gezielt eingesetzt werden – sie ermöglichen den kontinuierlichen Verbesserungsprozeß (kommunikative und soziale Kompetenzen, Führungskompetenzen, Dialogfähigkeit, Teamfähigkeit, Kritikfähigkeit usw.).
- Jeder prüft seine erbrachten Leistungen stets kritisch – man hinterfragt, ob und was besser, schneller, einfacher ablaufen kann und erarbeitet gleichzeitig Verbesserungsvorschläge zur Beseitigung der Ursachen.

Gerade in der Dienstleistungsbranche – ein Rathaus ist eine Dienstleistungsverwaltung – muß das Personal als kritischer Erfolgsfaktor gesehen werden. Nicht nur hinsichtlich der zu erbringenden Leistung, sondern vor allem auch hinsichtlich geplanter Veränderungen.

Ausblick

Die Realisierungsphase ist als kontinuierlicher Verbesserungsprozeß zu sehen, der hohe Mitarbeiterkapazitäten bindet, mit kleinen Schritten beginnt und in dem nur ein konsequentes Aufgaben- und Zeitmanagement zum Erfolg führt.

Gerade im öffentlichen Bereich, wo der Leistungsdruck seitens der MitarbeiterInnen nicht so groß ist wie in privatwirtschaftlichen Unternehmen, wo Engagement und Leistungsbereitschaft nicht so honoriert werden beziehungsweise werden können, muß der Veränderungsprozeß von den MitarbeiterInnen gefordert und getragen werden. Die Akzeptanz des „Neuen" kann sich nur einstellen, wenn diejenigen, die damit zu tun haben, auch daran mitgearbeitet haben und dementsprechend hinter den geplanten Veränderungen stehen.

Voraussetzung einer erfolgreichen, nachhaltig greifenden Implementierung geplanter Veränderungen ist neben einer offenen Kommunikationspolitik auch in Richtung Politik, die aktive Einbeziehung aller betroffenen MitarbeiterInnen aller Ebenen in den Veränderungsprozeß. Dies wurde in PORTIKA konsequent verfolgt, wodurch eine hohe Akzeptanz und somit eine Identifizierung der MitarbeiterInnen mit den erarbeiteten Projektergebnissen erreicht wurde. Überzeugen und nicht überreden war die Devise!

Neben dem ganzheitlichen Ansatz und der konsequenten Einbeziehung aller Mitarbeiter wirkten sich zwei Faktoren positiv auf den Projekterfolg aus. Zum einen wurde PORTIKA gesteuert von einem kompetenten Lenkungsausschuß, der sich aus Vertretern der Deutschen Forschungsanstalt für Luft- und Raumfahrt e. V., der Kommunalen Gemeinschaftsstelle für Verwaltungsvereinfachung, der Gewerkschaft Öffentliche Dienste, Transport und Verkehr, dem Deutschen Städte- und Gemeindebund, VerwaltungsmitarbeiterInnen und der Wissenschaft zusammensetzte. Zum anderen wirkte sich die Unterstützung durch die externe Beratungsgesellschaft BPU · Betriebswirtschaftliche Projektgruppe für Unternehmensentwicklung GmbH positiv auf den Projekterfolg aus. Durch die kontinuierliche Präsenz von Mitarbeitern der BPU vor Ort konnte permanent in gemischten Projektteams gearbeitet werden, das heißt, alle geeigneten Untersuchungsschritte wurden von MitarbeiterInnen des Rathauses Kamen und von der BPU gemeinsam abgewickelt. Situations- und Fachwissen konnten sich so ideal ergänzen. Wirkliche Synergieeffekte wurden erzeugt und die Voraussetzung für eine erfolgreiche Implementierung geschaffen.

Wie Sie Projekte zum Scheitern bringen

Lorenz S. Forchhammer/Walter G. Straub

Fast 20 „goldene Regeln" ...

Unzählige Artikel befassen sich damit, wie man Veränderungen erfolgreich durchführt. Das Ergebnis allerdings ist mager. Denn die meisten Veränderungen scheitern.

Dagegen gibt es kaum Artikel, die sich mit dem Erfolg des Nicht-Veränderns befassen, und der ist schließlich beachtlich. Dabei könnten die erfolglosen Veränderer von den erfolgreichen Nicht-Veränderern

lernen, denn es gibt Regeln dafür, wie sich Veränderung erfolgreich verhindern läßt. Diese Regeln haben wir in Beratungsprozessen herausgefunden, in denen wir durch unsere Kunden und Geschäftspartner gelernt haben, wann wir zu schnell, zu langsam, zu heftig, zu komplex oder zu einfach in unserer Beratungs- und Projektbegleitungsarbeit waren.

Regeln für das erfolgreiche Nicht-Verändern

1. Konzentrieren Sie sich auf das Wesentliche, lassen Sie Zusammenhänge außer acht!

Man blende Wirkzusammenhänge und Vernetzungen aus, damit Lösungen durch Rückwirkungen geschwächt werden oder gänzlich im Sande verlaufen können. Eine möglichst enge Projektdefinition verschiebt zudem einen großen Anteil des Problemfeldes vom eigenen Verantwortungsbereich in die Zuständigkeit von anderen Bereichen.

So bleibt das Risiko einer wirksamen Veränderung stets gering und überschaubar.

Wenn zum Beispiel der Produktabsatz stagniert, muß die Produktion für ein Marketingprojekt sorgen, weil „die Kundinnen und Kunden unser Angebot noch nicht genug angenommen haben ...". So spart man das Nachdenken über Qualität, Service und Innovation und wenn es nicht funktioniert, ist die Werbeabteilung schuld. Ein weiteres Beispiel geben Hochwasser-Schutzmaßnahmen, die das Hochwasserproblem vor Ort lösen und weiter unten verschärfen.

2. Lösen Sie nur Probleme, die sichtbar sind!

Die Symptome anzupacken, anstatt im Sumpf der Ursachen zu wühlen, verspricht eine schnelle Linderung des aktuellen Leidensdrucks und läßt den Ruf nach größeren Veränderungen leiser werden oder gar verstummen. Symptomlösungen funktionieren um so besser, je weniger sie mit Folgeschäden und Problemen an anderer Stelle im System in Verbindung gebracht werden können. Wenn man etwa „Probleme" eines Unternehmens als *Kosten*probleme definiert und dann mit einem Kostensenkungsprogramm beantwortet, bleibt der betroffene Personenkreis überschaubar und die zu ergreifenden Maßnahmen klar und „berechenbar". Nicht nachdenken muß man dann über: Führung, Qualifikation, Potentiale, Unternehmenszielsetzungen, Kultur der Zusammenarbeit und wieviel Platz die Mitarbeiter für ihr Engagement haben usw. Und daß Abwanderung der besten Mitarbeiter, höhere Krankenstände, innere Kündigung usw. etwas mit Rationalisierungsprogrammen zu tun hätten oder gar deren Flurschaden wären, ist bösartige Propaganda.

Ein zweites Beispiel gibt die Reform des Gesundheitssystems, die die Verwaltung von Krankheit optimiert, statt den Ursachen für mehr, frühere und schlimmere Erkrankungen auf den Grund zu gehen. Und das macht nicht soviel Ärger, als über Arbeits- und Lebensbedingungen und deren Zusammenhang mit Gesundheit oder Krankheit nachzudenken.

3. Starten Sie Ihr Projekt erst, wenn wirklich alles zu Ende gedacht ist – oder alternativ: vergeuden Sie keine Zeit mit der Planung!

Egal, welche Alternative Sie wählen, Ihr Erfolg ist gesichert. Bei der ersten Variante wird die konkrete Veränderung so weit in die Zukunft geschoben, daß Sie sich sicher sein können, sie nicht mehr selbst erleben zu müssen. Die zweite Variante ist vielleicht etwas zeitgemäßer und vor allem aktivitätsbetonter: Sie handeln sofort und beschäftigen möglichst viele Mitarbeiter damit. So entsteht der Eindruck, Sie hätten alles bestens im Griff.

> **Die Geschichte von den Holzfällern**
>
> Ein Mann machte einen Spaziergang durch den Wald und kam an einer Gruppe Holzfäller vorbei. Fünf gefällte Bäume lagen da, und auf seine Frage, wie lange Sie denn schon am arbeiten seien, erhielt er zur Antwort: „Na, zwei Stunden etwa." „Fünf Bäume, fünf Leute, zwei Stunden", dachte er sich, „das ist schon ganz ordentlich." Und ging weiter.
>
> Nicht weit davon traf er auf eine zweite Holzfällergruppe, so groß wie die erste, mit einem gefällten Baum. „Na, gerade erst angefangen?" fragte er und erhielt zur Antwort: „Nein, zusammen mit denen da vorne ...!" „Und warum habt Ihr erst einen Baum gefällt, und die anderen schon fünf?" „Weil die da vorne scharfe Äxte haben und wir nicht!" „Und warum geht Ihr nicht Eure Äxte schärfen?" „Keine Zeit, wir müssen Bäume fällen."

Wie Sie Projekte zum Scheitern bringen

4. Versuchen Sie, möglichst alles im Griff zu behalten!

Kontrollieren Sie ein Projekt stets so intensiv, daß nichts ohne Ihr Wissen und Ihre Zustimmung geschehen kann. Damit kann sich auch nichts verselbständigen und jede Entwicklung wird so verlangsamt, daß alle Veränderungsenergien entweder ausgebremst oder auf Nebenkriegsschauplätze verschoben werden. Da so viel Kontrollausübung sehr viel Arbeit macht, können Sie damit Ihr Image als engagierter Veränderer erhalten. Schließlich sind Sie es, der auf die Qualität der Veränderung achtet. Und es könnte natürlich alles schon viel weiter sein, wenn die anderen nicht immer ...

5. Vermeiden Sie Reflexionen über die Projektarbeit!

Achten Sie sorgfältig darauf, daß jegliche Reflexion über die Projektarbeit unterbleibt. Denn aus reflektierter Erfahrung könnte man schließlich lernen und so die Effektivität verbessern oder Fehler vermeiden. Und außerdem: Wer Zeit zum Reflektieren hat, gestattet sich wohl Fehler zu machen, und die wollen Sie doch auf jeden Fall vermeiden.

6. Legen Sie Ihre Projekt möglichst allumfassend an!

Diese Regel verspricht ein „breites Angehen der Sache". Alle Menschen und alle Dinge werden ernst und wichtig genommen und die Energie so breit und gerecht verteilt, daß letztlich für niemanden so richtig was übrigbleibt. Darüber hinaus erhöht sich die zu bewältigende Komplexität so sehr, daß für alle bald einsichtig wird, daß man sich wohl übernommen hat und am Besten das Vorhaben einschlafen läßt. So endeten unter anderem der Turmbau zu Babel, das amerikanische SDI-Projekt (zum Glück) und (oft leider) viele Reorganisations-, Reengineering- oder Reformvorhaben.

7. Produzieren Sie möglichst viel Druck und möglichst hohes Tempo!

Diese Regel unterstützt viele anderen Regeln mit hoher Synergie. Zudem ist sie wie kaum eine andere dafür geeignet, die Projektmitarbeiter abzulenken, da sie sich vorwiegend mit der Vermeidung der unangenehmen Konsequenzen beschäftigen müssen. Druck und Hektik stellen sicher, daß die Projektbeteiligten zwar „Anstrengung" zeigen, nicht aber Ergebnisse.

8. Diffamieren Sie Engagement und Unternehmungslust als Hektik!

Damit regeln Sie die Geschwindigkeit von Mitarbeitern, deren Engagement allen bisherigen Maßnahmen zum Trotz tatsächlich eine Veränderung befürchten läßt. Man betont zum Beispiel, daß das Tagesgeschäft nicht vernachlässigt werden darf und daß die heutigen Kunden schon wichtiger sind als die zukünftigen ...

9. Beschäftigen Sie nur Veränderer im Projekt!

Je mehr Progressive, Moderne, Veränderer und Innovatoren an einem Projekt mitarbeiten, um so größer ist die Chance, daß sie sich am Widerstand der Bewahrer, Erhalter und Bremser die Hörner abstoßen. Das stellt sicher, daß die Kraft und Energie nicht in die Projektarbeit sondern in die gruppendynamische Auseinandersetzung der Beteiligten strömt und dort relativ wirkungslos verpufft. Zudem wird damit der Beweis angetreten, daß Veränderungen eben nicht so einfach sind.

Wie Sie Projekte zum Scheitern bringen

10. Sorgen Sie für Geheimhaltung oder für großzügige Informationspolitik!

Geheimhaltung sorgt für Gerüchte und Ängste, die man zunächst wunderbar ernst nehmen kann, und damit verzögert sich natürlich das Projekt. Danach empfiehlt es sich, das aufkeimende Interesse an der Veränderung in einer Informationsflut zu ersticken. Damit wird gewährleistet, daß die Betroffenen schnell wieder die Lust am Informiertsein verlieren. Zudem genießen beide Strategien eine hohe Wertschätzung im Unternehmen: Wer nicht gleich alles an die große Glocke hängt, schafft keine Unruhe im Unternehmen und lenkt die Mitarbeiter nicht von der Arbeit ab. Und wer großzügig informiert, gilt als offen, kommunikativ und kooperativ.

11. Stellen Sie entweder die Menschen oder die Sache absolut in den Mittelpunkt!

Die Menschen als das Maß aller Dinge zu definieren, sie möglichst intensiv an allem zu beteiligen und jeden Projektschritt von der breiten Zustimmung abhängig zu machen, hält das Tempo des Projektfortschritts in überschaubarem Rahmen. Auf der anderen Seite erzeugt die Betonung der Sache (bei gleichzeitigem Image-Gewinn als „Realist") genügend Widerstand, und auf den kann man dann wieder erfolgreich reagieren, indem man die Menschen als das Maß aller Dinge ...

12. Finden oder erfinden Sie Sündenböcke!

Sündenböcke eignen sich hervorragend, um eventuelle Veränderungsenergien auf Personen umzuleiten, bevor sie in die Themenbearbeitung fließen. Diese Regel könnte auch heißen: Löse die Schuldfrage und nicht das Problem!

13. Errichten Sie Klagemauern!

Wenn Sie dem Jammern und Wehklagen genügend Raum geben, entlasten Sie Ihre Mitarbeiter von der Bürde der Verantwortlichkeit und sorgen gleichzeitig dafür, daß sie auch keine Verantwortung für die Beseitigung von Problemen übernehmen. Das funktioniert problemlos über Jahrzehnte. Denn einerseits nehmen Sie die Bedürfnisse der Leute ernst und andererseits dürfen Sie gar nicht allzuviel verändern, sonst würde ja dem Jammern die Nahrung entzogen.

14. Beschreiben Sie nur Probleme, die zu Ihren Lieblingslösungen passen!

Das paßt gut zu Regel 1 und 2; denn auch hier können Sie Ihre vertrauten Lösungsmöglichkeiten beibehalten. Offene und lösungsneutrale Problembeschreibungen bergen dagegen die Gefahr, daß unbekannte oder unberechenbare Aspekte auftauchen, für die Sie keine Lösungsmöglichkeiten haben und die daher Unsicherheit und Angst auslösen. Durch die „richtige" Problembeschreibung stellen Sie sicher, daß Sie – wenn sich Veränderungen schon nicht ganz vermeiden lassen – wenigstens vertraute und berechenbare Lösungen entwickeln können. Wenn Sie als Führungskraft mit Ihren Mitarbeitern nicht gut zurecht kommen, beschreiben Sie sie als zuwenig kooperativ und verordnen ihnen ein Teamtraining (und wenn's nicht hilft, waren die Trainer unfähig ...). Und wenn Ihre Mitarbeiter mit Ihren Kunden nicht freundlich genug umgehen, wird ein *Verhaltenstraining zur Kundenorientierung* immer wieder gern genommen. So kommt niemand auf die Idee, den internen Ursachen, die gute Kundenorientierung erschweren, auf den Grund zu gehen.

15. Sorgen Sie dafür, daß stets bei den anderen begonnen werden muß!

Konstruieren Sie Ihr Projekt so, daß Sie erst dann beginnen können, wenn sich bei anderen Personen oder in anderen Bereichen schon etwas verändert hat. So lassen sich schnell brauchbare Sündenböcke finden – ganz im Sinn der Regel 12. Zudem wird damit bei den anderen so viel Widerstand erzeugt, daß diese erst gar nicht mit den Veränderungen beginnen. Nehmen Sie sich ein Beispiel an den Spardebatten zwischen Bund, Ländern und Gemeinden oder zwischen Politik, Arbeitgebern und Gewerkschaften.

16. Sorgen Sie dafür, daß die ungeschriebenen Regeln Ihrer Organisation ungeschrieben bleiben!

Diese Regel ist eine der wichtigsten, weil Transparenz über Regeln, die in einer Organisation den bestehenden Zustand erhalten und stabilisieren, die größte Gefahr bergen, daß Veränderung möglich wird. Deshalb sollten Sie mit allen Mitteln vermeiden, diese Transparenz herzustellen. Schließlich vergeuden anständige Realisten ihre Zeit auch nicht mit irrationaler Sozialphilosophie. Wenn Sie Innovation verhindern möchten, sorgen Sie also dafür, daß Regeln wie „Null Fehler!" oder „Keine Experimente" am Wirken bleiben, ohne daß ihr Zusammenhang mit Entwicklung und Veränderung deutlich wird.

17. Halten Sie die Ressourcen für die Projektarbeit möglichst knapp!

Das hilft Ihnen dabei, daß das Tagesgeschäft stets die Priorität behält und der Veränderungsprozeß auf dem Boden des Machbaren bleibt. Zudem ist ein sorgfältiges Kostenmanagement und der eiserne Wille zum Sparen (bei Finanzen, Personal, Phantasie, Ideen, Energie …) von hohem Imagewert.

18. Vermeiden Sie Konflikte oder integrieren Sie die bestehenden Konfliktpositionen!

Diese Regel ist die reinste Sparbüchse für Verhinderungspotential. Denn Konflikte binden die Energie und Entwicklungslust nur solange, wie sie nicht bearbeitet werden. Wer Konflikte außen vor läßt, verhindert Klärungen, die zum Entstehen von funktionierenden Lö-

sungen notwendig wären. Außerdem sorgt er dafür, daß Vorbehalte gegen Ideen oder Lösungen aufrechterhalten bleiben und dann wirksam werden, wenn ihre Realisierung droht. Durch die Nicht-Bearbeitung von Konflikten können Sie schließlich auch Ihr Image verbessern. Denn als guter Projektmanager lassen Sie sich natürlich nicht von jedem kleinen Hindernis oder Widerspruch von Ihrem Ziel abbringen.

19. Führen Sie rasche Beschlüsse herbei und sorgen Sie dafür, daß sie für Veränderung gehalten werden!

Mit dieser Maßnahme können Sie die Qualität von Entscheidungen so gering halten, daß sie im Laufe des Prozesses immer wieder angezweifelt und/oder verändert werden müssen. Das führt im besten Fall dazu, daß Zweifel am gesamten Veränderungsprozeß entstehen und dieser daher mühelos „wegentschieden" werden kann.

Rasche Beschlüsse sind zudem sehr befriedigend, weil sie den Gremien ein Gefühl von hoher Effektivität, Entscheidungsfreude und Beschlußkraft geben. Gelingt es dann auch noch, die Entscheidung zu „verabschieden", dann ist meist auch das Thema insgesamt „erledigt". So entsteht der Eindruck, man hätte eine Veränderung be-*wirkt*, obwohl man sie nur be-*schlossen* hat.

Die Autoren

Nicole Bayard, Jahrgang 1969, lic. rer. pol., zwei Jahre Berufserfahrung im Personalmanagement einer Schweizer Großbank, wissenschaftliche Assistentin am Institut für Organisation und Personal der Universität Bern, Doktorarbeit auf dem Gebiet der Arbeitszufriedenheit und deren personalpolitischer Relevanz.

Prof. Dr.-Ing.-habil. Prof. e.h. Dr. h.c. Hans-Jörg Bullinger, Jahrgang 1944, Maschinenbaustudium der Fachrichtung Fertigungstechnik, Promotion 1974, Habilitation 1978, 1980–1982 o. Professor Universität Hagen, seit 1982 o. Professor an der Universität Stuttgart. Leiter des Fraunhofer-Instituts für Arbeitswirtschaft und Organisation (IAO), Stuttgart und Leiter des Instituts für Arbeitswissenschaft und Technologiemanagement (IAT) der Universität Stuttgart.

Manfred Erdtmann, Ingenieurstudium Fachrichtung Bergbau, Studium der Pädagogik. 1978–1994 Rektor einer Grundschule, 1982–1994 ehrenamtlicher Bürgermeister und seit 1994 hauptamtlicher Bürgermeister der Stadt Kamen.

Lorenz S. Forchhammer, Jahrgang 1957, Sozialwissenschaftler. Partner der ComTeam Beratungsgesellschaft, seit 1983 Berater und Trainer für Moderation und Projektmethoden. Heute vor allem tätig in Projektkonstruktionen, Beratung und Begleitung von Unternehmens-Entwicklungs-Projekten, als Trainer für Systemisches Prozeßmanagement und als Supervisor für Projektgruppen anderer Unternehmensberatungen.

Prof. Dr. Richard Tabor Greene, MIT-Bachelor in Künstlicher Intelligenz (1971), MA für „Japanische Studien" der University of Michigan (1992), MA für „Virtual Internet Business Designs" der University of Michigan (1992), Ph. D. zum Thema: „Total Quality Anwendungen im Forschungsbereich" an der University of Michigan (1994). Seit

1995 Professor, School for Policy Studies an der Kwansei Gakuin University in Sanda, Japan sowie Visiting Professor, Graduate School of Business der University of Chicago, USA. Unter anderem Gründungsmanager von Coopers & Lybrands High Tech Circles Consulting Practice (1988), Xerox' Knowledge Based Systems Circles Program (1989) und Xerox' High Performance Work Center (1991 – 1992).

Michael Hild, Jahrgang 1965, Diplom-Kaufmann, Studium der Betriebswirtschaftslehre mit den Schwerpunkten Unternehmensführung und Systemforschung, seit 1991 Berater bei Siemens Business Services und freiberuflicher Unternehmensberater mit den Schwerpunkten Strategisches Management, Business Process Reengineering, TQM und Office Design, Ausbildung in Moderation und Kommunikation, Aufbau von Kinnarps-Bayern.

Prof. Dr. Alfred Kieser, Jahrgang 1942, Studium der Betriebswirtschaftslehre an der Universität Köln und an der Carnegie-Mellon-University in Pittsburg, USA. 1969 Promotion, 1973 Habilitation an der Universität Köln, 1974 Professor für Organisation und Personalwesen an der Freien Universität Berlin, seit 1978 Professor für Allgemeine Betriebswirtschaftslehre und Organisation an der Universität Mannheim.

Jürgen T. Knauf, Jahrgang 1965, nach dem Studium der Elektrotechnik, Entwicklungsingenieur im Porsche Entwicklungszentrum Weissach. Aufbaustudium Wirtschaftsingenieurwesen, anschließend Berater und Projektleiter der BPU Betriebswirtschaftliche Projektgruppe für Unternehmensentwicklung mit den Kernaufgaben New Public Management, Reengineering und Benchmarking.

Dr. Jens-Marten Lohse, Jahrgang 1938, studierte in Kiel, Tübingen, Heidelberg und Erlangen und promovierte in Soziologie und Erziehungswissenschaften. Seine berufliche Laufbahn beinhaltete eine Reihe von Managementaufgaben bei IBM, die Position des Managing Directors bei Ericsson Telecommunications in Deutschland sowie die Geschäftsführung bei Ploenzke Consult und Systeme in Wiesbaden. Seit Februar 1993 Vice President und Geschäftsführer von CSC Index

GmbH, der deutschen Niederlassung der Unternehmensberatung, die mit dem Thema Business Reengineering weltweit bekannt wurde.

Dr. Michael Nippa, Jahrgang 1957, Diplom-Kaufmann, Promotion über Gestaltungsgrundsätze für die Büroorganisation (1987), seit 1983 als Unternehmensberater und Anwendungsforscher tätig. Mitbegründer und Geschäftsführer (1988–1996) eines Forschungs- und Beratungsunternehmens. Seit 1.10.1996 Vertretung des Lehrstuhls für Allgemeine Betriebswirtschaftslehre, speziell Unternehmensführung und Personalwesen, an der Technischen Universität BA Freiberg. Beratungs-, Lehr- und Forschungsschwerpunkte: Organisationsgestaltung, Unternehmensführung und -entwicklung, Implementierungsmanagement, Personalmanagement.

Dr. Stephan Oldenburg, Jahrgang 1961, Studium der Informatik/theoretischen Medizin an der Technischen Universität München 1988, Promotion in Betriebswirtschaft an der Ludwig-Maximilians-Universität München 1991, seit 1993 Unternehmensberater bei der BPU GmbH, seit 1995 Mitglied der Geschäftsleitung und Geschäftsstellenleiter in Köln.

Prof. Dr. Edda Pulst, Jahrgang 1960, Diplom-Ökonom. Studium der Wirtschaftswissenschaften, Promotion in Wirtschaftsinformatik. zwei Jahre Partner bei der Firma Pechiny, ein Jahr bei der Societé Générale des Minérais, acht Jahre am Betriebswirtschaftlichen Institut für Organisation und Automation an der Universität zu Köln (BIFOA) in Beratungs- und Forschungsprojekten. Professorin für Wirtschaftsinformatik an der Fachhochschule Gelsenkirchen. Schwerpunkte: Kommunikation und Management im Global Office, TK-Anwendungen, Geschäftsprozeßmanagement, Groupware, Telekooperation, Neue Medien.

Dr. Gerhard Rombach, Jahrgang 1956, juristische Ausbildung und Examina mit Schwerpunkt Wirtschafts- und Steuerrecht, Assistent und Promotion (zum Bilanzsteuerrecht) an der Universität Augsburg, Tätigkeiten im Beteiligungsbereich des Bayerischen und Sächsischen Staatsministeriums der Finanzen, seit 1993 Direktor der Süddeutschen Klassenlotterie.

Heinz Scharfenberg, Jahrgang 1926, Studium der Pädagogik und Tätigkeit als Volksschullehrer. Von 1954 an Mitbegründer und Chefredakteur der Fachzeitschrift „Bürotechnik + Organisation". 1960 Mitbegründer und Chefredakteur der Zeitschrift „Führungspraxis". Von 1978 bis 1994 geschäftsführender Gesellschafter des FBO-Verlages. Herausgeber der Zeitschriften Office Management, Assistenz, VOP, INFOdoc und des Buches „Strukturwandel in Management und Organisation".

Markus Schwarzgruber, Jahrgang 1964, Diplom Ökonom (Univ.), Studium der Wirtschafts- und Sozialwissenschaften, Schwerpunkt Unternehmensforschung und Organisation, drei Jahre Geschäftsführer der Fernbuch Systemlösungen, fünf Jahre Managementconsultant bei Siemens Business Services, seit 1995 Trainer für Führung und Verhalten bei der Siemens Nixdorf Informationssysteme AG, freiberuflicher Unternehmensberater, Managementcoach und Supervisor, Ausbildung in systemischer Beratung, Kommunikation, Moderation und Mitarbeiterführung, Ausbildung zum Supervisor.

Prof. Dr. Heinrich Seidlmeier, Jahrgang 1961, Studium der Betriebswirtschaftslehre, Promotion über wissenbasierte Kostenrechnungssysteme, Berater bei A. T. Kearney Management Consultants, München, Kompetenzbereichsleiter „New Public Management" bei der BPU GmbH, München. Seit 1995 Professor für Betriebswirtschaftlehre an der Fachhochschule Rosenheim.

Klaus-Peter Stiefel, Jahrgang 1958, Diplom-Kaufmann, wissenschaftlicher Mitarbeiter am Fraunhofer-Institut für Arbeitswirtschaft und Organisation (IAO), Stuttgart und Leiter des Beratungszentrums Informationstechnik (BIT). Schwerpunkte: Prozeßmanagement, Business Reengineering, Fraktales Unternehmen sowie integrierte Informations- und Kommunikationstechnikplanung.

Walter G. Straub, Jahrgang 1945, Betriebswirt, Maschinenbauingenieur und Psychologe. Seit den frühen siebziger Jahren tätig in Organisations-Planungen und Strategie-Entwicklungen, später Mitgesellschafter im Quickborner Team. Gründer (1973) und Geschäftsführer der ComTeam GmbH, eines Beratungsunternehmens für Veränderungs-Projekte in Unternehmen und Organisationen: Strategie-, Unternehmens- und Kulturentwicklungen, Projektkonstruktion, Konfliktbearbeitung und Coaching. Auf dieser Grundlage bildet Com-Team auch im Systemischen Prozeß-Management aus.

Dr. Ludwig Theuvsen, Jahrgang 1963, Studium der Betriebswirtschaftslehre an der RWTH Aachen, seit 1989 wissenschaftlicher Mitarbeiter am Seminar für Allgemeine Betriebswirtschaftslehre und Organisationslehre der Universität zu Köln, 1993 Promotion zum Dr. rer. pol., Arbeitsgebiete: Organisationstheorie, organisatorische Gestaltungskonzepte, Internationalisierung und Organisation, Personalmanagement.

Prof. Dr. Norbert Thom, Jahrgang 1946, Diplom-Kaufmann, Dr. rer. pol., Habilitation für Betriebswirtschaftslehre an der Universität Köln, Lehrstuhlvertreter an der Universität Gießen, Ordinarius für Betriebswirtschaftslehre an der Universität Freiburg/Schweiz (bis 1991) und Bern, dort zugleich Direktor des Instituts für Organisation und Personal. Derzeit (1995–1997) Vize-Rektor der Universität Bern. Schwerpunkte in der Forschung: Innovationsmanagement, Personalentwicklung, organisatorische Gestaltung.

Ralf Tost, Jahrgang 1957, Diplom-Verwaltungswirt, stellvertretender Hauptamtsleiter für den Bereich Organisation der Stadtverwaltung Kamen. Nach dem Studium an der Fachhochschule für öffentliche Verwaltung tätig in den Bereichen Personalwesen, Gemeindeverfassungsangelegenheiten und Organisation.

Weitere Management-Top-Titel

Don Tapscott
Die digitale Revolution
Verheißungen einer vernetzten Welt – Die Folgen
für Wirtschaft, Management und Gesellschaft
1996, 384 Seiten, 68,– DM

„Cyber-Guru" Don Tapscott nimmt in diesem pragmatischen Führer durch die digitale Welt der Zukunft die Chancen, aber auch die Risiken unter die Lupe. Im Zentrum steht die entscheidende Frage: Was bedeutet die neue Technologie für uns und unsere Unternehmen?

Robert Salmon
Alle Wege führen zum Menschen
Mit humanem Management zu dauerhaftem Erfolg
1996, 324 Seiten, 78,– DM

Die Reflexionen des Topmanagers und Zukunftsberaters Robert Salmon über die Entwicklung der modernen Gesellschaft machen deutlich: Nur wenn es Unternehmen gelingt, den Menschen ins Zentrum ihres Tuns zu stellen, werden sie langfristig Erfolg haben.

Charles Handy
Ohne Gewähr
Abschied von der Sicherheit – Mit dem Risiko leben lernen
1996, 208 Seiten, 68,– DM

Laut Management-Guru Charles Handy ist Ungewißheit die einzige Gewißheit in Zeiten unaufhaltsamen Wandels. Unsere einzige Chance besteht darin, neu zu denken, ständig zu lernen und mutig zu experimentieren. Eine faszinierende Reise durch die Welt des Wandels.

*Stand der Angaben und Preise: 1.11.1996
Änderungen vorbehalten.*

GABLER

BETRIEBSWIRTSCHAFTLICHER VERLAG DR. TH. GABLER GMBH, ABRAHAM-LINCOLN-STR. 46, 65189 WIESBADEN

MIX
Papier aus verantwortungsvollen Quellen
Paper from responsible sources
FSC® C105338

If you have any concerns about our products,
you can contact us on
ProductSafety@springernature.com

In case Publisher is established outside the EU,
the EU authorized representative is:
**Springer Nature Customer Service Center GmbH
Europaplatz 3, 69115 Heidelberg, Germany**

Printed by Libri Plureos GmbH
in Hamburg, Germany